JN022404

「住む」ための事典

篠原聡子・黒石いずみ・大月敏雄・槻橋修　編

彰国社

本書の構成について

<住む>ことをめぐり、「1　だれと住むか」、「2　どこに住むか」、「3　どう住むか」、「4　設備と住む」、「5　情報と住む」の５章で本文は構成され、その間に鼎談「いま、「住む」とは」、おわりに「対談　住みつづけるために」を組み込んでいます。
各章のはじめに「テーマ解説」（4頁）を設けその章で取り上げる内容をまとめ、テーマをいくつかのkeyword（たとえば、「ひとりで住む」「家族で住む」など）に分類し、豊富な事例をあげて解説を加えていきます。編集にあたり、各章の通読性にも配慮しましたが、本文については、頁単位でまとめているので、気になるテーマ、知りたい事例からどこからでも読み進められるようになっています。また、事典として引けるように、巻末に索引を設けてあります。

アートワーク：古賀充
装丁・組版：海汐亮太

はじめに

人は、一生の間にいくつの住まいに住むだろうか。あるいは、いくつの場所に住むだろうか。江戸時代であれば、生まれた村や町で生涯を過ごすことも珍しくはなく、結婚を機に移動したとしても、その後の生涯をそこで終えることが多かった。近代に入り、人は移動の自由を手に入れ、行動範囲も広くなり、もはや、だれと住むかも、どこに住むかもだれかに強制されることはなくなった。それは、近代になって庶民が手に入れた一番大きな自由であったのかもしれない。そして、その結果、多くの種類の住まいが生まれることになった。人々は、その状況によって、住まいを選択する。現代に入り、モダニズムの機能主義の原理さながらに、単身者には単身者用の、家族には家族用の、さらに高齢者にはその身体レベルに合った住まいとして、サービス付き高齢者向け住宅、グループホーム、特別養護老人ホームなどといったように、住まいは機能的に次第に細分化されてきた。

しかし、私たちは、そうした状況のなかで、本当に「住む」ことに主導権をもっているのだろうかという疑問が湧いてきた。「住む」とは、さまざまな変化を受け入れながら、自らの人間関係をつくり、場所との関係を有機的に創造する行為であったはずである。家族も近隣コミュニティも変化し、市場原理に多くを委ねて細分化したさまざまな住まいは、単なる選択肢として存在しているだけなのではないだろうか。本書では、「住む」ことをもう一度、当事者の視点から、大所高所ではなく、「自分は、だれと、どこに、どのように住むのか」という自らの問題として再考すべく、編集している。「住む」ことは、建築家も住み手も同様にある当事者である。当事者として「住む」ことを考えてみると、現在の社会が抱えるさまざまな課題が見えて来るし、歴史的、空間的な考察から多くの示唆的な事例や視点に出会うことができる。そうした事例や視点を通して、「住む」ことを主体的に、実践的に組み替えるための、本書はその手がかりとなりたいというのが、執筆者の総意である。

目　次

◆1章　だれと住むか

◆2章　どこに住むか

◆3章　どう住むか

◆4章　設備と住む

◆5章　情報と住む

1 だれと住むか

「だれと住むか」という問いの背景には、もちろん、日本における単身世帯の急速な増加がある。1960 年代の前半は、6 人世帯がもっとも多く、その中盤で 4 人世帯に首位を明け渡し、2011 年の国勢調査の結果では、単身世帯は全世帯の 3 分の 1 を占めることになった。これは、3 世代同居から核家族居住へ、そして単身居住への変化と言い換えることもできる。この変化の底流にはなにがあるのか、反転のきっかけはあるのか。

（篠原聡子）

◉居住単位としての核家族

核家族というユニットは、近代にはじまったものではなく、むしろ、子育ての単位としては原初的なものである。ただし、核家族が居住単位となり、核家族用の住居が、先進諸国において量産されたのは、両大戦以降である。それらは、産業革命以降、都市への大量の人口流入による環境悪化に対応するために、さらに第1次世界大戦、第2次世界大戦の戦禍による住宅の消失に対応するために建設され、農業や手工業のような家業の単位でもあった多世代の大家族の住居とは異なり、工場等で賃労働をする人々を対象とした、労働力の再生産を効率的に行うための住居であった。アルバート住宅は、1851年ロンドン万国博覧会の際に集合住宅のユニットのひとつとして計画された（図1）。3寝室に居間、キッチン、バスルームがそろい、専用の出入口をもつ。つまり、ひとつの家族が独立して家庭生活を営むことができる住戸である。近代以前の住まいが、その家族形態や場所との関係、生業との関係において多様であるのに比較して、このアルバート住宅が象徴するように、核家族という小規模な居住単位に対応し、職業と切り離されて再生産に特化され、さらに都市に流入する膨大な労働者に対応するために量産されたことにより、近代の住居は場所によらず、同質性をもつことになった。

図1　アルバート住宅

日本でも、戦後に、夫婦と子どもからなる核家族世帯を標準世帯と呼び、それを対象としたファミリー向け住戸が量産された。1960年代の集合住宅の量産は主として日本住宅公団※1など公的な組織によって担われ、そこでは、地域によって格差が生じないように、そして、建築としての質、居住性の向上をはかるために、標準設計が採用された。その起点となった51C型※2で標榜された「食寝分離」「就寝分離」は、まさに労働力の再生産を効率的に行うための住まいの質を確保する指針であったといえよう。標準設計は、効率的に機能的で衛生的な住まいを供給し、多くの人々に近代的な住生活を提供することに貢献した。51C型の一住戸の面積は42㎡と決して広いとはいえないが、その機能的な団地の住まいは、住人にとっては、憧れの場所となった。一方で、1970年代から80年代を中心として、大都市近郊に建設されたニュータウンでは、同時に若い子育て世代が入居した結果、50年後は一気に高齢者の街となった。現在は、単身で暮らす人も多い。ベッドタウンとも呼ばれるように、郊外の住宅地には、働く場所も少なく若い世代の定着が難しく、空き家問題も地域を悩ませている。この

※1: 日本住宅公団
1955年、住宅不足の著しい地域に耐火造集団住宅および宅地を大量供給するために設立された特殊法人。政府と地方公共団体が出資して設立。住宅に困窮する勤労者に対し住宅建設、宅地造成のほか、それらに関連する公共的施設の建設等を行い、土地区画整理、新住宅市街地開発などの事業も行う。1981年に宅地開発公団と統合されて「住宅・都市整備公団」となり、1999年には解散したが、2004年の都市再生機構（UR）に引き継がれた。

※2：51C型→P.011参照

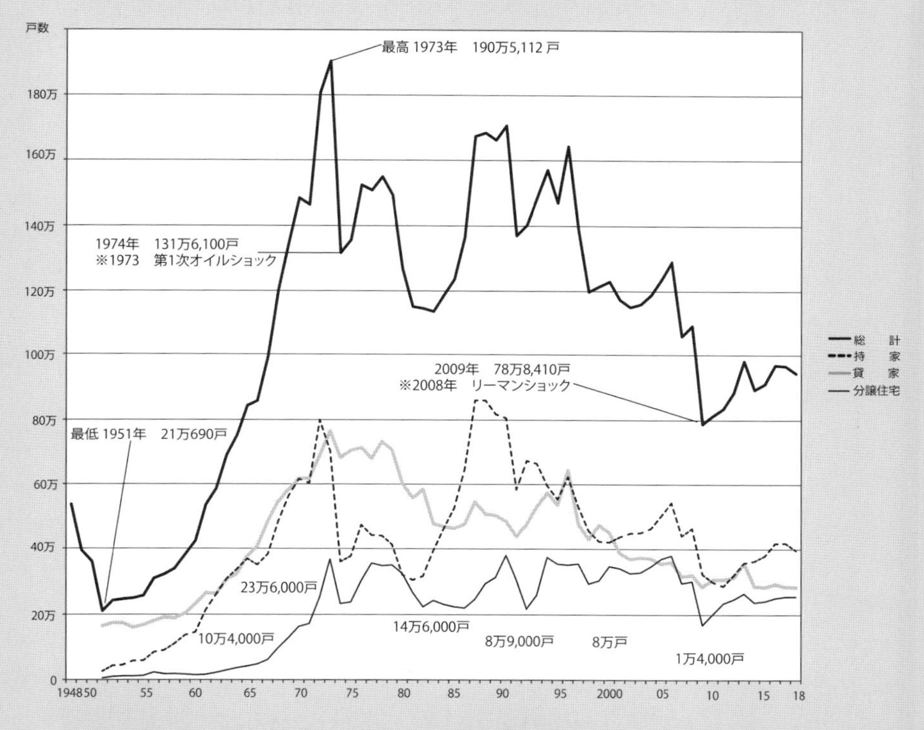

※１　昭和25年以前の戸数は工事戸数であり、床面積の合計は各年共工事（増築, 改築を含む。）した延べ面積となっている。26年以降については新設戸数であるが、26年から30年までの年計には補正が算入してある。
※２　昭和48年から沖縄県分を含む。
※３　分譲マンションについては、昭和60年以降から集計している。また分譲一戸建については、昭和63年以降に一戸建と長屋建が区分されている。
（国土交通省、および国土交通省住宅局）

図２　住宅着工件数

ように効率的な標準プランの住戸の大量供給は、結果として居住者の年齢や家族形態の多様性を排除することとなり、居住環境としての新たな課題をつくり出すこととなった。

◉継がれない住まい

空き家問題は、地域の居住環境の悪化をもたらすと同時に、住まいが必ずしも子世代に継承されなくなった、ということを象徴している。日本中で増加する空き家は、単に需要と供給のアンバランスだけに起因しているわけではない。「家」が継承されない、という理由もある。「家」には、物理的な住居という意味と継がれていく仕組みが含まれていた。一方で、子育てという再生産に特化した、近代の核家族用住居にあるのは、時限的な時間と空間だけで、継承の概念はない。核家族の住まいは、「1家族1住宅」といわれるが、同時にそれは、「1世代1人」になるのが必然である。住居も核家族仕様に機能的に計画され、客間や応接間や続き間のような冗長な空間は排除され、家族以外の住人が同居するという想定もなく、私的に特化した住まいは、その主を失うことも珍しくない。

ある時期までは、みなが平等に自分の家族だけの住まいをもつことに、なにか問題があるようには思えなかった。地縁とも切り離された都会の核家族という小規模な居住単位が子育てユニットとして成立していたのは、それを支える田舎の大家族という構図が少なからず作用していたからだ。この都会の核家族と田舎の大家族というダブルスタンダードが、核家族という小規模な居住単位の中にあった問題の顕在化を遅らせていた。自分の子どもは少なく、親の兄弟が多いという世代は、こうしたダブルスタンダードの恩恵を受けることができた。「家」は制度として解体されたが[※3]、人の中に根強く残る意識と現にある大家族のための続き間のある冗長な家という建築によって、ある時期までは温存されていた。それは、核家族の生活を機能的に詰め込んだ都市の住まいと対照をなすものであったが、止まらない少子化と、「家」意識の希薄化によって、その資源もすでに尽きたといえよう。

※3:「家制度」は、1898年に制定された明治民法に採用された。親族関係のある者のうちさらに狭い範囲の者を、戸主と家族としてひとつの家に属させ、戸主に統率権限を与えていた。いわば「家父長制」「直系家族制」が融合されたもので、父(戸主)についで長男の地位が高く、長男の単独相続制がとられた。第2次世界大戦後の民法改正により、この家制度が廃止され、相続も兄弟姉妹平等になった。

◉居住単位の再編から多様な住むことへ

かつての都市の核家族が田舎の大家族をあてにしたように、そもそも核家族という居住単位は、外部の機能を前提としている。出産、子育て、高齢者の介護など非自立メンバーを抱えて、3人から5人の居住単位の中で対処できることは限られている。もともと、ヨーロッパで建設された初期の多くの住宅団地も、単なる住宅群として計画されたわけでない。たとえば、1927年に建設されたカール・マルクス・ホフは、中庭に幼稚園や大きな洗濯室など、共用空間が充実している。単に共用空間があるというだけでなく、住宅団地がコミュニティとして計画されたのである。核家族という小規模な居住単位を団地というコミュニティという計画の中に位置づけようとしたのである。

日本の団地もそのような理想をもって、集会所や児童公園などの共

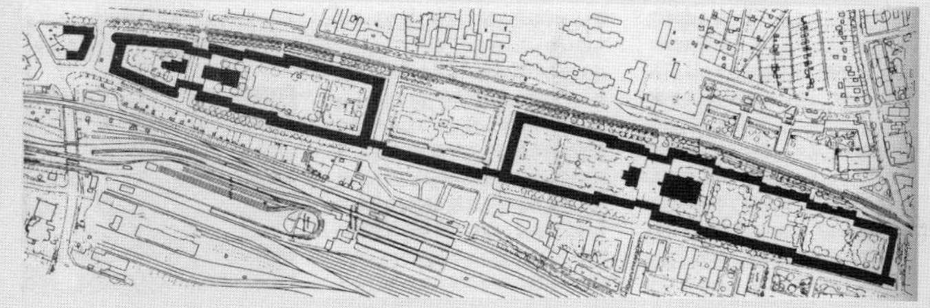

図3　カール・マルクス・ホフ　配置図
全長1kmを超える敷地の中に、1400近くの住戸のほかに、店舗、幼稚園、図書館などが設けられている

写1　外観部分

用空間とともに建設された。それは現在でも、自治会などの拠点となり、コミュニティの核として機能している団地も少なくない。高齢者の見守りなど、そうして形成されたコミュニティに期待される部分も数多くある。一方で、住まいを共にする居住単位は、一般的には、家族ということになるが、そこにおいてこそ、期待される機能もある。

かつて日本でも、再び家族の紐帯を取り戻そうと、家族回帰が叫ばれた時代があった。1980年代には、「日本型福祉社会」を目指して、大平内閣は、「家族基盤の充実」の政策を打ち出したが※4、それが功を奏したとはいいがたく、少子化の進行によって家族の規模は縮小し、世帯員数は減少の一途をたどり、社会から孤立した単身世帯も増えつつある。「だれと住むか」という居住単位の再編を視野に入れざるを得ない状況がここにはあり、それはすでに、さまざまな形で始まっている。2世帯住宅のような家族を拡張する住まいや、シェアハウスやコレクティブハウスのような他人と生活の一部を共用する住まいなど、ひとりで住むか、家族と住むかではない、第三の選択肢も定着しつつある。また、サービス付き高齢者向け住宅を分譲マンションと組み合わせるなど、ひとつの集合住宅を超えるコミュニティのスケールでの計画も散見されるようになった。これは、近代のもたらした同質なものだけを集めようとする指向から、多様性を再編しようとする試みともとれる。

再生産という単一機能を担った核家族は、個人という最小の居住単位にまで解体し、現在の標準世帯は、すでに単身世帯である。しかし、いち早くそこに行きついた日本では、居住単位の再編がすでに進行しつつある。そうした「だれと住むか」に向き合い、問うた住まいに着目してみたい。

（篠原聡子）

※4：日本型福祉社会とは、国や地方自治体が中心となる北欧的なものとは異なり、家庭、企業（および同業者の団体など、各種の機能的集団）が主要な担い手であるとした。そのため、国の役割としては、家庭基盤の充実を図り、その機能を強化することが重要だとした。

keyword

01

ひとりで住む

江戸の長屋、明治・大正時代の下宿、戦後の木賃アパート、鉄賃アパート、1970年代以降急速に普及したワンルームマンションなどのひとりの住まいは、いずれもそれが立地する都市と密接にかかわっている。

東京の都心には、いまでも、10㎡に満たない低家賃の「ひとり暮らし」用の住まいが存在する。山手線の駅から徒歩10分、共同トイレ、共同流し、風呂なしの不動産広告には、スーパー、コンビニエンスストア、銭湯、コインランドリーが至近にあることが記載されている。接客のような社会的な行為はもちろん、入浴や洗濯のような私的な行為まで、都市的なインフラに依存していることを示している。これは、江戸の長屋以来の「ひとり暮らし」の生活様式といえるだろう。インフラの共有は、江戸の井戸端がそうであったように、しばしば人のつながりに進展し、それは「ひとり暮らし」にとって、重要な情報収集のネットワークでもある。そこには、不完全な住まいであるがゆえに機能している単身者住居の形を見ることができる。

住戸内にバスルームもキッチンも完備した25㎡[※1]のワンルームマンションになると、また少し事情が異なる。住戸の値付けにとって、「駅近」がなによりの評価指標になる。ワンルームの住人は、自分の住戸の最寄りの駅から電車にのり、それぞれの目的地に向かう。彼らの暮らしは、交通というインフラによって広く都市の中に拡散し、SNSの普及はさらに場所との関係を薄めている。その点では、「長屋」のような場所に密着した住まいとは異なるが、ワンルームマンションの住人の暮らしから、それを可能にしている都市の特性も見えてくる。たとえば東京は、世界の大都市でも、比較的安全で、地縁がなくひとりで暮らしていても、なんとなくふんわりとした共同体の中に生活しているような気分がある。パリでは夜中にコンビニにひとりで買い物に行くなどあり得ないし、そもそも24時間営業の店などリスクが高すぎて存在できない。「ひとり暮らし」そのものが、リスクですらある。その意味では、東京のワンルームマンションは、東京という場所の特性に根差した住まいということもできる。一方で、「孤独死」[※2]という極めて日本的な現象は、ふんわりと共同体が支えるのものの実態の不確かさを示してもいる。

「ひとり暮らし」の住まいは、自己完結性が弱く、家族用の住居と比較して、流動性が高い。その結果、その前提となる折々の、都市や社会の状況を敏感に映し出しているのである。（篠原聡子）

※1：ワンルーム条例等で東京23区内では、近年ワンルームの最低面積を25㎡としているところが多いが、築年数の古い、1970年代、80年代のものは、15㎡に満たないものもまだ、相当数ある。

※2：孤独死
地域社会から孤立した個人が、だれにも看取られずに死亡すること。法的に明確な定義はなく、その実数はわからない。それは、日本社会の高齢化（単身高齢者の増加）、地域コミュニティの崩壊、経済的な要因、高齢者に対する社会的保障制度の不備などが複合化された結果でもある。

事例❶……牛車で運ぶひとりの住まい（方丈庵）

鴨長明の『方丈記』に、「方丈庵」という住まいが登場する。長明が55歳のころ、河合神社で神職に就くことがかなわず、失意のうちに京都を離れ、この小さな庵で『方丈記』を執筆した。大きさは1丈四方（303 cm × 303 cm）で、「所をおもひ定めざるがゆゑに、地をしめて造らず」とあるように、場所を定めず、移動できるようにつくられた。

しかし、移動のためには牛車（ぎっしゃ）が2台必要で、屋根を組み立てるのはひとりでは難しい。そのため頻繁に移動することはなく「方丈庵」は、京都から離れた山の中の大原に置かれた。

「方丈庵」を訪ねる人もいれば、長明が都に出かけることもあった。長明は、俗世と離れたいと思いながらも、俗世と完全に関係を絶つことはせず、都の情報が入ってくる程度に離れたこの地を選んだ。小さな空間に衣食住を整え、さらに、執筆する場所、琴や琵琶を楽しむ場所を設けるといったひとりの空間や時間を確保しながらも、現代のモバイルハウスが既存のインフラを前提としているように、むしろ都市という俗世を前提とした住まいであったといえよう。

（竹内光子）

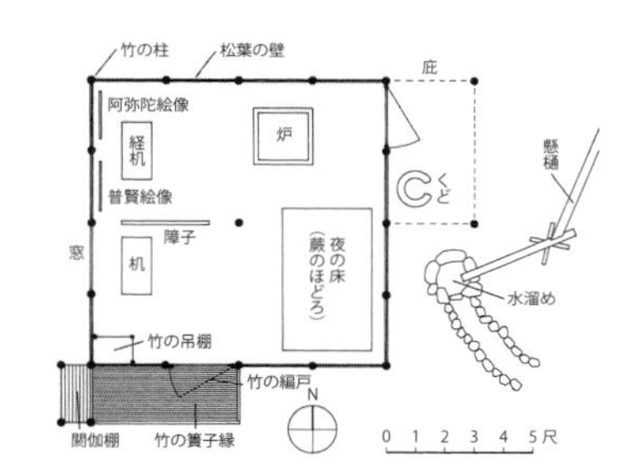

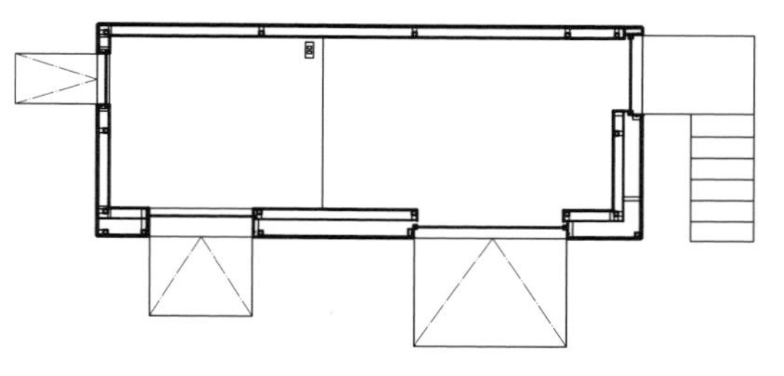

【概要】
竣工時期：鎌倉時代（1210年ごろ）
所在地：京都府大原
面積：方丈（9.18㎡）

図1　方丈庵　平面
西行などの文芸的隠遁者の系譜につらなるもの。西北の角が仏間、東北の角とその東の庇部分が世事の間、南の半分が居間（兼寝室）。これは『一言芳談』という書に記された三間の草庵と同じ構成。住居は三間以上あってはならず、三間のうち一間は持仏堂、一間は住む所、一間は世事の所となる。

図2　モバイルハウス「住箱」
その名前の示すように「動く家」である。電気やガスなどのインフラは、設置する場所に接続する。壁の一部を外に倒すとテーブルなどになり、外部と一体的に使える設えになっている。独立した空間でありながら、「場」と結びつくという点で、現代版方丈庵ともいえる（隈研吾建築都市設計事務所 ＋ Snow Peak）

事例❷……「新陳代謝」をかたどるカプセル（中銀カプセルマンシオン）

エレベーターや階段などを含む2本のコアに、量産可能なカプセルがボルトで取り付けられている。10㎡のカプセルには、ベッド、デスク、収納、オーディオ、テレビ、エアコン、キッチン、冷蔵庫などひとりで過ごすための家具や機器類がコンパクトに造り付けられている。サラリーマンのセカンドハウスやオフィスとしての利用が想定されていた。

ここは、高度経済成長期、サラリーマンが都心でバリバリ働くための住まいとなった。当然、「家族」や「接客」の要素は必要ない。「ひとり」と「都市」が直接つながればよかったのである。

このカプセルは取り換え可能なように設計されており、当時黒川紀章が提唱していたメタボリズム（新陳代謝）というコンセプトの建築化でもあった。ところが、実際にカプセルが取り換えられることはなく、この建築は老朽化により取り壊しの議論もされている。

中銀カプセルマンシオンの竣工後、黒川は大阪に、世界初のカプセルホテルを設計した。黒川は、ひとりで都市に滞在する空間として、最小限の機能を詰め込んだカプセルの可能性を追求した。このホテルのカプセルは、ビルのフロアに2段に積まれている。外観は中銀カプセルほどのインパクトはないが、カプセルを新しいものと入れ換えながら、昭和・平成から令和になったいまも多くの人を迎え入れている。　（竹内光子）

【中銀カプセルマンシオン概要】
竣工年：1972年
所在地：東京都中央区銀座
規模：地上11階（一部13階）、地下1階
総カプセル数：142個
構造：SRC造、一部S造
設計：黒川紀章
住戸面積：10㎡、天井高さ：2.5m

写1　外観

図1　発売当時のパンフレット

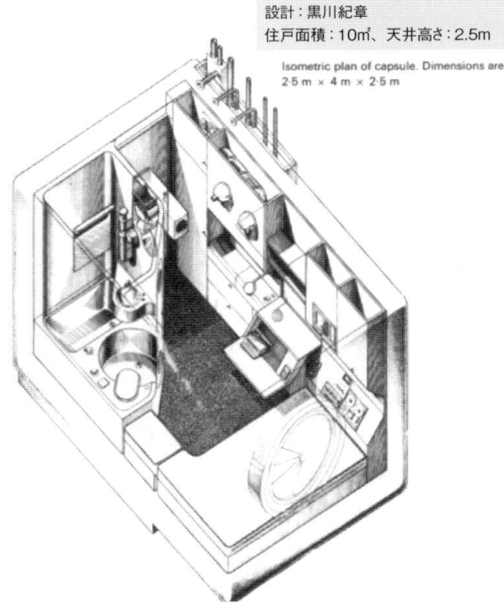

図2　カプセル内部のアクソメ図

事例❸……nLDKから飛び出した子ども部屋（ワンルームマンション）

かつて、上京したてのひとり暮らしの住まいは、下宿や学生寮、社員寮などだった。そこには受け入れる大家や寮母、他の入居者など、共に暮らす人々がいた。

そうしたひとりの住まいにとって代わったのがワンルームマンションである。それは、1980年代のバブルの時期に投資用として供給されたものが多い。サラリーマンでも投資できるよう、面積を小さくすることで、価格を抑え、住み手の立場からではなく、むしろ経済的な事情で生まれた建築である。

ここに住む人には「実家」という帰る場所があり、ワンルームマンションは、nLDK※1から飛び出した子ども部屋であり、通勤や通学に便利な場所に身を置くためのつかの間の「個室」だった。お盆や正月は実家で過ごし、季節外れの衣類や布団は実家で保管、家庭料理が食べたくなれば実家に帰ればいい。ちょうどこのころ、コンビニエンスストアが普及したことで、寝る場所とミニキッチン、トイレとシャワーがあれば、近所の人や銭湯・定食屋にすら頼らずに暮らすことができた。ゴミ出しや騒音など、住み手のマナーがたびたび問題視され、地域から疎まれる存在となったのも、住み手の「期間限定の住まい」という意識や、場所への無関心さが影響していただろう。

メゾン・ド・早稲田は、竣工時期を見ると、ワンルームマンションの先駆けとして建設された。階段や廊下の幅は狭く、エレベーターもないが、廊下と住戸内は鉄製のドアで隔離され、プライバシー性を保っている。

現在、廊下に置かれた高齢者がよく利用する手押し車からは、竣工当時の「上京したてのひとり暮らし」とは異なる住人像が浮かぶ。　　　　（竹内光子）

写1　しゃれた外観。2階に上る外階段がついている。

写2　共用廊下に置かれた手押し車

【メゾン・ド・早稲田概要】
竣工年：1977年
所在地：東京都新宿区西早稲田
規模：地上5階、27戸
構造：鉄骨造
住戸面積：13.52～18㎡

※1：nLDK
「n」は居室の数、「LDK」はリビング・ダイニング・キッチンのこと。住まいの間取りを表すものとして一般化しているが、和製英語のひとつ。

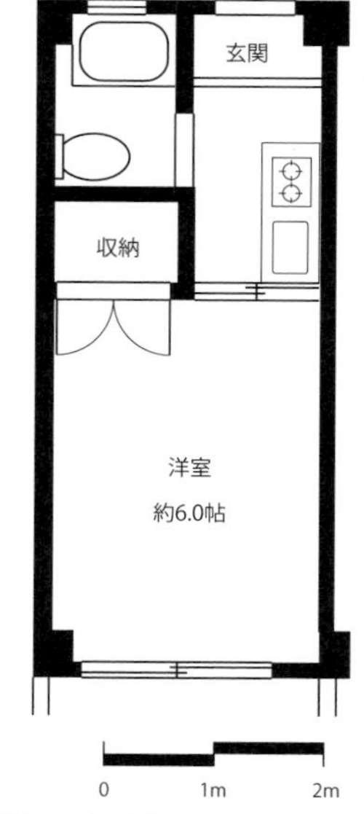

図1　平面図

keyword

02

家族で住む

核家族を対象としたnLDK型の住まいは、集合住宅、特に民間分譲集合住宅、いわゆるマンションの普及とともに定着した。家族用住居の標準解が、1950年代の42㎡・2DKの公団住宅から70年代に3LDK・75㎡のマンションに至る過程は、まさに高度経済成長とともに、住生活が豊かになるプロセスでもあった。その間に、三種の神器と呼ばれたテレビ・冷蔵庫・洗濯機は家庭の標準装備品となり、住まいの中にそれなりの面積を占めるようになる。供給主体は、日本住宅公団や各地の住宅供給公社のような公的なセクターから民間ディベロッパーへと移行し、資本の原理にしたがって、より効率的な平面、断面計画が求められた。片廊下に配された、間口6m強の3LDK住戸[※1]は、その流れのひとつの完成形ともいえよう。

マンションの住戸は経済効率を最優先にする中でも、可能な限り居住性を落とさないために、緻密に工業製品のような精度でつくられるようになった。実際、多くのパーツ、たとえばユニットバス、システムキッチン、アルミサッシなど工場製品が住戸の主要部品となっていった。それらは、安定した品質に貢献した一方で、かつての木造戸建て住宅のように、住み手が住みながら手を入れていくという住居と住み手の双方向な関係は消失し、商品として完成した住戸がもとめられるようになった。住戸は商品となり、住み手もそれを購入する消費者となっていった。商品としての住宅と消費者としての居住者という図式は、ハウスメーカーの住宅に、やがて在来工法の戸建て住宅にも波及していった。その背景には、核家族が標準世帯であることを前提としたプランの標準化があったのである。

ここでは、こうした標準家族に向けた標準解が3LDK住宅に収斂されていく原点と過渡的な事例をおさえる一方で、同時にそうした標準化のプロセスからは、むしろ逸脱した家族の住まいに着目してみたい。核家族という小ユニットならではの住まい、既存市街地の多難な条件と格闘しながらつくられた特殊解としての「都市住宅」、家族の変化に合わせて変化する住まいなど、そこには、小さいからこそ見出された外とつながる契機や、核家族という居住単位そのものへの批判的な視点をもつものもあった。それらの中には、窮屈に設定された核家族と住まいの関係を解きほぐし、プライバシーの名のもとに近代の住まいのもたらした家族の孤立を溶融するヒントを見ることができる。

（篠原聡子）

※1：間口6mの3LDK住戸
間口を狭くとると、その分供給戸数を増やすことができる。これを、「フロントセービング」ともいう。ウナギの寝床のような住戸となる。住まいの環境を高めるためには、本来、水まわりを開口部に設けることが望ましく、そのためには間口を広くとることが望ましい。

事例❶……大量供給された核家族の住まい（公営住宅標準設計 51C 型）

戦後の深刻な住宅不足の中、早期に大量に住宅を供給するため、耐火性能に優れ、狭い土地でも多くの人が暮らせる鉄筋コンクリート造の積層の集合住宅の建設が政府によって計画された。多くの建築家によって提案されたさまざまな平面計画案の中で、東京大学・吉武研究室によって1951年に提唱されたA、B、Cの3案の中のCタイプがよく知られる「51C型」である。

このプランは、当時の住宅調査の結果を踏まえたもので、夫婦と子どもふたりからなる核家族を対象とし、「食寝分離（食べる場所と寝る場所を分ける）」と「就寝分離（親と子の寝る場所を分ける）」を実現することが目指された。限られた住戸面積の中で、食事をする場所と、寝室を2室確保するために提案された「台所・食事室」が、その後間もなくダイニングキッチン（DK）と呼ばれるようになる。

また、各家庭のプライバシー確保のため、鉄の扉が採用されたのも特徴だ。ダイニングキッチンは、公営住宅にとどまらず、住宅公社、住宅協会（後の住宅供給公社）などの住宅でも採用される。さらに、1955年に設立された日本住宅公団においても取り入れられ、公共的な住宅の基本的な型となる。

3LDK（3つの居室＋リビング＋ダイニングキッチン）に代表される画一化された核家族のための住まいであるnLDKの原点として、批判されることもあるが、51C型は、戦中・戦後における建築計画学の大きなテーマである食寝分離、就寝分離という近代的生活を実現した平面計画であり、畳とちゃぶ台からテーブルと椅子の生活へと変え、ダイニングキッチンを定着させるきっかけとなった※1。（竹内光子）

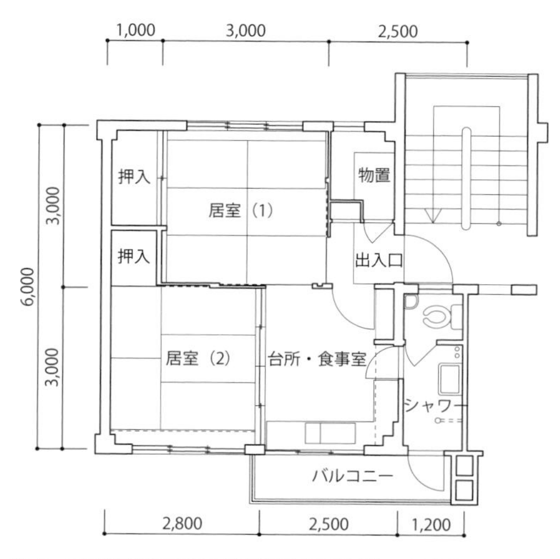

図1　吉武研究室による原案平面「51C-N」　1/150

写1　「51C-N」外観（東京都営代々木山谷団地、1953年撮影）

写2　「51C-N」の室内（同上）ダイニングキッチン。正面奥はサービスバルコニーへの出入口

【51C型概要】
提唱年：1951年　設計：東京大学吉武研究室　構造：RC造　住戸面積：35㎡

※1：鈴木成文によると、nLDKは、1960年代以降の住宅の商品化の帰結であり、戦後復興期における住宅の秩序化・合理化から発した51C型とは、その設計理念がまったく異なるものだという。①生活の中で食と寝だけは分けたい、②限られた面積の中で生活の重ね合わせが必要だ（ダイニングキッチン）、といった考えが51C型の計画の根底にあったとする。（鈴木成文『五一C白書　私の建築計画学戦後史』（住まい学大系101）住まいの図書館出版局、2006）

事例❷……小さな住宅での豊かな暮らし（最小限住宅）

「最小限住宅」は、1929年のCIAM（Congrès International d'Architecture Moderne、近代建築国際会議）第2回大会のテーマである。合理主義・機能主義的な立場から、生活に必要最小限の要素を取り出し、設計することが目指された。日本でも、住宅不足と同時に資材不足でもあった第2次世界大戦後、池辺陽※1をはじめ、多くの建築家が共通のテーマとして取り組んだ。

増沢洵※2の「最小限住宅」は自邸として設計された。1階を2分割して居間と寝室を設け、3坪の吹抜けを介してつながる2階には仕切りがなく、家事室や書斎として、収納や製図板、ソファベッドなどが配置されている。構造の単純化をはかり、平面を3間×3間とし、柱間を標準化。中2階吹抜けとすることで階高を抑え、柱は手軽に手に入る一般材を用いて通し柱とすることでコストも抑えている。

当時の収入だと15坪が住宅金融公庫の融資の限度で、そこで3間の吹抜けが出来たと、後に増沢は語っている。

入居当時は、夫婦と息子の3人家族。2年後に娘が生まれ吹抜け部分が増床された。ほかにも、設計事務所開設にあたって玄関を設けたり、下屋を増築したりと、3回の増改築が行われた。

ちなみに、増沢の「最小限住宅」は「狭小敷地住宅」ではない。200坪の敷地に、建坪9坪の小さい建築が、ぽつんと建設されている。後年、同じ敷地内に事務所棟が建設され、さらにその後、最小限住宅自体は取り壊され、事務所棟と住宅が合築された。

「最小限」はあくまで「最小限」であり、それで十分ということではなかった。厳しい条件のもと、できる最大限の工夫や努力をつぎこんだ住宅であり、その後の変化に対応するコアになりうる住宅であった。

（竹内光子）

写1　立体最小限住宅（池辺陽、1950）

写3　最小限住宅（増沢洵、1952）

写2　SH-1（広瀬鎌二、1953）

写1～3　代表的な最小限住宅
延床面積は、それぞれ「立体最小限住宅」47.05㎡、「最小限住宅」49.5㎡、「SH-1」47.01㎡と、いずれも50㎡弱。1950年代の前半に竣工したこれらの住宅は、広さの制約における社会的な条件を共有していた。

●増沢洵の「最小限住宅」の変遷

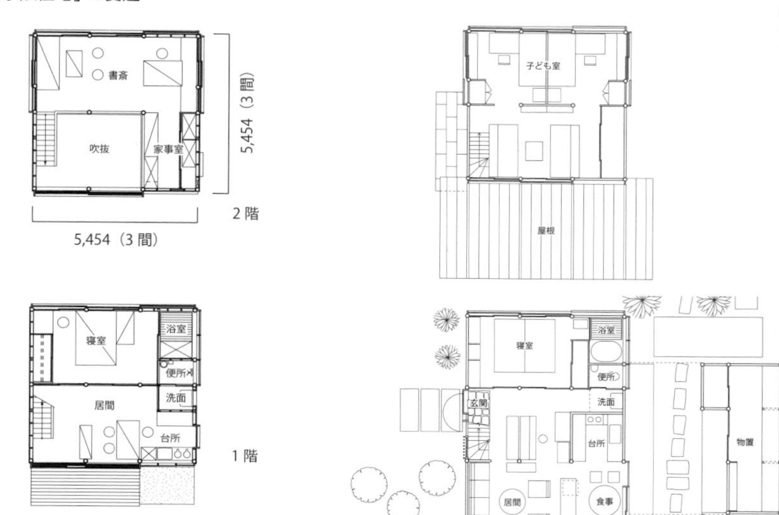

図1　竣工時の平面図（1952年）　1/250

図2　増築時の平面図（1963年）　1/250

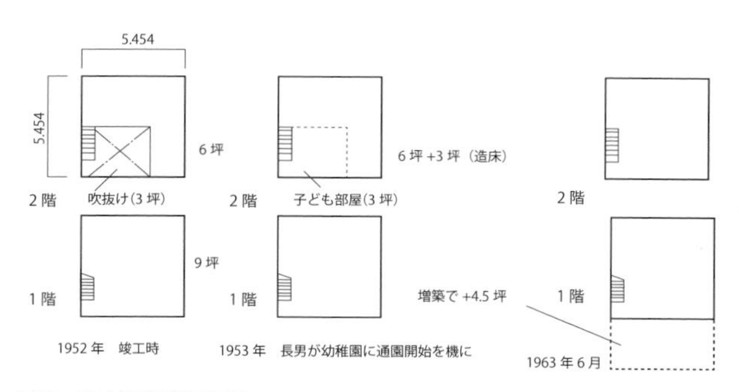

図3　最小限住宅の変遷
1953年に幼稚園に通い始めた長男のために吹抜け部分を子ども室に変えた。
1963年に1階を増築。物置、犬小屋もつくられた。

写4　増築後の外観

写5　増築後に初めて玄関がつくられた

【最小限住宅概要】
竣工年：1952年　所在地：東京都世田谷区
規模：地上2階　構造：木造　設計：増沢洵
敷地面積：200坪　建築面積：9坪（29.75㎡）　延床面積：15坪（49.58㎡）

※1：池辺陽（いけべ・きよし、1920～79）　P.081参照
※2：増沢洵（ますざわ・まこと、1925～90）　1947年、東京大学第2工学部卒業。鹿島建設を経て、アントニン・レーモンドに師事。

事例❸……接客空間のあるマンション（70年代の分譲マンション）

かつて住宅双六では、上がりは郊外の庭付き一戸建てであり、集合住宅はその途中の仮の住まいに過ぎなかった。1960年代から供給が盛んになった分譲型集合住宅（マンション）は、現在では住まいの選択肢のひとつとなり、永住する住まいとしても考えられるようになった。

日本で最初の民間分譲マンションとされているのは、1956年竣工の「四谷コーポラス」である。この後、区分所有法の施行（1962年）や住宅ローンの制度が整えられ、日本住宅公団等による「団地」が新しい家族の住まいとして脚光を浴びる中、民間企業も集合住宅の計画に着手し始めた。

マンションの語源となった「mansion」は大邸宅を意味し、集合住宅を意味するものではない。しかし、日本では、賃貸や木造のアパートと区別して、RC造など耐火性能の高い、主に分譲型の集合住宅をマンションと呼ぶようになった。

当時のマンションのパンフレットを見ると、住戸には8畳の和室が計画され、着物で客人を迎える夫と、独立したキッチンで料理をつくる妻という伝統的な生活シーンが掲載されている。

日本では1960年代、70年代になると、戦後間もない「51C型」「最小限」の時代から脱する。生活が豊かになると、都市の郊外に建つマンションでは、当時の一戸建てがそうであったように、再び炊事場が独立し、接客空間が家の中につくられた。これは、伝統的な平面が近代的な集合形式のプランニングに取り入れられたものである。しかしこの平面は過渡的なもので、徐々に経済効率が高く、家族のための空間を重視した3LDK、75m²へと収斂されていく。

（竹内光子）

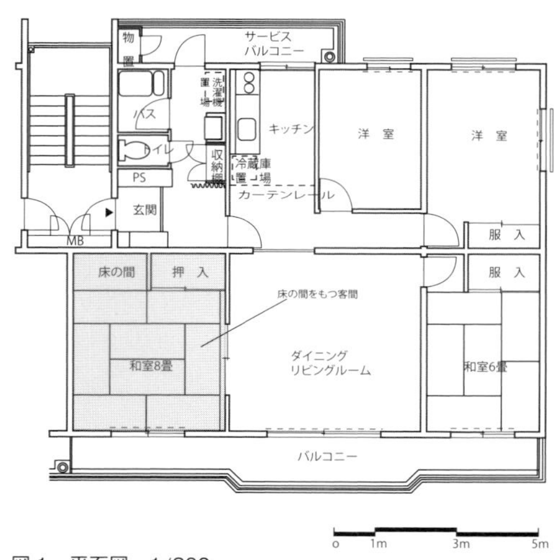

図1　平面図　1/200

写1　ダイニングリビングルームでの団らん

写2　客間（和室8畳）で客と碁を打つ

【首都近郊の分譲マンション概要】
竣工年：1974年　所在地：千葉県佐倉市　規模：地上5階建て7棟　総戸数：145戸（20戸×6棟＋25戸×1棟）　構造：壁式プレキャストコンクリート造
住戸面積：101.37m²（4LDK）×60戸、87.88m²（3LDK）×5戸、82.77m²（3LDK）×80戸

事例❹……個の集合として家族が暮らす（武田先生の個室群住居）

サラリーマンの父親、専業主婦の母親と子どもからなる典型的な「核家族」のための住まいに対して、個人を基本単位として、個室の集合からなる「個室群住居」[※1]が提案された。黒沢隆[※2]は、個室群住居を反近代住居として位置づけ、閉鎖的な近代住居に対して、開放的な住宅のあり方を考えた。

黒沢自身の言葉を借りると、「建築のなかに社会をひきこみ、コミュニティのなかに家族を溶解させる方法」[※1]として、「個室群住居」の考えを取り入れた住宅のひとつが、「武田先生の個室群住居」である。

平屋の住宅から、個室群である3つのボリュームが立ち上がる。個室群にはロフトとハイサイドの窓が計画されて、共用部の上から陽が差し込む。これまでの、「リビングに付随する寝室」から、「基本的な単位としての個室」という空間の役割を、建物の形状でも表現している。

個室は通常のものより広く、独立性が高い。それぞれの要望に応えた設えとなっている。玄関を入ると共用部があり、そこは、社会やコミュニティとの関係性を考えて計画され、個室と外部をつなぐ役割を果たす。個を尊重した家族の住まいは、近年一般的になりつつあるシェアハウスと通ずるものがある。

（竹内光子）

写1　内観

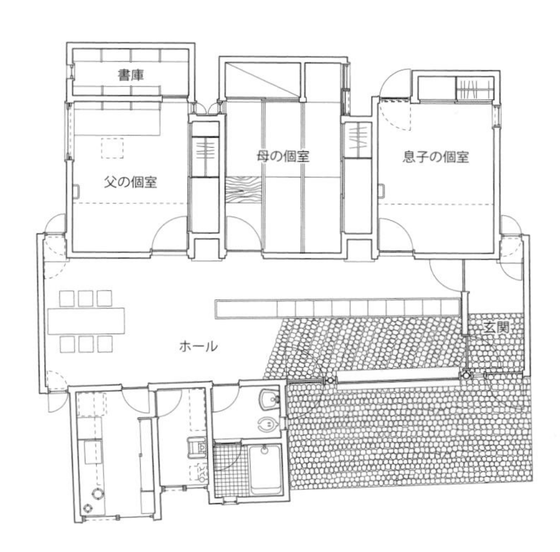

図1　平面図　1/200

【武田先生の個室群住居概要】
竣工年：1970年
規模：地上1階
構造：木造
設計：黒沢隆

写2　外観

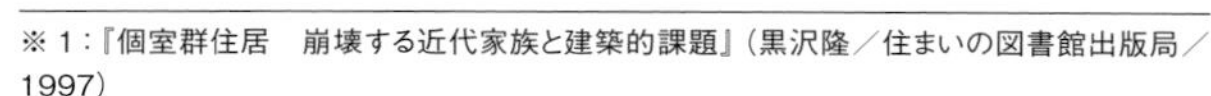

※1：『個室群住居　崩壊する近代家族と建築的課題』（黒沢隆／住まいの図書館出版局／1997）

※2：黒澤隆（くろさわ・たかし、1941～2014）
1965年日本大学理工学部卒業、1971年同大学院博士課程（後期）修了。建築家、多彩な評論活動を繰り広げる。日本大学理工学部をはじめ様々な大学の講師をつとめるなど、教育者の面を併せ持つ。

事例❺……都市の中に立体的に家族が暮らす（塔の家）

当時若手の建築家だった東孝光[※1]が、都会に予算内で購入できたのは、売りに出されていた土地の半分、この6坪程度の土地だった。それでも、都会に住むことにこだわり、親子3人が暮らし、一時期は地階を事務所としても使っていたのが「塔の家」である。

室内に入ると、階段室が吹抜けになっていて、面積以上の広がりを感じる。各居室はコンパクトにまとまり、立体的に連なりながら、主寝室・水まわり・子ども室・ダイニングキッチンが、建具がないにも関わらず、それぞれほどよく隔離されている。小さなキッチンは機能的で、来客時には料理もふるまわれた。「塔の家」は家族の生活の場にとどまらず、ときには仕事場となり、来客を迎える場ともなる。

現在は周囲を高い建物に囲まれてしまったが、大きな開口部から街を見ると、歩く人を上から眺め、街路樹の緑に囲まれる。すぐ目の前を人や車が行き交うのに、その内側は驚くほど落ち着いた空間だ。

建築家の自邸として、また「都市住宅」のアイコンとして、近代を代表する住宅作品である。もちろんその空間構成やデザインが評価されているのはいうまでもないが、そこで日々の生活が営まれ、周辺環境の変化にも動じず、現代まで大きく形を変えることなく住み継がれている建築は、それほど多くない。

（竹内光子）

写1　外観

写2　内観

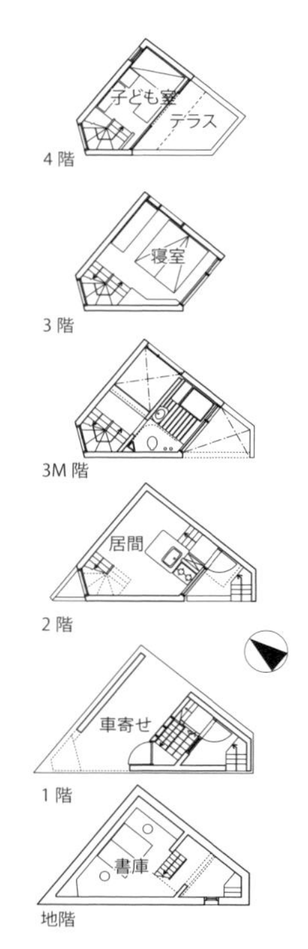

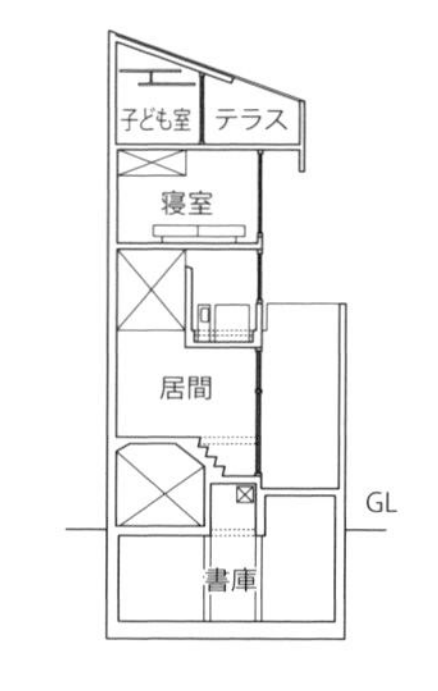

図1　平面図と断面図　1/350

【塔の家概要】
竣工年：1966年
所在地：東京都渋谷区
規模：地上4階地下1階
構造：RC造
設計：東孝光
敷地面積：21㎡
建築面積：12㎡
延床面積：65㎡

※1：東孝光（あずま・たかみつ、1933～2015）
1957年大阪大学工学部卒業、建築家。坂倉準三建築研究所を経て独立。大阪大学、千葉工業大学で教鞭をとる。

keyword

03

拡大家族で住む

核家族の住まいが居住単位として成立するためには、それを支える社会制度と施設が必要である。「最小限住宅」※1は、面積が小さいというだけでなく、玄関や客間が排除されたように、そこで行われる家族の機能を最小限に切りつめたものだった。都市の小家族を支える田舎の大家族という図式が成立しなくなった現在、小さな居住単位では完結できない部分を、たとえば、保育所、高齢者施設など、制度を背景にした施設の存在が、補完している。

大家族から小家族へ、そして個人へと居住単位の細分化が進行する中で、かつて住まいの中で家族が担っていたものは、しだいに外部の施設やサービスへと移行している。その傾向は、今後も進行していくことは間違いないであろう。それでも、核家族の住宅と施設の間には、空間的にも、時間的にも隙間がある。たとえば、出産は病院でするが、その後自宅に戻ってすぐにふつうの生活に戻れるわけでない。近年、話題になっている産後ケア施設はその隙間を埋めようとしたものである。そうした施設できめ細かく対応していく体制を整える必要がある一方で、居住単位をもう一度拡大して、その隙間をできるだけ埋めていこう、という戦略もあろう。

世帯員数の拡大は、核家族の抱える問題のいくつかを解決し、社会制度と施設の隙間を埋める手段として有効であるとしても、かつての「家」のような大家族に戻るという選択肢がないことも明らかである。かつての大家族が、確かに現在、社会に流出していったさまざまな機能を包摂していたとしても、それは、シャドーワーク※2と呼ばれたような女性の犠牲的な労働が前提となった家族であり、住まいであったことを思い起こさなくてはならない。また、小さな家族で暮らす気楽さに慣れた世代が拡大家族を選択し、そのストレスを最小にし、豊かな日常を手にするためには、それなりの建築的仕掛けが必要で、それは「家」家族のそれとは、内容も建築の形も異なる住まいのはずである。

これから取り上げる事例は、時間の変化を受け入れることで核家族に限らない状況に対応しようとする住まい、文字通り三世代の生活を再構築しようとするものなど、かつての大家族に代わる拡大家族を住まいという装置から、再提案しようとしているものである。

（篠原聡子）

※1：最小限住宅➡ P.012 参照
※2：シャドーワーク　家事労働など生存に不可欠な労働でありながら、市場で正当に評価されることのなかった労働。思想家イリイチの用語。

事例❶……家族の増減に合わせて伸縮する家（林・富田邸／セキスイハイムM1）

日本におけるモダン・ムーブメントにかかわる建築として、プレハブ住宅としてはただひとつ「ドコモモ100選」に選ばれたのが「セキスイハイムM1」である。素っ気ないほど装飾を排した様子は、「工業化住宅」のまさに申し子であり、もっとも高い工場生産率を達成していた。1970年の発売時、こうしたことが好感され、エンジニア、建築家たちにも受け入れられた。

積水化学とともに開発に携わった設計者の大野勝彦※1は当時、東京大学内田研究室の大学院生であった。大野は、M1ユニットを「無目的な性能をもつ箱」として、ユーザーが必要に応じてさまざまにレイアウトして使いこなすことを期待していた。

だから、もともとM1のユニットは、横にも縦にも必要に応じて接続することができる。リビングルーム、ダイニングキッチン、個室（和室／洋室）、サニタリー、玄関・階段・納戸の機能をもつユニットと、収納や外構などのオプションもある。

林・富田夫妻はふたりとも建築家である。結婚後、林の両親が住む家で同居をはじめる。後に子どもが生まれ、さらに妹家族も同居するようになる。外観は立派な洋館であるが、雨漏りや老朽化により建替えを検討し始めた。

夫妻ばかりか、妹も建築家だった。なぜ自邸を自身で設計しなかったのか。母が、3人の建築家がかかわると、まとまるものもまとまらない、そうした苦労を見越して、プレハブにすることを勧めたという。

住宅展示場をまわり、選んだのがM1だった。工期が短く、

写1　竣工時に植えた樹木が住まいをやさしく覆う

【セキスイハイムM1概要】
供給開始：1971年
1ユニットの大きさ：13.2㎡（4坪）（巾2.4m×長さ5.6m×高さ2.7m）
構造：鉄骨造（ルームユニット工法）
開発・設計：大野勝彦　工場生産比率：95%　工事日数：2週間程度（基礎工事、付帯工事込）（組立のみなら3日間）　建設費：4～4.5万円／㎡
【林・富田邸概要】
竣工年：1973年
居住者：3世帯9人（夫婦＋子ども、夫の両親、夫の妹家族）　ユニット数：21ユニット

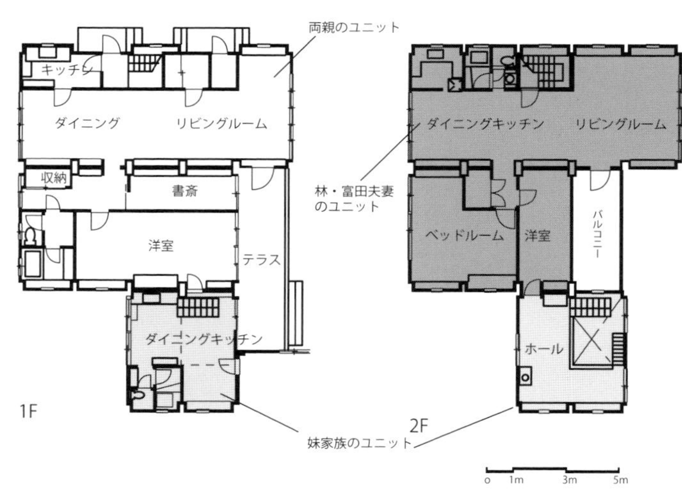

図1　竣工時の平面図　1/300
21のユニットを連結している

※1：大野勝彦（おおの・かつひこ、1944～2012）
1967年、東京大学工学部建築学科卒業。1972年同大学院博士課程修了、工学博士。1971年大野建築アトリエ開設。「セキスイハイムM1」の基本設計、およびシステム開発ほか。

施工単価が低いのも魅力だった。工事は夏休みに行われ、両親は別荘、林は海外出張、妹は知人宅、富田は子どもを連れて実家に出掛けた。工期は全体で約1か月、ユニットを持ってきてからはわずか1週間で終わった。

3世帯9人のために建設された林・富田邸には、21個のユニットが使われた。設計段階で、人を介して開発者の大野勝彦に連絡をとり、どの程度アレンジができるのかを確認した。

プレハブの規格を超えた、吹抜けや螺旋階段のある住宅がつくられたのは、住まい手が建築家だったからだろう。

この住宅は、住む家族の変化とともに、さまざまに変化していく。

その変化をみると、パテ屋を開くために増築し、子どもたちの個室をもうけるために木造で3階を増築し、両親が亡くなると、台所を増築しサロンとして地域開放し、さらにはサロンの北側に食堂を開く、などした。また、つい最近では、保育所として1階部分を提供することも検討したが、運営者側の都合や法規制の問題があり実現には至らなかった。

M1のコンセプトは、ユニットを追加・撤去することで住み手の伸縮に対応することであったし、3階建てまでは想定していない。しかし、ここで行われたのは、ユニットに木造を乗せて3階をつくり、吹抜けやトップライトを追加するという工事だった。

昨年には構造診断を行い、室内にブレースを追加した。工業製品としてフレームがしっかりしていたからこそ、他の素材や工法と組み合わさって、変化する住まい手のニーズに対応することができたのだろう。

そしてなにより、住まい手が、住み続けるための知恵や手段を知っている。変化する状況に対応しながら、気に入った場所に住み続けようとする、住まい手の姿勢が伝わってくる。

（竹内光子）

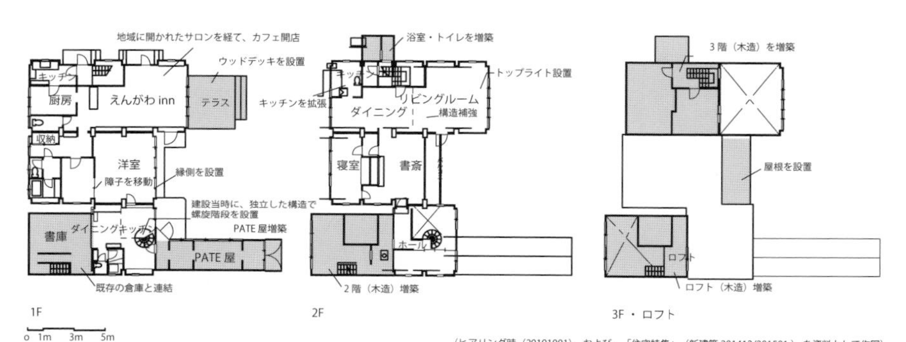

（ヒアリング時（20191001）、および、「住宅特集」（新建築 201412/201501）を資料として作図）

図2 現在の平面図 1/500
書庫、店舗、3階が増築され、使われ方も家族専用から地域へと開くなど変遷している

写2 改修後の2階リビング。
上部は吹抜けとなり、トップライトが設置された

事例❷……2世帯住宅のその後（2.5世帯住宅）

1975年、旭化成ホームズは、親世帯の夫婦と子世帯の家族がひとつの建物に住む「2世帯住宅」を発表した。当時一般的だった大家族での「同居」ではなく、それぞれの世帯がそれぞれに水まわり（トイレ・浴室・洗面・キッチン）をもち、独立した生活を送れるように計画されていた。この2世帯住宅が新たな展開を見せている。

「2.5世帯住宅」とは、従来の2世帯住宅に親世帯側の「未婚の子」(=0.5世帯）を加えたもので、旭化成ホームズが商品化した（2012)。2世帯住宅を対象とした調査から、親世帯と同居する「未婚の子」が数多いことがわかった。また、その調査結果によると、この0.5世帯は男性よりも女性が多く、仕事をもち所得も高めの人が多かったという。

平面を見ると、0.5世帯のための「充実マイルーム」と子ども部屋が、2階の親世帯と子世帯の間の「どっちもゾーン」に配置される。ここは、親世帯が子世帯に行かずに子ども（孫）の面倒をみるのに都合がよく、また子どもとおば・おじの共有空間ともなる。ここでは、核家族にはなかった、子どもとおば・おじというナナメの関係がつくられる。

「充実マイルーム」は通常の個室よりも少し大きく、成人した大人がある程度独立して過ごせるように、洗面や小さなリビングスペースが計画されている。2世帯住宅において「未婚の子」は、いずれ独立することが前提だが、2.5世帯においては、ずっと（少なくともしばらくは）いることが前提である。成人し、経済的にも十分独立できても、積極的に実家に住み続ける選択があってもよい。そのことで、親子・嫁姑ではない多様な関係が生まれる。（竹内光子）

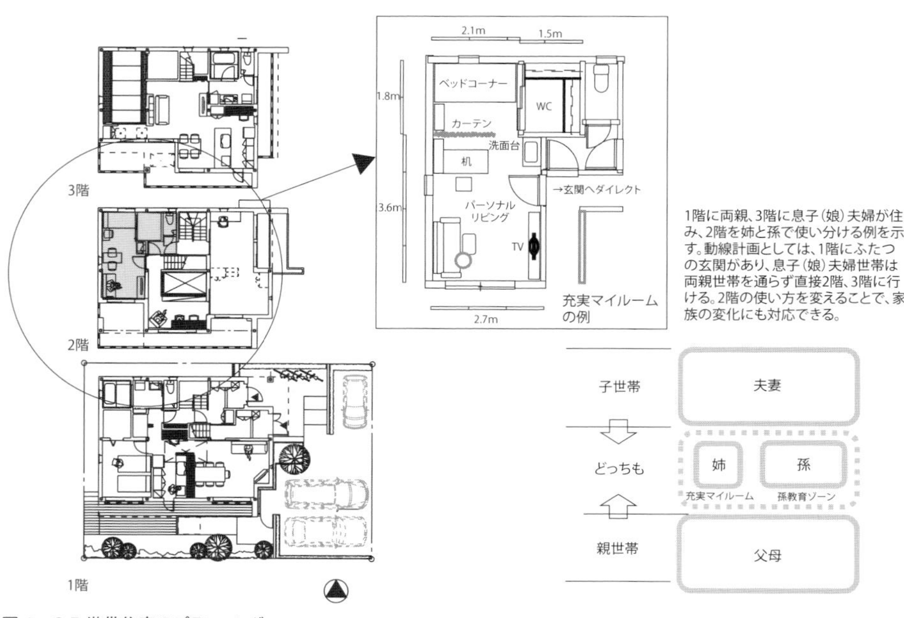

図1　2.5世帯住宅のプランニング

keyword

04

他人と住む

2000年代に入って、大都市圏でシェアハウスのベッド数は急激に増えた。いまやそれは、若者を中心として、住まいの選択肢として定着した感もある。この状況を、若者が大学を出ても正社員になれないといった日本社会の経済的な側面からも説明することも可能であろうが、それがすべてでなく、背景はもっと複雑である。それは、「他人と住む」住まいが実に多様であることからも明らかである。

また、こうした新たな居住スタイルは、住宅地に散見されるようになった空き家など過剰な建築ストックとも深くリンクしており、シェアハウスと一口にいっても、2～3人のアパート仕様から、5～7人くらいの家族住宅スケールのもの、会社の寮をリノベーションした50人を超える規模のものなどがある。

そこにおける暮らしや居住者同士の関係は、まったくそのスケールによって異なる。戸建て住宅を数人でシェアしているものは、だれかがメインテナントとなり、一括で借り上げて自分用以外の個室を転貸するという、海外にも見られるような経済的な住まい方から、大規模なものは外部からのサービスを前提として、利便性の高い都心での暮らしに重点が置かれるものまであり、コモンスペースでの居住者同士の情報交換もその目的になることがある。しかし、こうした大規模なシェアハウスはすでに市場経済のサイクルの中に飲み込まれて、新しい住まいとしての創造的なオルタナティブとしての可能性は縮小しているように見える。

「他人と住む」住まいは、若者に限ったものではなく、少子高齢社会においては、高齢期の住まい、終の住まいとなることも珍しくない。サービス付き高齢者向け住宅、グループホーム、特別養護老人ホームもまた、「他人と住む」住まいである。これらは、「家を継ぐ」という継続的なシステムを有しない近代的核家族での暮らしの最終形として、現在では、むしろ一般的なものである。であればこそ、こうした家というより施設として存在してきた建築にどこまで、住まいとして性能をもたせることができるかが問われている。同時に、計画者・設計者から引き継いだ空間を、居住者が能動的に住みこなすことがなければ、「他人と住む」空間は住まいとはならないのであるから、それは住み手の問題でもある。

（篠原聡子）

事例❶……「お座敷」でつながる古民家の暮らし（松陰コモンズ）

「松陰コモンズ」は既存の古民家を利用したシェアハウスの先駆であった。それは、古民家の主人の建物を残したいという思いから始まった。現在のように「シェアハウス」が一般に知られるようになる前に、シェアすることによる経済的なメリット以上の可能性、または合理性を感じたメンバーが集まった。主体的に住民が運営し、コレクティブハウジング社が運営を支援した。

古民家には、庭に面して縁側を挟んで続き間があり、「松陰コモンズ」では、「お座敷」と称し、人が集まる空間として活かされた。農家としてつくられた建物が、近代家族のための住宅として個室を増築しながら使われ続け、その後、シェアハウスという血縁だけで住むのでない現代の住まいとして活用され、人を招く空間として本来つくられた続き間が大きな魅力として活かされることになった。

どのように使うか、だれに貸すかなど、「お座敷」の活用について、住民は定期的にミーティングを開き、さまざまなアイデアを実践した。「お座敷」という共通の「資源」をもち、コミュニケーションをとる機会が増えることは、もともと他人同士であった住民がコミュニティとなるための、有効な仕掛けともなった。

また、「お座敷」を地域にも積極的に開くことで、「変わった暮らし方をしている人たち」として距離を置かれかねないここでの暮らしが、地域に受け入れられるきっかけにもなっていた。「お座敷」という人を招き入れる空間が、住民同士をつなげるだけでなく、「松陰コモンズ」と地域をつなげる場ともなった。

（竹内光子）

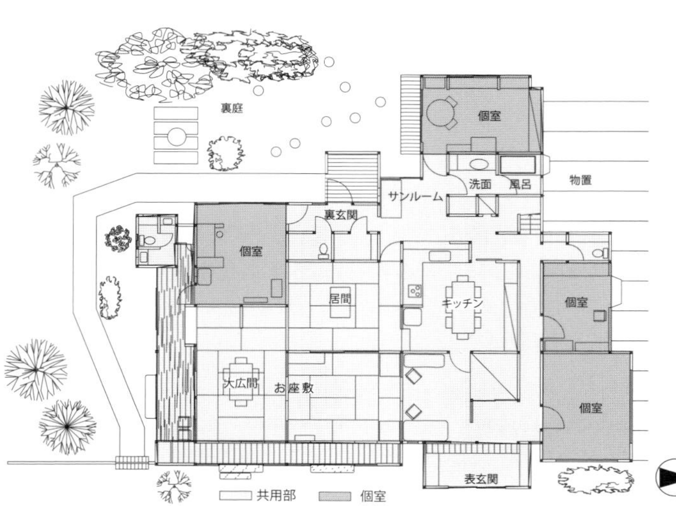

図1　平面図　1/300

写1　全景

写2　お座敷（続き間）

【松陰コモンズ概要】
運用期間：2002～10年
所在地：東京都世田谷区　規模：地上2階　構造：木造
建築面積：約220㎡　竣工時期：江戸時代末期
室数：7室（20代から60代までの男女が住んだ）

事例❷……キッチンアクセスをもつシェアハウス（SHARE 2）

もともとは、都市部によくある木造3階建ての一戸建て。外階段を上り、小さな玄関に入ると、ホールにはLDK・個室のドアが並び、上階への階段があった。

一戸建てをリノベーションすることで、シェアハウスとして利用する事例はたくさんある。一戸建てストックがシェアハウスの普及に一役買ったともいえる。しかし、核家族のためにつくられた住宅と、他人同士が共に暮らすシェアハウスでは、建物のあり方はやはり違う。

SHARE 2は、シェアハウスにするにあたり、玄関ドアの位置を変えて、玄関を囲う壁を壊した。玄関は、ガラスの引違戸とし、外階段を上ってガラス戸から建物に入ると、まずキッチンがある。そこを通ってリビングに行く、キッチンアクセスである。階段を上った2階と3階はそれぞれの個室になっている。

出かけるときや帰ってきたとき、だれかがいれば必ず顔を合わせる。どのような場所を通って自分の個室にたどりつくのか、その日常の積み重ねが、シェアハウスにおける住民同士の関係をつくり出す。

アクセスは、家族で住む以上にシェアハウスでは重要なのだ。

（竹内光子）

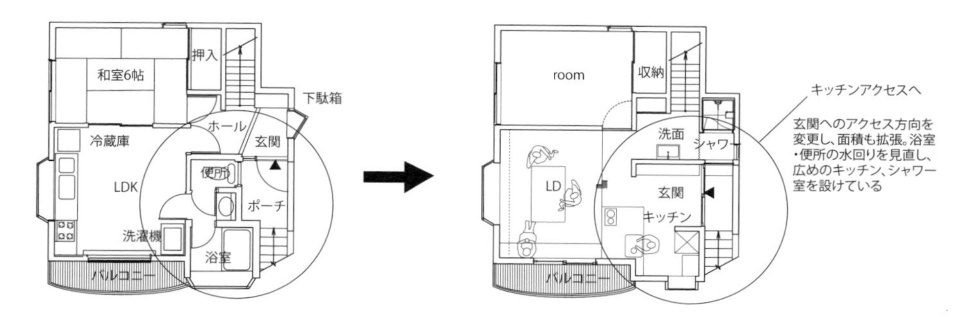

図1　改修前・後の1階平面図　1/200

写1　LDからキッチンとエントランスを見る（改修後）

【SHARE 2概要】
リノベーション竣工：2013年11月
所在地：東京都新宿区
規模：地上3階＋ガレージ
構造：木造
設計：空間研究所＋Astudio
敷地面積：66.11㎡
建築面積：39.66㎡
延床面積：123.93㎡
竣工年：1990年
室数：4室

事例❸……都会的なライフスタイルをもつ大規模シェアハウス（THE SHARE）

企業の独身寮をリノベーションすることで生まれたシェアハウス。大規模シェアハウスの先駆けで、現在に至るまでほぼ満室で運営されている。

1階にはカフェとラジオスタジオ、2階がスモールオフィスとシェアオフィス、3～5階が居室で、6階に共用スペースがある。共用スペースは、日中は2階のオフィス利用者も使用することができ、ビジネスと生活の境界がオーバーラップする。この、都会的なライフスタイルの提案により、家賃を節約するためだけではない、シェアハウスに暮らすことの魅力を示した。

居住者が交流するためのfacebookのグループには、管理会社のスタッフも参加している。コミュニティを促すイベントが管理会社によって企画されることもあれば、居住者が、自主的にイベントを立ち上げることもできる。管理会社が居住者のコミュニティに参加していることで、大規模でありながら、それぞれの状況や関係性を把握し、居住者同士および管理側との良好な関係が継続されている。

（竹内光子）

写1　イベント開催時のダイニングの様子

写2　本格的な調理器具を備えたキッチン

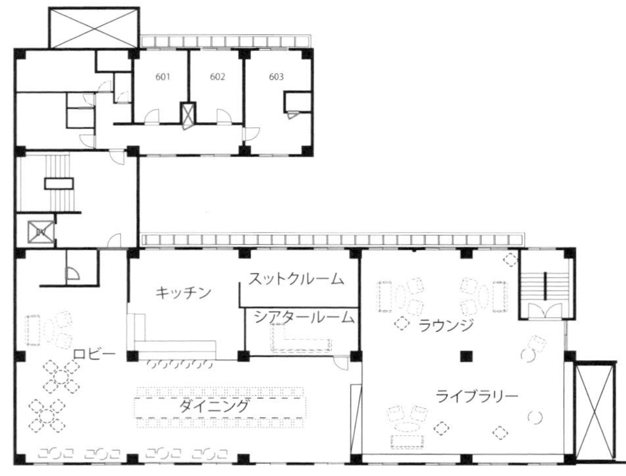

図1　共用部のある6階のフロアマップ

【THE SHARE 概要】
竣工：1963年11月
リノベーション竣工：2011年11月
所在地：東京都渋谷区
規模：地上6階地下1階
構造：RC造
運営会社：リビタ
敷地面積：853.13㎡
建築面積：538.49㎡
延床面積：3,155.46㎡

総戸数：店舗4区画、スモールオフィス16室、シェアオフィス（固定デスク14席・10区画、フリーデスク8席）、シェア型住宅64室
住戸面積：11.40㎡／21.40㎡
住戸内設備：ベッド、机、イス、収納、エアコン、ミニ冷蔵庫、照明、ブラインド
共用部：フリーラウンジ、キッチン、シアタールーム、ライブラリースペース、屋上庭園、喫煙所

事例❹……コモンミールでつながる暮らし（コレクティブハウス　かんかん森）

「かんかん森」は、2003年、日本で初めての本格的なコレクティブハウスとして創設された[※1]。コレクティブハウスでは、独立した住戸のほかに共用部をもち、その空間の管理運営を居住者自らが行う。「コモンミール」は、コレクティブハウスでもっとも大切にされる活動のひとつで、居住者には料理をつくる当番が必ずまわってくる。数名の当番が、希望する居住者分の食事をつくり、一緒に食べる。その他、管理運営のための役員会や係、定例会への参加、話し合いのうえ全員合意することが、かんかん森の決まりごとである。

係を受けもつことは居住者の義務だが、ときには例外も出てくる。仕事の都合でやむをえず担当時期を変更したり、高齢になり係をできなくなった居住者の仕事を免除することもあった。また、出産や病気の時など1年間係を休めるルールもある。

転勤や結婚などを機に居住者が入れ替わる。設立当初、入居者の中に子どもはひとりだった。単身者が多い時期もあったが、現在は、8組のカップルと、生後数か月から小学校5年生までの12人の子どもたち、12人の単身者、合わせて50人が暮らす。65歳以上は4人で、30～40代の若い世代が中心だ。

居住者の構成が変われば、必要なルールも変わる。最近では共働きで忙しい人が多く、係分担の合理化や「もり券」[※2]の廃止など、定例会で話し合われ、いくつかの変更が試行されていた。原則を守りつつも、顔が見えるからこその臨機応変な対応で運営が継続されている。

（竹内光子）

写1　コモンミールの様子

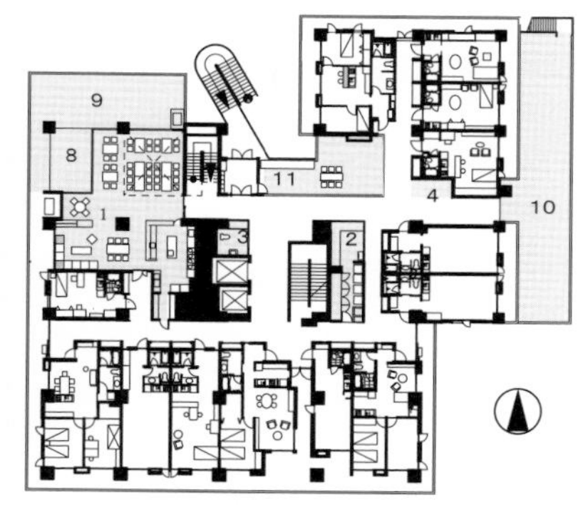

図1　かんかん森2階平面図

1：リビングダイニングキッチン
2：ランドリールーム
3：コモントイレ
4：キッズスペース
5：専用事務室
6：ゲストルーム
7：倉庫
8：ウッドテラス
9：コモンテラス
10：菜園
11：工作テラス

写2　テラスでブランチ

【かんかん森概要】
竣工：2003年6月入居開始
所在地：東京都荒川区　規模：地上12階建「日暮里コミュニティハウス」の2階3階部分　構造：RC造　敷地面積：2,814.47㎡　建築面積：1,421.96㎡　延床面積：1,944㎡（2階+3階）　専有面積：24.55㎡～62.06㎡　住戸総数：28戸
共用部：コモンダイニング、キッチン、コモンリビング、ランドリールーム、工作テラス、ゲストルーム、コモンテラス　運営主体：株式会社コレクティブハウス

※1：日本においてコレクティブハウスを主導した小谷部育子によると、北欧に発するその基本理念は、「住宅形態は、私的なコンパクトな住戸群と、その住戸の延長として共用空間が組み込まれた集合住宅である。居住者が主体的に住運営に参加・協働することで、社会的にも精神的にも自立と支え合いのある住環境を創出する、居住者自身が選択する住まい方である。」
※2：もり券：かんかん森内で流通していた一種の地域通貨。コモンミールの食事代や、ちょっと手伝ってもらったときのお礼などに使われていた。

keyword

05

コミュニティの中に住む

核家族であっても最低、親と子の2世代がいる前提である。2世帯住宅なら、そこにもう1世代が暮らすことになり、多世代での暮らしが強調されている。一方で、「他人と住む」家が同じ属性、同じ世代の居住者を切り取る傾向にあることは、シェアハウスやグループホーム、特別養護老人ホームなどの高齢者用住宅を見ても明らかであり、同じ属性、同じ世代の集団のほうが、志向や必要なサービスも似通っているわけで、なにかと合理的な運営が可能となる。現に、大規模なシェアハウスでは、住民間のトラブルを回避するために、50歳以上はお断り、などの制約を設けているところすらある。

しかし近年、そうした他人との暮らしに、「多世代」をもち込もうとする動きも見られるようになった。厚生労働省が推進している「地域包括ケア」も、高齢者を見守り支える若い世代が近隣のコミュニティの中にいることが前提である。十分な財源をもたない行政に多くを期待できない現在の日本では、支え合う仕組みとしての「多世代」居住は必要条件となるのかもしれない。

ドイツの「マルチジェネレーションハウス」※1は、文字通り、多世代を標榜した政策である。しかし、住居そのものがマルチジェネレーションに対応しているわけではなく、保育園や子どものためのグループホーム、あるいは高齢者用の住宅が核となり、それにだれも使えるコモンリビングを併設しているもののことを「マルチジェネレーションハウス」と呼んでいるのである。コモンリビングは、居住者のリビングでもあり、地域の寄り合い所のような場所でもあり、朝ごはん、昼ごはんが食べられ、近隣の高齢者や子育て中の親などの居場所にもなっている。このようにゆるやかなコミュニティの中で、孤立しがちな核家族、シングルファミリー、そして高齢の単身世帯をサポートしていこうという試みなのである。この政策の要点は、小世帯では手に余る子育てや高齢者のケアの問題を、建物のスケールではなく、地域やコミュニティの問題としてとらえなおそうとしていることである。前述した日本の「地域包括ケア」も、同様の観点からの政策である。

ここでは、団地や村落のような既存のコミュニティの中に高齢者の住まいを組み入れたもの、新たに対象の異なる建物を複合的に開発し、共用施設を通して、それらを街のようにつなごうとしている事例など、支援を必要とする、あるいは孤立しがちな居住者をコミュニティのスケールの中で支援していこうとする事例を紹介する。　（篠原聡子）

※1：マルチジェネレーションハウス P.197参照

事例❶……住まいとしての施設（生活クラブ風の村 八街）

生活クラブ生協の組合員による「自分たちが暮らしたいと思う高齢者施設をつくりたい」という思いから、この計画は始まっている。

風の村では、6〜8人を1ユニットとして、1ユニットごとにリビングを設けた、全室個室ユニットケアを実現した。ユニットの入口には格子戸があり、その外側にホール、地域交流スペースと、プライベートからパブリックへ、グラデーションのある空間構成になっている。

設計監修を手がけた外山義は、北欧の高齢者ケアを学び、高齢者施設は生活の場であり、家であるべきだ、という考え方のもと、高齢者の居住空間としてユニットケアを推奨していた。法整備に先駆けてその手法を取り入れて実現されたのが、この「風の村」である※1。

定員57人（内特養50人、ショートステイ7人）でスタートし、2011年7月に40床分増築した。2019年には、中庭にさらに16部屋を増築し、現在は特養96人、ショートステイ17人を受け入れている。2000年に建てられた建物を「本町」、2011年に増築された部分を「新町」と呼び、1階を1丁目、2階を2丁目、3階を3丁目というように、施設全体を町に、1ユニットを住宅に見立てている。週1回、パン屋がホールにパンを売りにやってくる。入居者はお金をもって部屋から出てきて、楽しそうにパンを選ぶ。地域交流スペースは喫茶店として地域に開放され、コンサートが企画されたり、近所の人がパートに来たりしている。

プライバシーを確保したうえで、ゆるい集団に属し、段階的なプライベートとパブリックの切替えを意識しながら暮らすことは、関係性を意味している。関係性をもちながら、社会とつながり続けることは、施設を住宅に近づける。（竹内光子）

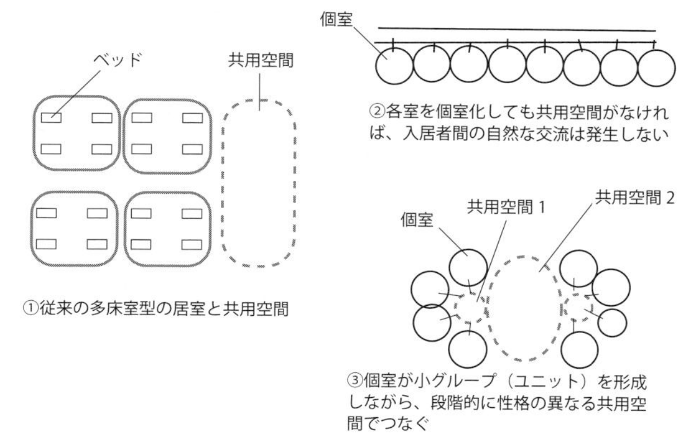

図1　外山義によるユニットケアのスタディ

写1　共用空間にパン屋が店開き

【風の村概要】
開設：2000年
所在地：千葉県八街市
規模：地上3階　構造：RC造
敷地面積：6,924.5㎡
施設機能：特別養護老人ホーム（定員96人）、ショートステイ（定員17人）、デイサービスセンター（定員30人）
運営主体：社会福祉法人生活クラブ
設計監修：外山義　設計：斉藤佳一

※1：2002年に「ユニット型」の介護施設が制度化された。1ユニットの人数が10人程度と定められ、介護スタッフの人数や介護報酬の基準が定めたれた。

事例❷……高齢化の進む団地に組み込まれたサ高住（ゆいま〜る高島平）

高島平団地は、日本有数の大規模団地。1972年に入居が開始され、一時は、団地のみで2万人以上、高島平全域で5万人の人口を抱える一大住宅都市となる。賃貸エリア地域では、1992年をピークに人口が減り始め、居住者の高齢化問題が表面化する。

「ゆいま〜る高島平」は、この高島平団地の賃貸エリアの1棟121戸のうち、45戸を借り上げ、サービス付き高齢者向け住宅（サ高住）※1として提供している。サ高住では、バリアフリーの居住空間とともに地域の介護や医療のサービスを個人が活用することで、高齢期の生活を支える。

運営者の朝は、居住者の安否確認から始まる。1か月単位でさまざまなイベントがあり、居住者をあの手この手で、住戸の外へ連れ出そうとしている。参加は強制ではないが、日ごろからの自治会との連携も功を奏し、地域の行事に参加する人もいる。

住戸タイプは3種類。プランを比較すると、キッチンをどれくらい使うか、人を呼ぶことがあるかなど、生活スタイルによって選ぶことができる。

サ高住というと、施設のイメージがあるが、ここは団地の日常の風景の中に、うまく溶けこんでいる。隣には若い夫婦が住んでいることもあるような、ふつうの住環境なのだ。施設として建物をつくるのではなく、既存のまちなみにサービスと共に高齢者向けの住宅を組み込むことは、これからの単身高齢者の住まいの新しいあり方を示している。（竹内光子）

写1　住棟内に点在する一般住戸をバリアフリーのサービス付き高齢者向け住宅に改修する

写2　水泳好きの男性の住戸。マスターズ大会で獲得したメダルが並ぶ

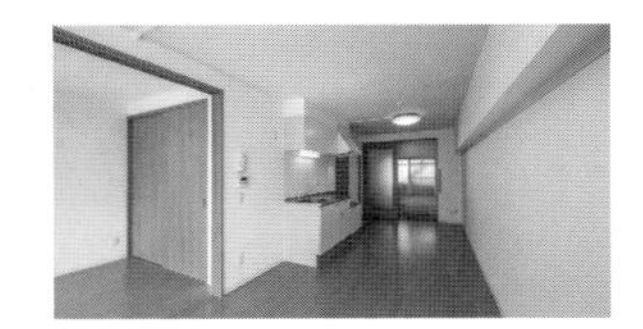

写3　住戸のインテリア（Cタイプ）

【ゆいま〜る高島平概要】
開設：2014年　所在地：東京都板橋区
総戸数：45戸（1DK、1LDK、42.34〜43.51㎡）　敷地面積：5,059.42㎡（UR賃貸住宅等含む）　建築面積：1,051.33㎡（UR賃貸住宅等含む）
延床面積：7,577.73㎡（UR賃貸住宅等含む）　運営主体：株式会社コミュニティネット　設計：株式会社プラスニューオフィス、株式会社コミュニティネット

※1：サービス付き高齢者向け住宅（サ高住）
高齢者に安全な居住空間を確保し、介護・医療と連携したサービスを提供する賃貸住宅のこと。2011年に高齢者住まい法の改正により、サービス付き高齢者向け住宅の登録制度がスタート。住宅は、床面積が原則25㎡以上あるマンションやアパートのような個室。専用の台所、便所、洗面、浴室等の水まわりが備わっていて、バリアフリー構造となっていること。安否確認と生活相談が受けられ、日中はケアの専門家が常駐。食事、介護や医療サービスなどについては、事業者ごとにより提供される内容は異なる。各事業者の提供内容については、サービス付き高齢者向け情報システムのウェブサイトで、検索や閲覧ができる。

事例❸……多世代による空間の共有（江古田の杜プロジェクト）

「江古田の杜プロジェクト」とは、分譲マンションとサービス付き高齢者向け住宅、賃貸マンション、介護付有料老人ホーム、病院が計画された、複合開発プロジェクトである。さまざまな世代の人が入居できるよう、ターゲットの異なる住宅を用意し、この中で住み替えができることを目指している。

このプロジェクトのもっとも特徴的で魅力となっているのが、町全体のコミュニティの拠点として計画された、「リブインラボ」だ。

「リブインラボ」の2階はキッズルームや防音室など、利用するには登録や予約が必要だが、1階の「えごたいえ」はコンビニやレストランも併設され、江古田の杜の住民に限らず、だれもが使える空間だ。

休日のお昼時の座席占有率は約50%。ふたり掛けのテーブルをひとりで使っていたりするので、実際にはほぼ満席。ひとりの人もグループの人も、それぞれ窓際の席やソファ席など、ちょうどいい居場所を見つけて過ごしている。さっきまで宿題をしていた小学生は、友だちと合流してゲームを始めた。隣では、コンビニで買った飲み物やおやつを片手に女性たちがPTAの打合せを始める。少し混雑が落ち着くと、多目的スペースで行われているサークルの仲間が集まってくる。平日も、早朝には高齢者が散歩の帰りに立ち寄り、夕方は小中学生のたまり場、さらに遅い時間には若者がPCで作業をする。

「江古田の杜プロジェクト」は、子育てを中心とした多世代共生を目指している。異なる世代がなにか一緒にするわけではないが、それぞれが自分に都合のいい時間を選び、お互いの存在を認識しながらひとつの場所を共有する。利用者は、江古田の杜の住民だけではなく地域の人も多い。コンサートなどのイベントやお祭りは、世代も住まいも超えた催しになっている。さまざまな人が同じ空間で過ごす、その状況が大切なのかもしれない。

（竹内光子）

写1　街全体の共有スペース「リブインラボ」の休日昼時の様子

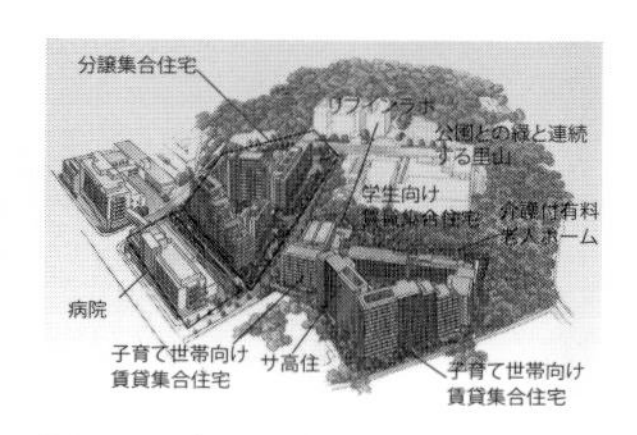

図1　江古田の森の住棟配置

【江古田の杜プロジェクト概要】
所在地：東京都中野区
敷地（全体）：約39,500㎡
A街区（グランドメゾン江古田の杜）
　用途：分譲マンション（531戸）
　竣工：2018年2月
B街区（総合東京病院B棟）
　用途：病院　竣工：2017年3月
C街区（プライムメゾン江古田の杜）
　用途：賃貸マンション、サ高住、リブインラボ　など
　竣工：2018年8月

事例❹……継続的に成り立つ「街」の仕組み（シェア金沢）

シェア金沢は、金沢駅からバスで30分ほど離れた国立病院の跡地に計画された。敷地内には、サ高住・児童入所施設・学生向け住宅が混在し、天然温泉やレストラン、ショップ、ウクレレ教室にはだれでも入ることができる。サ高住の入居者にとっても、高齢者ばかりが集まるよりも、子どもや地域の人も出入りするこのような環境のほうが、楽しく暮らせそうだ。

この環境を実現するために、事業者である佛子園は、ちょっとした工夫をしている。社会福祉法人として自身が運営する障碍者福祉施設の就労先とすることで、税制上の優遇を受けながら用途地域によらず地域に開ける商業施設を組み込んだのだ。

年末には、いつも温泉施設を利用している地域の人が温泉の大掃除をかってでる。年2回、ボランティアが花を植えに訪れ、シェア金沢の居住者も一緒にまちなかを飾る。月に1回程度季節に合わせたさまざまなイベントが企画され、地域の人との交流がもたれている。

多様な人、多様な機能を内包し、外からアクセスしやすい場所をつくることで、近隣の人が訪れ、地域の一部として継続して成り立つ仕組みが構築されている。（竹内光子）

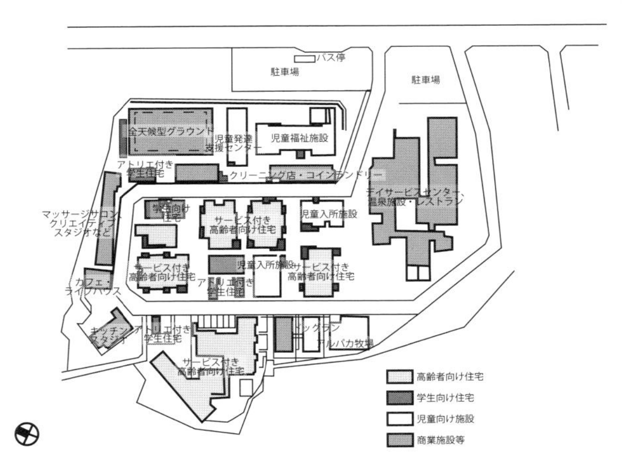

図1　施設・住宅の配置

【シェア金沢概要】
竣工：2014年3月
所在地：石川県金沢市
規模：平屋または2階建て
構造：木造（22棟）、S造（3棟）
敷地面積：35,766.96㎡
建築面積：6,152.80㎡
延床面積：8,098.69㎡
主用途：サービス付き高齢者向け住宅（32戸）、学生向け住宅（6戸）、アトリエ付き学生向け住宅（2戸）、児童福祉施設（児童入所施設、児童発達支援センター）、グラウンド、売店、セレクトショップ、温泉、ギャラリー、レストラン
運営：社会福祉法人佛子園

写1　店舗エリアのインフォメーションボード

写2、3　ハロウィーンの様子

column

外国人
—日本社会といかに共生するか—

⦿岐路に立つ外国人政策

すでに在留外国人は 200 万人を超え、日本の人口の 2%近くを占めるまでとなり、さらに近年、政府は深刻な労働力不足を背景に、外国人労働者の積極的な受入れに大きく舵を切った。この政策変更は、海外のメディアでも驚きをもって受け止められている。もはや、首都圏のコンビニエンスストアで日本人の店員を見つけるのが難しいほどで、日本人の日常生活は、外国人の労働に深く依存している。すでに、日本は日本人だけでは成り立たないのである。しかし、よく知られているように実際に雇用されている外国人の 4 割強は、技能実習生※1 もしくは留学生として日本に滞在しており、こうした人々が、日本の労働力不足を補完しているのが実態である。いままで、日本では単純労働に対して外国人の雇用を認めてこなかったからである。

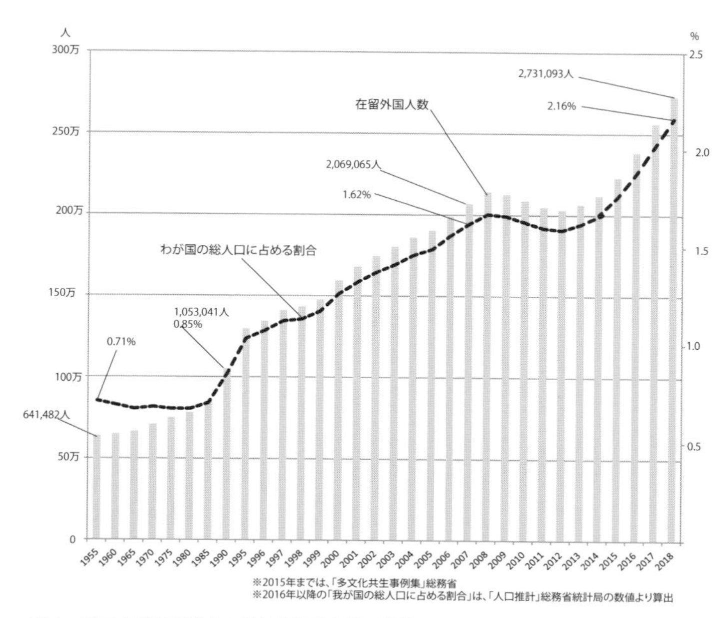

図 1　外国人登録者数および在留外国人数の推移

※ 1：技能実習制度は、出入国管理及び難民認定法に定める「技能実習」の在留資格により日本に在留する外国人が報酬をともなう実習を行う制度である。

※ 2：『シェアハウス図鑑』（彰国社）「シェアハウスという住まい」篠原聡子

一方で、住まいという側面から外国人の増加を見てみると、より多様な課題が浮かび上がる。やはり、バブル経済期に労働力不足に悩んだ政府は、日本国籍をもたない日系ブラジル人３世やその配偶者に「定住者」の在留資格を与えた。その他、「中国残留孤児」やその親族、「インドシナ難民」など定住の資格をもつ人々は近年、公営住宅や都市機構の団地に居住する例が増加している。ある国の人が住み始めると次々に同国の人が集まり、外国人集住団地と呼ばれる状況を呈しているところもある。こうした団地では、日本人居住者との間にさまざまな問題が発生している一方で、共生への取組みが自治会などを中心に行われているところもある。

技能実習生としてやってくる外国人の居住の問題はさらに深刻である。彼らは、通常３年で帰国するので、自治体や地域の自治会が住居や日本語教育などの支援を行うことはなく、住まいも教育も雇用者の責任になる。『外国人労働者をどう受け入れるか』（「NHK出版新書」）では、その過酷な労働条件に加えて、エアコンもなく、数人の相部屋など、劣悪な居住環境が述べられている。技能実習という制度とともに、こうした短期の滞在者への住環境の整備も喫緊の課題である。

⦿外国人とシェアハウス

首都圏には、技能実習生は少なく留学生や専門的な技術によって在留資格を認められている人々が多い。こうした人々がゲストハウスに住み始め、それがやがてシェアハウスと名前を変えて現在に至ったという経緯もある※2。ゲストハウスに外国人が集まったのは、外国人がまとまって住むことで情報交換できるというメリットがあったからでもあるが、外国人であるという理由で一般の賃貸住宅が借りにくかったからでもある。その状況は、現在でもあまり改善されておらず、シェアハウスが都市部の留学生など外国人居住の重要な受け皿になっている。シェアハウスという新たな空間そのものが、外国人と日本の社会のバッファーになっているという状況は、外国人との共生という視点から着目する価値がある。

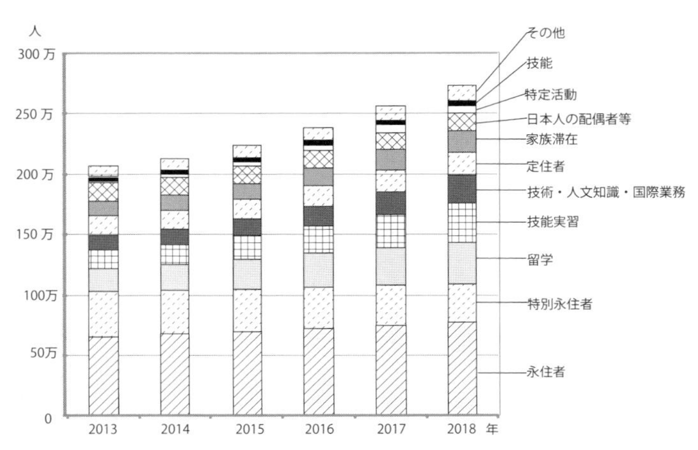

図２　在留資格別在留外国人数（2019年）

外国人がいかに日本社会と共生するのか、日本社会が外国人をどのように受け入れるのかという課題の中でも、彼らが「どこにどのように、だれと暮らす」という住まいの問題については、基本的かつ具体的な回答が求められている。（篠原聡子）

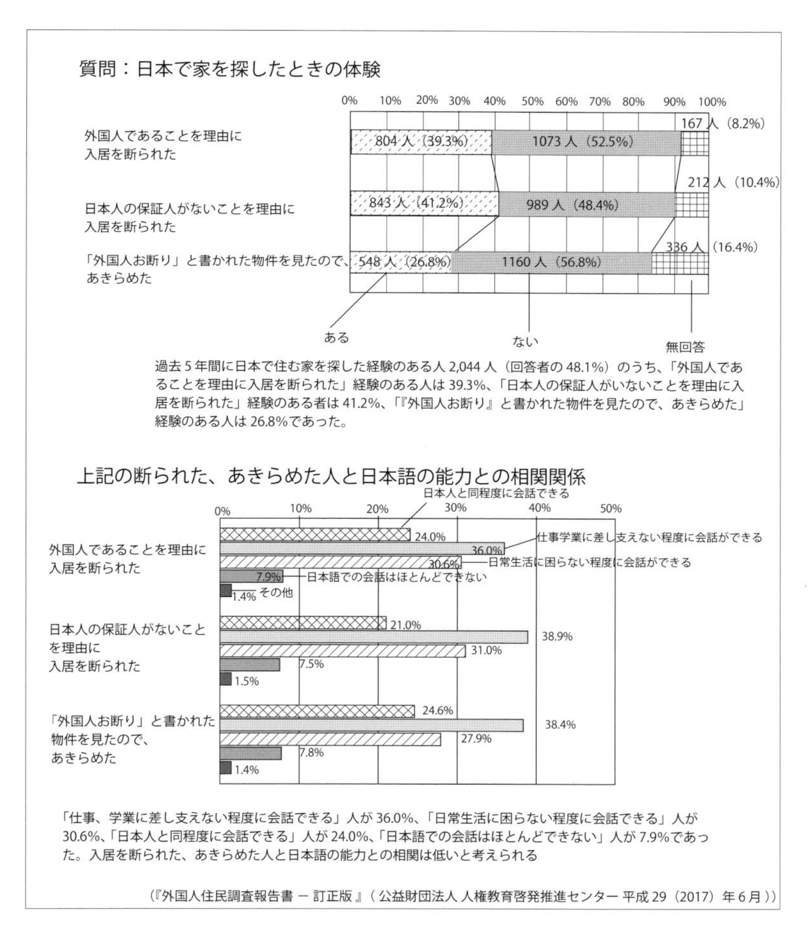

図３　外国人が日本で家を探したときの体験

2 どこに住むか

本章で問題としている「どこに住むか」は、「どの住宅に住むか」ではなく「どのあたりに建っている住宅に住むか」を基本的にテーマとしている。ただ、筆者は近年、近居や複数拠点居住のような、ひとつの家族が必ずしもひとつの住宅に住むとは限らない居住現象を研究しているので、そうしたことも視野に入れておきたい。より正確に言えば「どのあたりに建っている住宅（もしくは住宅群）を使って住むか」を中心に、筆者がこれまでさまざまな場面で遭遇した、実際の住み方の実例を引き合いに出しながら語っていこうと思う。（大月敏雄）

◉動き始めた日本人

日本では江戸時代の間、自由に移り住むことが制限されていたために、「どこに住むか」などという設問は、基本的には成り立たなかった。こうした定住性を育む土台は稲作によってもたらされたと考えられる。為政者にとっては、稲をつくる農民をその地に定住させるモチベーションが強かった。支配者は領地そのものを支配していたわけではなく、農民付きの農地を支配していたからこそ、支配というものが成り立っていたのである。そこで、勝手に農民があっちに行ったりこっちに行ったりしてくれては困るのである。日照りの時も洪水の時も、餓死者を出しながらも、年貢を納めてくれる人々がその地に貼り付いていないと、支配者たちは困ったのである。

こう考えてみると、人口減少時代の昨今の自治体がしのぎを削って「貼り付く人口」の分捕り合戦を行っているさまは、人口の貼り付いた土地を分捕り合っていた戦国時代とけっこう同じような構造下で繰り広げられているのだとも思えてくる。

さて、日本における定住という現象の歴史的深さをこうして概観してくると、明治時代になっていきなり、基本的にどこに住んでもいいよ、という「住むことの自由」を許された日本人はどのように対応したのだろうか。

◉移住と植民

まずは、移住を挙げることができるだろう。典型的なのは、明治維新に破れた旧幕府方が北海道に屯田兵などとして移住したことである(写2)。というか、移住させられたのである。ただ、江戸時代までは、領民というのはどんな天変地異に遭っても、田畑を捨てて他所へ移動することは原則許されなかった。結果、その村で餓死や間引きや姥捨が頻発したのであった。これを考慮すると、北海道の厳寒の原野を開拓する旧幕府方の移住が、必ずしも一方的な、仕置き的な措置という意味ばかりを有しているのではなかったのではとも想像できる(写2)。

1889(明治22)年に奈良県南部の山間部の十津川村で、2012年に発生した規模以上の土砂災害が起きたとき(明治十津川災害)、土砂災害からわずか1か月の間に、2,000人を超える人々が北海道にわたって開拓民として移住していったという事実がある。この開拓村は現在も新十津川町として立派に存続している。当時の資料[※1]を読むと、このまま被災した山間の谷筋の集落にとどまっても、農地の復旧の見

※1:『吉野郡水災誌　明治22年記録解読本(非売品)』垣野一光、2011(宇智吉野郡『吉野郡水災誌:明治弐十弐年』十津川村 1977[明治24年刊の複製]の一部を再出版)

込みは立たず、食い詰める人が増えるばかりだという強迫観念のもと、地元出身者で北海道への移住を手引きする人が現れ、いかに北海道開拓が夢のある事業であるかを切々と説いた結果だという。新十津川村に移住した人々の幾分かは「だまされた」と思ったかもしれないが、その反面、現在まで続くコミュニティの基盤をつくり得た事実は無視することができない。

こうした移住・開拓という新たな出来事が、明治期の日本人の「住まい選び」のオプションとして、降って湧いたのである。ただ、こうなってはもはや「住まい選び」といったお気楽な言葉での表現は許されず「生き延びるための居住地選び」というシビアな様相を呈している。当然、移住先は北海道ばかりではなかった。アメリカ西岸部、ハワイ、フィリピン、その他の島嶼部やアジア諸国への移民は明治から、大正、昭和の戦前戦後を通じて、一貫して行われてきたのであって、移住者たちの苦労とその成果は、日本近代住まい史の光と陰を形づくっているといっていいだろう。

こうした「生き延びるための居住地選び」は、明治末の日清・日露戦争以降、しだいに国家による「植民」政策と軌を一にするようになった。その最たるものが昭和はじめに国家が推し進めた満蒙開拓[※2]であった。その末路は、多くの戦死者と戦争孤児を生み出したが、敗戦後、旧植民地から引揚者として帰国した元移住者の少なからずが、再び開拓民として、日本各地の山村離島の開拓（写3）や、南米を主とした開拓などにおもむいたのである。

※2：満蒙開拓団
1931年の満州事変後、日本から満州・内蒙古（中国東北部）へ送り出された農業移民団。満州国維持という軍事目的と国内における農村窮乏の緩和を目的とし、総数約30万人に達したとされる。

世界規模で考えた場合、現在中東やアフリカからの難民がヨーロッパに大量に移民しているように、また、つい最近までアメリカが移民受け入れ政策を推進してきたように、移民はグローバルな現象なのであり、つい最近始まったのではなく、住宅問題を伴って生起し続けたことを、今一度確認しておきたい。

◉都鄙問題

日本でも「移民」という言葉は使わないけれど、人々の「移動」に関する議論が活発だ。コンパクトシティ[※3]を全うするために、辺鄙なところに住んでいる人をいかに効率よく、市街地へ引っ越してもらうか。都会の特別養護老人ホームの待機者たちを、田舎に特養をつくって一気に移住してもらおうか。定住促進住宅をつくって、都会の若者に田舎へ引っ越してもらおうか。都会で待機児童が減るように、保育士た

※3：コンパクトシティ
一般に、無秩序な郊外開発を抑制し、さまざまな都市機能を既成市街地に集約させることで、空洞化、衰退した中心市街地を活性化させることを指す。都市計画の線引き制度との兼ね合いで、不評な場合も多い。

写1　北海道開拓の村にある、納内（おさむない）の屯田兵屋。北海道への屯田兵がはじまったのは明治8（1875）年。納内への入植は明治28（1895）年からであった。

写2　明治4（1871）年、旧仙台藩亘理領（亘理町）の士族移民団の一員として入植した畑作農家。この家屋は明治15年（1882）に建築されたが、構造・間取りともに仙台の住宅の特徴を継承している。

写3　戦後、主として戦地からの帰還者によって日本各地で開拓が行われた際に必要な住宅建設技術開発が取り組まれた。これは、鹿児島県にある開拓地において、桜島の火山礫を利用したブロック造農家住宅の取り組み。

（第一図）

（第二図）

図1　開拓ブロック住宅平面図

ちの家賃補助を高くして移り住んでもらい、子育て家族にも移り住んでもらおうか。こうした、いわば自治体の生き残り作戦が錯綜する時代にわれわれはすでに突入しているのである。

また一方で、本章は移住ばかりをとり上げているわけではない。先述のように「どこに住むか」という悩ましくも楽しい選択行為は、つい最近、1世紀半ほど前から享受されるようになったものである。ここにおいて、「どこに住むか」という課題と切り離されないのが、いわゆる「都鄙（とひ）問題」というものであった。都鄙とは、都会か、田舎か、ということである。この究極の選択は、現代の日本にも根強く残っている。というか、われわれの日々の思考の中で、「やっぱり都会がいいよね」とか「やっぱり田舎がいいよね」という選択肢で揺れ動くことがしばしばあるのではないかと思う。

近代に入って、これに回答を出したのがE. ハワード※4だと思っている。例の田園都市（Garden City）の創始者である。彼が賢かったのは、「都鄙問題」を、二元論で解こうとしなかったことである。都会がいいか、田舎がいいかという二者択一的な退屈な議論を捨象し、「それならば、いっそうのこと都会と田舎のいいとこ取りで町をつくろうぜ」といった感覚で、創案されたのが田園都市なのであった。こういうのをコロンブスの卵だというのだろう。ただ、その後の自称、田園都市運動の継承者たちの多くは、ハワードの真意を汲み取ることなく、単に、住宅ばかりの町を郊外の農地をつぶしてつくっただけのところも多く、このことが、今のニュータウン問題※5の悲劇を生み出しているのである。

日本で田園都市と銘打った住宅地開発会社（兼電鉄会社）は、渋沢栄一※6がその設立に一役買った田園都市株式会社であるが、この会社がその後つくり続けた住宅地の有り様は、ベッドタウンであった。ただ、皮肉なことに渋沢はその自伝『青淵回顧録』※7の中で、理想の住宅地は、職住一体であり、欧米の都市のように、1階を職場とし、その上に住まいがあるような都市がいいというふうに書いている。

歴史にifはないのだが、渋沢がもう少しこの方面で本気で頑張っていたら、本章の構成も少し変わったかもしれない。

※4：E. ハワード（1850～1928）
イギリスの都市計画家。田園都市の構想を明らかにした『明日の田園都市』（1902）は、その後の都市計画に大きな影響を与えた。

※5：ニュータウン問題
1950年代から始まった日本のニュータウンでは、当初考えられていた住み替えがうまく機能せず、結果として高齢人口が偏って貼りつくという問題が生じている。

※6：渋沢栄一（1840～1931）
日本の資本主義確立期の代表的な財界人。都市計画のうえでは、田園都市株式会社設立で知られる。

※7：渋沢栄一『青淵回顧録』青淵回顧録刊行会、1927

keyword

01

都心に住む

都市に住むための工夫は古来より世界中でなされてきた。最初は、長屋のように家と家の隙間をなくして、横につなげるような形だったのだろう。ユーラシア大陸に広く見られる、矩形の中庭をもつ住宅はこうして、寄せ集まって住まうのに適していったと考えられる。一方で、古代ローマのインスラ[※1]のように、中庭型住宅を縦に積み重ねる手法も古くから実践されてきた。戸建てが横に連なる形は、1666年のロンドンの大火後にあみ出された連棟式のテラスハウス型[※2]の建物が世界中に広まり、一方でインスラの発展形としての積層型の集合住宅は、19世紀終わりころに開発されたエレベーターと、鉄とガラスとコンクリートによって、どんどん高く上に延びていった。

さて、日本で最初に集合住宅にエレベーターを付けたのは、管見によると1930年に建設された同潤会大塚女子アパートではなかったかと思う。建築非芸術論の野田俊彦が設計を担当した。同潤会では同じ年に竣工した6階建ての虎ノ門アパートもエレベーターをもっていたが、戦前の集合住宅の最高峰は、1934年に建設された8階建ての江戸川アパートだった。戦後江戸川アパートを抜いたのは、戦争をはさんで20年後の1954年に東京都住宅協会（後の東京都住宅供給公社）が建てた、日本初の個人向け分譲集合住宅である9階建ての宮益坂アパートであった。次いで1958年の前川國男設計の11階建ての日本住宅公団晴海高層アパートがこれを抜いた。その後、都心の集合住宅の背はなかなか急には伸びなかったが、日本初の超高層オフィスとして登場した霞が関ビルディング（1968）を手がけた三井不動産が、その余勢を駆って1971年に建設したのが、19階建ての三井綱町パークタワーであった。ここには建築家、丹下健三が住んでいた。そしてバブルを迎えた1980年代後半から、都心に次々とタワー型と呼ばれる超高層マンションが建つようになった。その先鞭を付けたのが、三井不動産の大川端リバーシティと、中曽根民活第1号と呼ばれる西戸山タワーホウムズであった。そして21世紀に入ったころには、いつしか、超高層マンションに住むことが、シカゴやニューヨーク並みに当たり前となってきた。それはアメリカのほぼ1世紀のあとである。

ただ、目をアジアに向けると香港やシンガポールや韓国の新都市、そして興隆する中国諸都市の超高層住宅群の風景は圧倒的ではあるが、それは都市そのものが超高層で埋め尽くされている風景だ。だから反対に、日本の都市にはまだまだ超高層ばかりではない住まい方も混じっているからこそ面白い部分もあるのだと思う。

※1：インスラ
ローマ時代には、数階建てからなる賃貸集合住宅が存在し、これを一般にインスラと呼んでいる。これは、各住戸に分けられた貸し家で、個人住宅であるドムスに対して1階に店をともなった大きな建物である場合が多い。なお、語源は「島」を意味する。
（後藤久『西洋住居史』彰国社）

インスラの生活

※2：ロンドンのテラスハウス

事例❶……都心の超高層マンションに住む

ある都心湾岸部の超高層マンションの管理組合の理事長は30代の若者だった。立候補をして理事長になったという。その理由は、価格の高い超高層マンションの上層部に住む人々はいわゆるセレブリティであり、理事長職はそういう人たちと知り合いになる絶好のチャンスだからだという。ご自身は低層の比較的リーズナブルなお住まい。単にボランティア精神だけで理事長をやっているわけではないのだ。コミュニティ形成促進の意外な側面を見た。

超高層マンションはエレベーターに乗っている時間も長い。こうしたとき、超高層特有のあいさつが交わされる。「お宅はどちら向きですか？」というものだ。通常中高層マンションなら、その多くはベランダ側は南向きだ。ところが、超高層の場合にはさまざまな方位の場合が多い。同じ向きならいつも眺める風景を確かめ合い、違う向きなら互いの風景を説明し合い、気が合えば「今度見せてね」ともなる。超高層ならではのコミュニケーションである。

眺望の良い高層階ラウンジでは、見合いパーティが盛んに行われている。外部の業者が居住者とは関係のない男女を招き、婚活パーティを開くこともある。会場費はほぼタダで、超一級の夜景が眺められる。あるマンションではこうした使用を不可とする規約改正を行ったために、“in the sky”と名乗っていた業者が最近、マンションの足元近くにバーを開いた。その名前も、“under the sea”。高層マンションは意外なビジネスも生み出している。

写1　大川端リバーシティ（東京初期のタワーマンション）

写2　西戸山タワーホウムズ（東京初期のタワーマンション）

写3　武蔵小杉のタワーマンション群

写4　不忍池沿いに並ぶタワーマンション群

事例❷……都心のペンシルビルに住む

都心の繁華街では、最上階に地主さんが住む、5から10階建て程度のペンシルビル[※1]で構成されていることが多い。このように建て替える前には、1階に店舗、2階に住まいという、江戸時代からつづく町家の空間構成であった。切妻平入りの江戸町家が、関東大震災で焼失して銅板葺きや色モルタルの装飾的な看板建築[※2]にとって替わり、第2次世界大戦の空襲後にはモダンなモルタル塗りの看板建築となったのだが、その空間構成はほぼ変わらなかった。

これらが、相続税対策や銀行からの貸付け促進のために、先の東京オリンピック（1964）あたりから次々と現在のようなペンシルビルに建て替わっていき、1階から中間階までを自前の店舗や貸店舗・貸事務所として利用し、最上階近くを自宅として使っている人が多い。建物の高さは指定容積と斜線制限で自動的にエリアごとにほぼ一定となるで、屋上階の高さもほぼ同じとなる。こうして、ペンシルビル群の屋上庭園越しに近所付き合いが生まれているところもある。

写1　出し下駄づくりの町屋（谷中）

写2　江戸的町家、看板建築、戦後の町家が並ぶ風景（湯島）

写3　看板建築の店舗併用長屋（外神田）

写4　ペンシルビル群（神楽坂）

※1：ペンシルビル　狭小敷地に建つ鉛筆のように細長いビルの俗称。
※2：看板建築　洋風の外観をもつ店舗併用の都市型住居。ほとんどは木造で、東京の繁華街に多く建てられた。建物の前面に看板を兼ねた装飾的外壁をもつ。

事例❸……都心の古マンションをセルフリノベ

田舎から大都市にはじめてやって来て定住する人々には、たいてい都心のマンションに住むほどの金はない。ましてや、土地を買うことは夢のまた夢なので、都心で戸建てやペンシルビルを建てて住むということも、ほぼ不可能だ。かといって、賃貸物件もそうそう安くはなく、価格的には買ったほうが得になるような場合もある。

そんな筆者みたいな田舎出身者にかろうじて可能なのが、相当古めの中古マンションを購入し、自分の懐事情と好みに応じてリノベーションして住むことである。筆者の場合は、たまたま夫婦ともに建築屋だったので、設計は自前、工務店も知合いに直発注、そして建具の一部を、仕事柄手元にあった再開発で取り壊された同潤会アパートの住人から譲り受けた建具を用いて、インテリアを構成している。もちろん、施工の一部を家族総出でやってコスト削減。マンションが古いと賃貸として貸し出していることも多いので、義理の父母には同じマンションを借りて住んでもらい近居[※1]。そのうえ、リノベーション作業も手伝ってもらった。

写１　同潤会アパートの建具が並ぶリビング

写２　近居の義父母に作業を手伝ってもらう

写３　同潤会アパートの建具を再生して使う

写４　子供が内壁の下地を塗る

※１：近居 世帯間の距離によって、同居、近居、遠距ということがある。近居とは、世帯間の距離がほどよい関係にあり、まさに「スープが冷めない距離」といったところ。

keyword

02

田舎に住む

最近、若い人が好んで田舎に移り住みたがっている。もちろん、団塊の世代あたりの中にも、かつて自分が生まれ育った田舎の環境に戻って住みたいと考えている人が少なからずいる。ただ、人類の歴史を振り返ってみると、田舎に好んで移り住むことは「人類初めて」の現象なのかとも思えてくる。人間の住む場所を田舎と都会に分けてみると、そもそも人間が移り住むベクトルは、田舎から都会へと相場が決まっていた。このベクトルの一方向性は、都市ができるあたりから始まっていると考えられ、都市商業が発達する中世ヨーロッパでは「都市の空気は自由にする」という感覚で、都市は田舎者から憧れられた。さらに、この一方向性は産業革命によって強烈なドライブがかけられ、スラム問題もそこから生じた住宅問題も、この一方向性がもたらしたものであり、今なお世界中の都市がこのトレンドの中にある。

ただ、「好んで」ではなく「半ば強制的に」都会から田舎に移り住む場合もある。それは日本では、幕末に都市の主役の座から追われた人々の北海道や海外での開拓であり、戦争中の疎開であった。海外では、中国の文化大革命期やカンボジアのポル・ポト政権で行われた都市から田舎への強制移住があった。つまり、田舎とは代々住み続けるものではあっても、好んで移り住むものではなかったのだ。

おそらく団塊の世代あたりの人々は、かつて自分が決別した田舎の淡い心地よい思い出が懐かしく、田舎に帰ろうとしている人が多いのだろう。極めて素直な現象だと思う。なぜこんなことがこれまでになかったかというと、都会に出てきて一財をなしても、そんなに長生きしなかったからに違いない。そしてまた、今さら次男三男が帰ってきても、もう田畑と家屋敷は長男に相続されてはいるものの、サラリーマン上がりの次男三男には厚生年金という田舎で自立できるための味方が付いている。こうして、史上初めて人類が謳歌する、自立した長い老後を田舎で暮らすという選択肢が、リアルなものに感じられてきているのではないか。だが、それよりも、若い人の田舎志向はもっとすごいと思う。TOKIOのテレビ番組[※1]を見て育った世代だからという理由ばかりではない。ITのおかげで住むべき場所として冷静に都会と田舎を見比べる知恵が付いてきたのが、その一因に違いない。実はこの現象は欧州でも起きている。この人類史的出来事の理由は早急に解明されなければならないが、その前に、日本の田舎ではどんな「住まい方」が代々引き継がれてきたかを知っておくことも、あながち無駄なことではあるまい。

※1：ジャニーズのアイドル「TOKIO」がやっている「ザ!鉄腕!DASH!!」

事例❶……旧美野里町の長屋門

田舎の家屋敷の特徴のひとつとして、ひとつの屋敷に複数の建物が存在することが挙げられる。現代のわれわれの発想の根幹には「1敷地1建物」という、建築行政上の要求によって生まれた原則が、常に横たわっている。この「1敷地1建物」の目線から田舎の伝統的な建物の建ち方を見ると、広い屋敷に母屋や付属屋や小屋が何棟も建っている姿が「異常」に見えるだろう。

しかし、田舎において家屋敷に建つ建築物は簡単に住宅に還元できるものではない。それは、寝る場所でもあるが、農業や漁業、林業といった家屋敷以外の空間で営まれる生業を補完するための空間でもあり、さらには、冠婚葬祭といった地域の一員としての生活を保障する場でもある。

図1は、茨城県旧美野里町（現小美玉市）で調査した、長屋門付きの家屋敷の変遷の様子である。母屋を中心としながら、それを取り巻く小屋などは農業形態の変化や町が変化していく状況、さらには家督相続によって生じる隠居部屋というニーズに応えるために、けっこう激しく移り変わる。多様な空間群を家屋敷に内包することによって、時代の移り変わりに耐え抜こうとする知恵が「1敷地複数建物」には秘められている。

写1　旧美野里町の長屋門

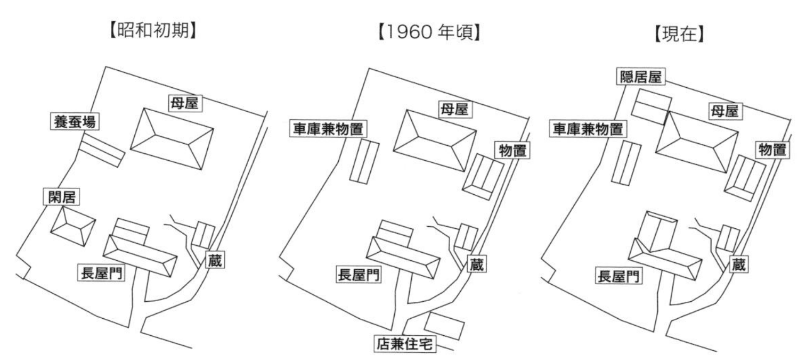

図1　長屋門のある屋敷の変遷

事例❷……続き間100年

右の図は、福岡県八女市の農村地帯にある、筆者の生まれ育った農家の平面図である。この家のある村は、酒井田という名の村であるが、実はこれがちょっとばかり由緒正しかったりする。この村は例の酒井田柿右衛門の出身地でもあるのだ。中世が近世になるころ、ここに住んでいた初代柿右衛門[※1]が、佐賀の有田に人質に取られ、その地で大成した。今も、私の実家の隣には酒井田光明寺というお寺があり、ごくたまに、今の柿右衛門も参ったりすることもあるらしい。ただ、その後寺は燃え落ち、江戸時代を通じてここは単なる農村になっていた。

そんな中世の寺跡に建つわが実家は、私の祖父の耕一がこの家で1910年に生まれたというから、それ以前の明治30年代ころに曾祖父の金平が建てたのだろう。金平は長男ではなく分家だったので、それほど立派な農家ではなかったが、教科書通りの典型的な田の字型プランだった(図1-①)。周りの農家もほぼこの間取りであった。私もここで生まれたのだが、南側の2間続きの座敷は、冠婚葬祭や客人が来た時の接待や、ある時は農繁期の作業の場としても使っていた。

写1　グーグルの空撮で見た「私の実家」

これが1975年ころ2階建てのモダンな住まいに建て替わったのだが、位置は変わったものの、続き間座敷は受け継がれ、ここで叔父の結婚式をやったことを覚えている(図1-②)。しかしこの家は1992年に火災に遭い、建て替えなければならなくなった。ちょうど私が大学院で建築の勉強をしていたころだったので、私が基本設計を担当した(図1-③)。住まい手の使い勝手や合理性を重視する立場の建築計画を学ぶ私の意見は、「どうせ続き間をこしらえてもだれも使わないから無駄な空間だ」というものであった。これに対して母親は「田舎では続き間がないとダメなのだ」と、どうしても譲らなかった。冠婚葬祭の時に広縁付きの続き間でないと困るというのだ。そのころはすでにこんな田舎でも家で結婚式を挙げる人はほとんどいなくなっていたので、母親が想定していたのは葬式であった。いってみれば、いつやるかもわからない、そして、ひょっとするとそのころはどこかのメモリアルホールでやるかもしれない葬式を挙げるためだけに、続き間を存在させるという理屈なのだ。

しかし、そもそも家というのは、こうした「もしかして」や「何かあった時のために」という考えがたくさんこびりついているものかもしれない。だから長い間、家の型というのはなかなか変わらなかったのだろう。結論から言えば、その後、この続き間で祖父も祖母も葬儀を挙げたのでよかった。今は、私が実家に帰省したときの寝室としても活用されている。

※1：酒井田柿右衛門（さかいだかきえもん、1596～1666）
江戸前期の陶工。肥前有田の生まれ。赤絵の絵付けに成功。国内外の焼き物に大きな影響を与える。代々業をつぎ現在に至る。

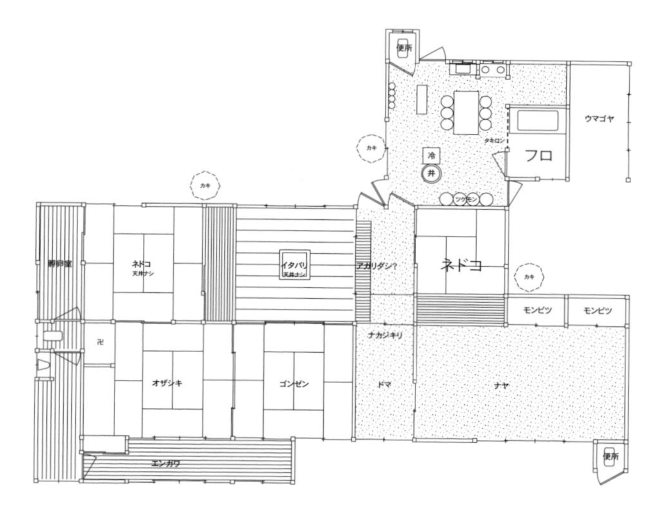

①明治時代の間取り（昭和 40 年代までのようす）
明治 30 年ごろに建設されたと思われる。図は筆者の幼少期、昭和 40 年代のころの図。西の四つ間取り部分は、基本的に変わっていないが、東の土間部分は長期にわたって激しく改修されてきた。

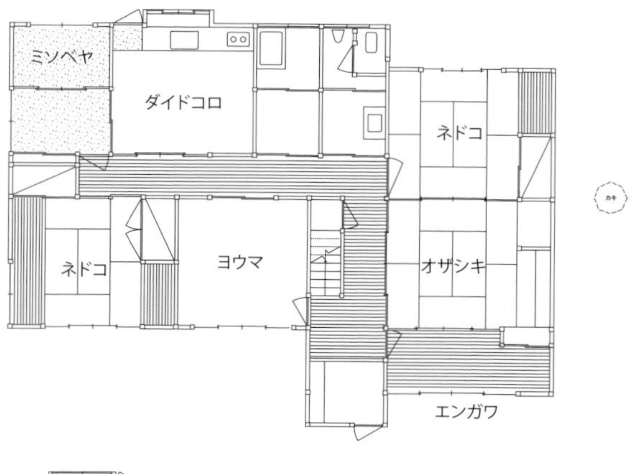

②昭和時代の間取り
昭和 50 年ごろ、建て替えられた。L 字型の中廊下が導入され、土間がなくなった。祖父母のネドコは、ときとしてオザシキと一体化され、結婚式などにも使われた

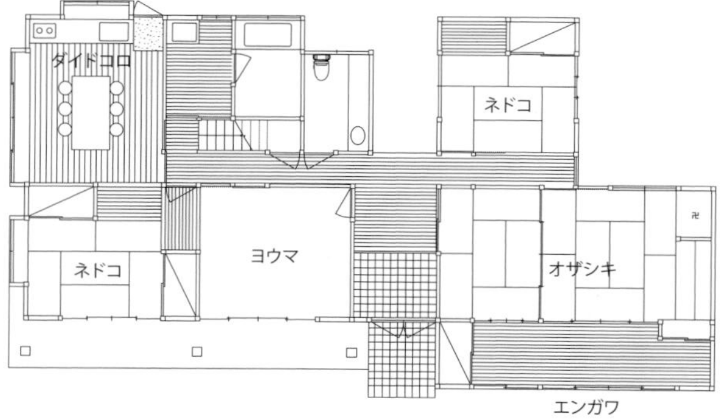

③平成時代の間取り
平成はじめのころ、筆者が基本設計を行った。火災から復興住宅という側面もあり、間取りは大きくは変えていない。ミソベヤや広い勝手口の土間など、農家的な空間は消えたが、続き間のザシキは消えなかった。

図 1　続き間 100 年の変遷

keyword

03

既成市街地に住む

既成市街地という言葉がある。いつだれがつくり出した言葉かは寡聞にして知らないが、法律的に新市街地と称されるニュータウンに対して、すでにある程度稠密に住宅が建ち並び、人口が貼り付いてけっこうな時間が経過している町をさすために用いられ始めたのだろうと想像する。また、都市計画などで開発を抑制すべき市街地調整区域と、開発を誘導すべき市街化区域を区分けする「線引き」を行うときの、市街化区域の中ですでに開発が済んでいて、一定の人口が定着しているところをさすことも多いかもしれない。いずれにせよ、日常あまり耳にしない、やや法律寄りの生硬な言葉であることは確かだ。

しかし、いろんな住宅地での人々の住まい方を調べてきてわかることは、「既成市街地の住まい方は面白い」ということである。何がその面白さの根底をなしているかというと、計画的に建設されるニュータウンなんかと比べると、格段の多様性に満ちあふれているからである。このことはすでにJ.ジェイコブス※1が『アメリカ大都市の死と生』で述べているし、C.アレグザンダー※2も『都市はツリーではない』でこれに関することを述べている。

いずれも半世紀ほど前の論考であるが、戦後世界中の「計画論」が、新しく建設される町の将来予測を立て、その未来予想図に忠実に町を区割りして、町に必要な建築物を指定し、当てはめていった時期があった。もちろん、未来予想図に描かれていない建物や機能や人物は登場してはいけないことになっている。「描かれていない」ものの中には、計画論の専門家が、あえて描くことをしなかったものもあれば、描き忘れたものもあれば、描き損ねたものもあれば、最初から念頭に入っていなかったものもあるだろう。

しかし、既成市街地が面白い理由はこの戦後計画論者たちの未来予想図に描かれていないものが多様に存在するところである。なぜかというと、既成市街地はたいてい、数人の専門家によるチームによって生み出されるわけではなく、ただ自然に、時間をかけて生み出されるからである。より正確に言えば、既成市街地は数百年前にどこかの大名の家臣が生み出したかもしれないが、そうした場所でさえ、時間をかけて、そこに住む人々が多様な活動をもとに町をつくり変えることによって紡ぎ出されてきたのである。これを事典に例えると、最高の権威が編んだものがニュータウンだとするなら、既成市街地はさしずめ、多くの人の協力でまとめられたウィキペディアみたいなものだろう。

※1：J.ジェイコブス（1916～2006）
アメリカの女性ノンフィクッション作家、ジャーナリスト。人間不在の都市計画を論じた『アメリカ大都市の死と生』で一躍、注目を浴びる。

※2：C.アレグザンダー（1936～）
ウィーン生まれ、ケンブリッジ大学で建築学と数学を学び、ハーバード大学で建築学の学位を取得。カリフォルニア大学バークレー校で教鞭をとった。『コミュニティとプライバシー』『パターン・ランゲージ』など著書多数。理論と実作の両面で研究を進め、日本では盈進学園東野高校の主任建築家であった。

事例❶……長屋を建て替えながら住む（汐入）

現在超高層住宅が建ち並ぶ荒川区南千住8丁目は、市街地再開発事業によって、路地が入り組む「汐入」と呼ばれた下町から、アーバンな町に一変した。江戸時代から開拓が始まり、明治になって人口が増え、関東大震災後に一挙に畑がつぶされて、長屋が建ち、人口が急増してから80年ほどの間、汐入はずっと東京の下町の風情を代表するところであった。

1990年ここで調査を行った。関東大震災後に建設された2軒長屋、3軒長屋、4軒長屋が建ち並んでいるが、5棟の2軒長屋のうち3棟はひとつの家族によって使われている。2戸1[※1]化しているのである。逆に、3軒長屋は建て替えられて3軒並びの戸建住宅となっている。4軒長屋はそのまま残っているが、一部2階に増築されている。このように、既成市街地を形成する木造住宅を主体とするこの「柔らかい集住体」は、時間を超えて、家族の形にフィットするようにしなやかに変化することが、その真骨頂のひとつなのである。

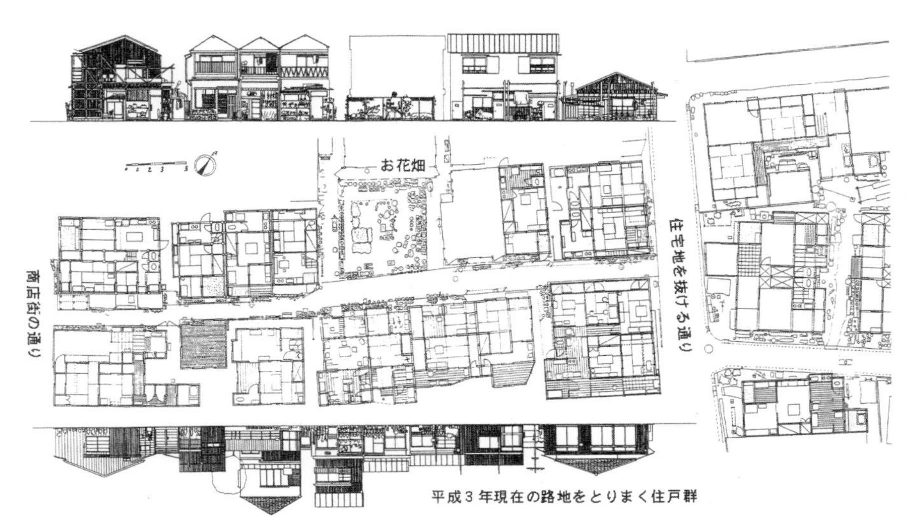

図1　汐入のある路地の連続平面図

写1　汐入の長屋住戸

写2　汐入の路地

※1：2戸1
2戸の住戸の境界壁を取り1戸とする増改築を施すこと。専門用語の一種。

事例❷……谷中に住む

谷中を中心に、歴史を活かしたまちづくりに取り組む「たい歴（NPOたいとう歴史都市研究会）」というNPOがある。2009年の「カヤバ珈琲」や2015年の「上野桜木あたり」など、リノベーションを通じた町の魅力づくりのプロデュースに一役買っているNPOとしても有名である。いま世間では、シェアハウスがかなり当たり前になってきているのだが、たい歴ではかなり早くから、シェアハウス的な仕組みを導入している。2002年、1919年建設の「間間間」（さんけんま、と読む）を、NPOが家主より借り受け、5か月間のお掃除期間を経て2003年から、1階を多目的な地域利用とし、2階を3人の学生に格安で貸すというプログラムが始まった。学生は格安家賃の代わりに、近所の高齢者のお手伝いをしたり、コミュニティ活動に参加したりしなければならない。シェアハウスという言葉が流行する少し前のことであった。NPOではシェアハウスではなく、シェア長屋と呼んでいた。既成市街地ならではのネーミングである。

写1　間間間（さんけんま）
2階を若者に貸す代わりに、地域社会への参加を課した日本最初期のシェアハウス

写2　市田邸
たい歴の活動拠点のひとつ。1907年に建設された国の登録有形文化財になっている住宅を、さまざまな文化イベント空間として利用

写3　カヤバ珈琲
1938年創業の珈琲店を2009年にリノベーションして復活

写4　上野桜木あたり
谷中に三軒隣り合って建つ木造家屋を、ビアホールやベーカリー、雑貨店の他、交流施設としてリノベーション

事例❸……しがらみボーイズ

既成市街地に長く住み続けることは、とりもなおさず知っている人々に取り囲まれやすくなるということである。昨今、日本の超高齢社会への切り札だと思われている「地域包括ケアシステム」の目指すところは、年をとっても生涯にわたって自分の自宅を中心に過ごせるように、住宅のまわりにいろいろと介護系のサービスを張り巡らせようというものだが、これもなかなか実現には至らない。

さて、下の写真はある既成市街地で撮ったものである。家の前の道沿いの石垣に腰掛けているのは、地域のおじいちゃんたちである。町の通りに面する家屋敷の段差が、地元のおじいちゃんたちの自然な居場所となっている。ここに顔を出すことが、自分たちのささやかな見守りにつながり、たとえひとり暮らしでも、ここに属していれば安心かも知れない。ただ、新規の住宅地だとなかなかこんな場所を設計してくれる人がいないのが問題なのである。高齢者に提供されるのが「集会所」ばかりでは困るのである。

写１　住み慣れたまちでの高齢男子の居場所

写２　もうひとつの別の居場所

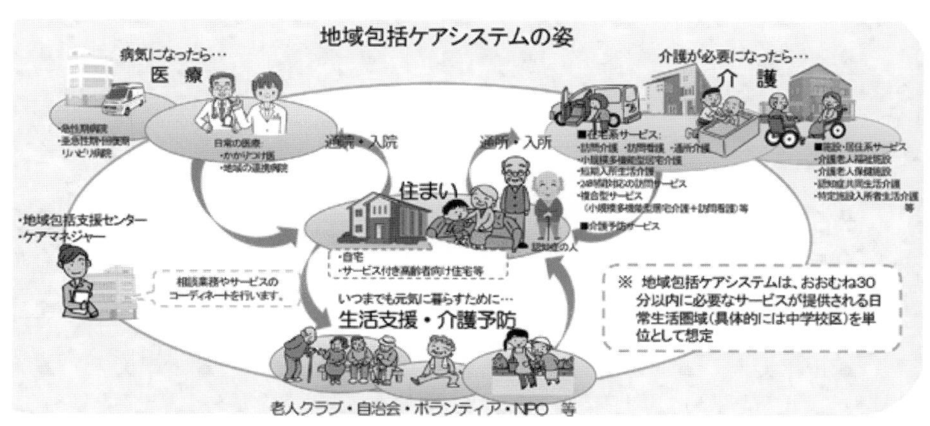

図１　地域包括ケアシステム概念図（厚生労働省）

keyword

04

多拠点に住む

バブルのころ、マルチハビテーション[※1]なる言葉が流行ったことがあった。株や不動産の不労所得で金持ちの仲間入りを果たした面々に向かって、さらに追加の買い物をさせようと、その人がすでに所有している都心部の住宅以外に、どこか遠くへもう1軒、あるいは複数軒の住宅を買ってもらい、そこで週末や休日を過ごしてもらう。さらに、月曜の朝には飛行機や新幹線で都心の住宅へ帰ってもらい、また週末が近づいたら飛行機や新幹線でセカンドハウスへ行ってもらう、というような趣旨だった。当然この場合、2番目、3番目の住宅は新築でなければならない。土地が手に入らなかったら、古家を壊して新築するのだ。なにしろバブルなので。当然、古くからある別荘や週末住宅も、このマルチハビテーションという作戦の中に入っていた。

ただ、仕事上本当に全国に何か所かの拠点が必要な人や、田舎の比較的落ち着いた環境で子育て環境を確保し、「24時間戦えますか？」と脅され続けたお父さんだけ都心のワンルームマンションに住む、なんていうのも一応マルチハビテーションの範疇には入っていたのだろうが、こっちのほうがまだいま風である。

さて、こんな時代は当然長続きしないので、マルチハビテーションと相まって、バブルを演出したリゾート法[※2]によって鳴り物入りで建設された田舎の温泉街やスキー街、場違いな高層マンションに閑古鳥が鳴き始めるようになると同時に、この言葉も死語になっていったようだ。

だが最近、特に東日本大震災あたりから、趣旨や内容は相当に異なっているものの、文字通り、マルチなハビテーションを実践する人が増えていることは間違いなかろう。金が余って仕方なく、アメリカにいわれてやる内需拡大のためにこの現象が流行っているのではなく、ライフスタイルの自然な選択肢のひとつとして、それが選択されていることが重要なのである。ひとつの家族が地理的に離れた複数の住宅を拠点としながら、「家族の分け方」と「住宅の使い分け方」の順列組合せで、かなり多様な住まい方の可能性を獲得できる点で、近年2拠点居住や多拠点居住と呼ばれる現象が注目されている。

ただこれに、「時間による使い分け」や「心の拠点」などを掛け合わせると、その多様性はより増していくに違いないだろう。「心の拠点」とは、例えば原発被災で故郷に帰ることを断念したものの、先祖の墓だけは手放せずに、必ず帰ってお参りするといったものであり、これも2拠点の延長上にあるのである。

※1：マルチハビテーション
和製英語（multi-habitation）。ひとつ以上の生活拠点をもつこと。
※2：リゾート法
正式名称は総合保養地域整備法。ゆとりある国民生活を実現し地域振興をはかるために、民間活力を活用し内需拡大を目的に1987年に施行された。

事例❶……都心と近郊の2拠点居住

2015年、公益財団法人ハイライフ研究所の主催する『東京50km圏域、「多拠点居住の可能性研究」』という研究会に参加した。バブル期に伸びていった東京への通勤限界を超える圏域の現状を突き止めるという研究であった。バブル時代に開発された東京50km圏では、場所によっては地元の気の利いた不動産屋らによって、複数の空地がまとめられ再区画され敷地を大きくして売られているなど、等身大の団地再生が行われていることが確認された。一方で、こうした空地、空家を多拠点居住の対象にできないかというのが、今回の研究会のひとつの課題であった。この中で、都市計画家協会の高鍋剛がつくったのがこの図。この研究で捕捉された、多拠点居住実践者の東京拠点と郊外拠点の関係を図化したものである。これを見ると、ほぼ鉄道や高速道路に沿って、多拠点が外に向かって展開しているのがわかる。多拠点といっても、人間そんなに縁もゆかりもない方向に居を構えることはなかなか難しいということがわかる。

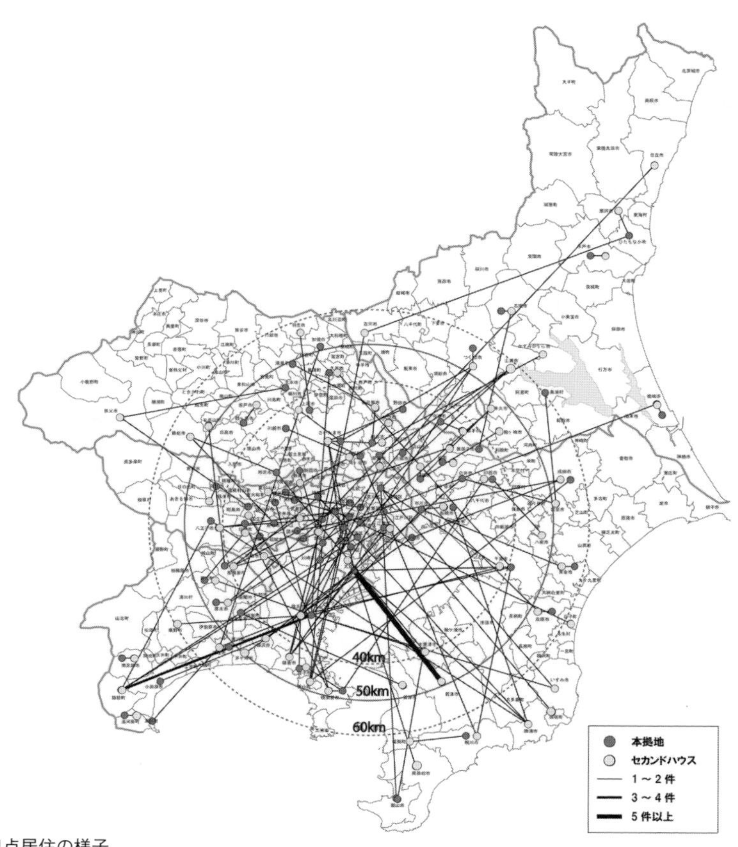

図1　多拠点居住の様子

事例❷……夏山冬里

夏山冬里と書いて「なつやまふゆさと」と読む。アルプスの少女ハイジに見られるような、季節による居住地の住み分けを意味している。つまり、夏場には山の中の牧草地に近いところに住み、雪深くて住むのが大変になる冬場には町場に降りてきて住むというものである。

こうした暮らしは日本では雪深いところで行われていることが多いが、もともとこの言葉は、人間ではなく家畜の季節による住み分けに使われていたそうである。そして近年、限界集落※1的な環境のもとで、人間にも使われる場合も出てきた。

岩手県西和賀町にあるJRほっとゆだ駅の近くにある高齢者施設では、夏の間は山間地に住んでいる人々が冬場になると、ここで温かくなるまで厄介になっているという。冬場になるとまず、雪かきが大変であり、外から郵便物や灯油を届けるのも大変になるし、まず外に出なくなる。こうして、複数の拠点を季節移動することによって、「時限的コンパクトシティ」が実現しているのである。

写1　JRほっと湯田

写2　悠々館

写3　悠々館内共用部

写4　悠々館住居内部

※1：限界集落　一般に、65歳以上が過半を占める集落のことをいう。2015年の国土交通省の調査によると、全体の20.6%（15,568集）となっている。

事例❸……居住拠点の移動

福島原発の放射能汚染災害の被災者は、住み慣れた故郷をあとにして遠隔地へおもむき、津波や放射能汚染で住めなくなった居住地の復興を待ちながら、居住拠点を何度も移動することを強いられている。

原発被災地に隣接するいわき市では、仮設住宅が被災自治体ごとに建てられた。全町避難で福島県内外各地に仮の拠点を形成してきた双葉町は、いわき市内に県営災害公営住宅として建設された勿来(なこそ)団地を仮の居住拠点として、町内への帰還を待つ。そこでは、戸建住宅、集合住宅、商業施設、福祉施設などを一体化した仮の町が形成され、一部の人々はここに留まることが想定されているものの、現在進んでいる双葉駅西口で行われている災害公営住宅整備を期している。

同じく全町避難命令の出た大熊町では、県内会津若松市にあった街の仮の拠点をまず、町内の大川原地区に移し、新町役場、災害公営住宅、商業施設を整備したのち、町内大野駅周辺への本格移転へと備えている。

写1　楢葉町の被災者が住んだいわき市高久第九応急仮設住宅

写2　いわき市勿来酒井団地

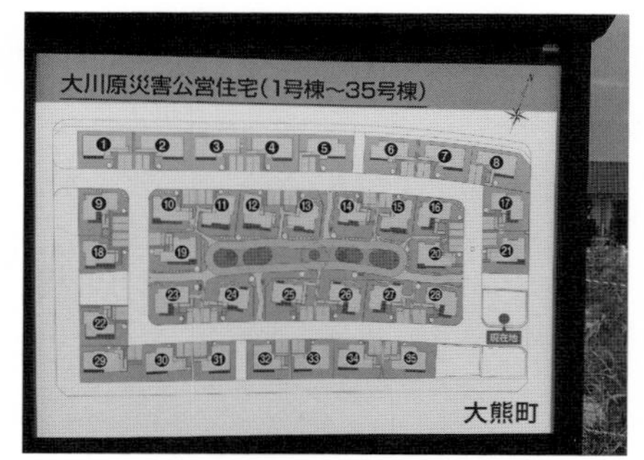

写3　大熊町大川原災害公営住宅配置図

写4　大熊町大川原災害公営住宅

keyword

05

移り住む

大学の建築学科では、住宅や住宅地の設計の「てにをは」を教えているが、住宅そのものや町そのものの間を、「引っ越し」という現象を介して人々が移動していることを教えることはまずない。ひょっとすると人々が住まいを移すこと自体は、建築業界の領分ではなく、不動産業界、あるいは運送業界の領分だと観念されているからなのかもしれない。

人々が住まいや町に居心地よく住むことをどう実現できるかにかかわることが建築屋の仕事だとすれば、居心地のいい住宅や地域をつくることに専念することと同時に、引っ越しをサポートすることも、重要な仕事のように思える。なぜなら、いくら居心地がいい住宅であっても、住み続けることが必ずしもベストとは限らないからである。

時間が経てば家族は変わる。家族構成は変わらなくても、40歳の両親と小学生の子どもふたりからなる4人家族は、20年も経てば、60歳の両親とパラサイトの兄妹からなる4人家族に変容したりする。彼らの家族構成もDNAも、まったく変わってはいない。にもかかわらず、この20年前と後では、住宅や町に要求することは、まったく異なるといっていいだろう。当然、居心地のいい住まいの定義も、この同じ家族構成とDNAをもつ彼らでも、まるっきり異なっているに違いない。

このように考えれば、われわれの身のまわりにどのような住まいを用意しておけば、その時々のベストな居心地のいい住まいを、引っ越しを経ながら提供することができるかを考えることは、実は建築屋にとっても重要なことではないだろうか。

こういう観点に、1973年という早い段階に着目した先達がいた。上田篤である。彼が新聞紙上に描いた「現代住宅双六」※1は、ゆりかごに生まれ落ちた赤ちゃんが、結婚して子どもができるまでの人生の各ステージで、そのステージに相応しい住まい（これが双六のコマとなる）に住み変えていく双六風の風刺画であった。この双六が有名になったのは遊んで面白いからではなく、最後の「上り」のコマが「郊外庭付き一戸建住宅」となっていたからなのだ。

※1：P.067参照

ただ、この双六は日本の住宅政策の原則のひとつが「住み替え政策」であり、全国にライフステージに応じた住み替え先を量的に供給することが大事なのだという施策を暗に反映している。したがって、それぞれの住宅が地域のどの場所に建っているかはあまり問題にされて来なかった。引っ越し先をどこに用意しておくかが、今後の課題だ。

事例❶……Arrival City

ナイロビのスラムの調査をしていたとき現地の本屋で見つけた本が面白かった。ダグ・サンダースが書いた『Arrival City』※1という本だ。スラムは根絶すべきだという意見も多いが、スラムは町へやってくる人々の最初の「到着都市（arrival city）」なのだという主張だ。世界中の都市で起きている、人口の都市間移動を考えるとどうしても、移り住んで間もなくの人々が「ちゃんと」住める、居住費の安い住宅が都市内に用意されていることが都市には必要であり、それが都市の活力を底上げしているのだという。さもなければ、その都市には新たな活力は生まれないし、都市が都市であり続けるためのダイナミシズムが生まれないという。ただ「ちゃんと」の定義が問題であり、それは、その国の事情に大きく依存している。スラムを根絶しようとする政策は必ず裏切られていることは歴史が証明済みだ。これから必要なのは、移り住むデザインが都市に用意されていることだろう。

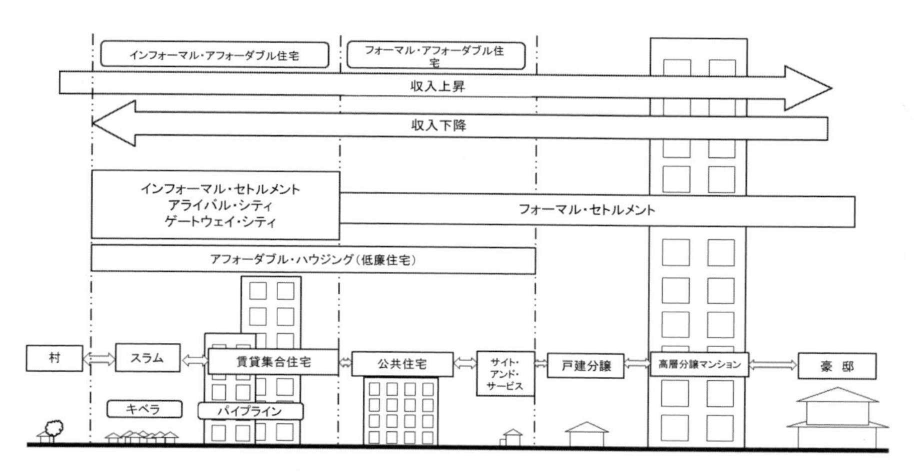

図1　ナイロビにおける村落居住と都市居住の間にある各住居

写1　ナイロビにおける戸建てを中心としたスラム（キベラ地区）

写2　ナイロビにおける中層賃貸共同住宅（パイプライン地区）

※1：Doug Saunders, 'Arrival City', Windmill Books, 2011

事例❷……定期的に移り住む段ボールハウス

バブルがはじけたころ、東京で段ボールハウスが建ち並ぶ場所として有名だったのは隅田川沿いであった。段ボールをベースの素材としてつくられ、ブルーシートをかぶせられた住居群が隅田川にたくさん見られた。インタビューしてみると、住んでいる人が組み立てているという。

ここでは月に1回、行政による遊歩道の清掃がほどこされる。ホームレスを追い出して公共の空間を取り戻せと訴える市民に応えるための行政行為かとも思うが、月に1回張り紙が出て、「いついつまでに『私物』を撤去しなければ排除します」と勧告される。その張り紙が出て、清掃日が近づくと、住民は一斉に近くの公園に引っ越しをする。その時に避難し損ねる人はたいてい病気の人だ。こうして、月に1回の頻度で、病気のホームレスの人々が見つかることになっている。

定期的に移り住むという現象が、人の命を見守ることにつながることもありうるという事例である。

写1　隅田川沿いのダンボールハウス（外観）

写2　東京都庁直下のホームレス（2013）

写3　多摩川沿いのダンボールハウス（1995）

写4　隅田川沿いに展開するダンボールハウス（2005）

事例❸……拠点化する新市街地

図は、名古屋大都市圏有数のニュータウンのひとつである。1974年に第1期が開発され、その10年後の1984年に第2期、そしてさらに10年を経て第3期が開発された。時間差で開発されたためか、町全体を眺めると多様な人口構成から成り立つようになっている。

さらに、現地で話を聞いてみると、どうやら時間差で建った住宅地間を引っ越している人が多いようだ。当然、早く開発されたところに祖父母が住み、新しい開発地にその子ども家族が住むといった、近居もたくさんあるという。

そこで、地元の協力を得て、そうした住まい方が一体どれだけ行われているか調べてみた。60%程度の回収率であったが、引っ越し元と引っ越し先の丁目を矢印（同丁目の場合はGのような印）でむすぶと、地元の人も驚くくらい、人々が近所で引越しをしていることがわかった。

住み良い町はこうして拠点化していくのだろう。ニュータウンの写真を撮っただけでは決してわからないことである。

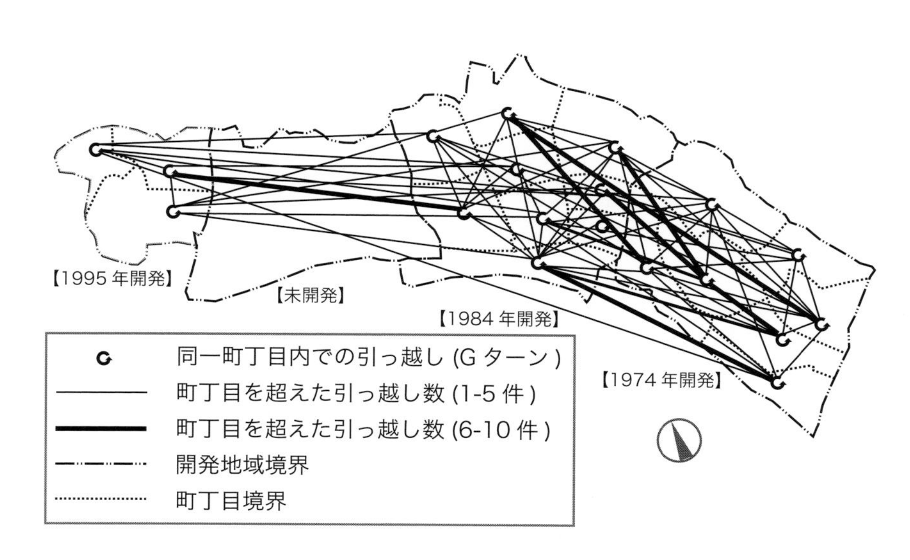

図1　引っ越しによる移動調査

写1　70年代開発の住宅

写2　80年代開発の住宅

写3　90年代以降開発の住宅

column

空き家

—増加の背景に家族制度の変化—

空き家対策特別措置法（2014年11月公布）という法律ができるほどに、現在の日本社会にとって「空き家」は重い課題となっている。その原因として一般に上げられるのは、世帯数を大幅に上回る住宅戸数、新築を主導した持ち家政策、質のともなわない住宅の量産、加えて脆弱な中古市場、ということになるだろう（戦後の持家政策は、住宅金融公庫などの資金的な手当てはされたが、良質なストックへの誘導が十分にできなかった）。そして、地域によって当然その実態は異なる。

⊙空き家問題を地域に戻す

数字だけをみれば、全国の空き家率は、地域によって思ったほど差がないが実情は異なる。それは、一口に空き家といっても、都心部の場合には、賃貸でたまたま空室の場合や、竣工して売り出しているいわゆる完成在庫といわれるものも含まれるからである。長期間、だれも住まず、建物の状況も悪いもの、つまり打ち捨てられた家、ということになれば、やはり地方のほうが深刻である。

いずれにしても、空き家はその建築単体の問題ではなく、エリアの問題である。地方の村落では、エリアそのものの存在を揺るがす問題であり、都心部でも地域の価値を落とし、防災・防犯の意味からも対処が望まれている。世界の先進国では、同様な空き家問題に対して、ローカルルールをつくり、地域の問題として対処しようとする試みがみられる。所有権が放棄されるなど所有者のいない、あるいは不明な空き家は、日本の場合には最終的には、国庫に収容されるが、フランスでは、以下のような法律の変更を行っている。「2004年改正後のフランス民法典は、『無主の財産は、その市町村に帰属する。しかし、もしも市町村がその所有権を放棄すれば、国に帰属する』と規定した。」[※1]

また、アメリカのランドバンク（①政府主体の非営利組織が取得・保有しながら、②不動産に係る法的・経済的な障壁を整理し、③地域のニーズに合った形で市場に戻す、あるいは保全するための公的な媒介組織）[※2]も、空き家を地域の問題としてとらえ、再び資産として市場に戻そうという取組みだが、これも地域ごとに組織されている。

⊙家族問題としての空き家問題

空き家の増加の原因に、もうひとつ付け加えなければならないことは、現在の家は継がれない、という家族制度の変化である。戦前の家族制度のもとでは、「家」とは人間の集

※1：『世界の空き家対策』学芸出版社

※2：「米国におけるランドバンク及びコミュニティ・ランド・トラストの活用による都市住宅市場の再生手法に関する研究 —米国における2000年代の低未利用不動産の再生・流通システムの実態調査を通じて」小林 正典＊・光成 美紀　都市住宅学95号 2016 AUTUMN

団であるとともに、資産を継承していくシステムであり、そこにはハードとしての住宅も含まれた。戦後の民法の改正でも、もちろん、親の資産は子どもに継承されるが兄弟姉妹がいれば原則均等に相続されるので、住宅がそのまま継承されることが難しくなる。親がひとりになり、高齢者の施設に入ると親が暮らした家はそのまま空き家となり、子どもがたまにきて管理することもあるが、打ち捨てられている場合も少なくない。そして挙句のはてに、相続放棄ということになれば、前述したような地域での対策が必要となるが、一方で現在の家族制度や寿命に合わせた居住移行の戦略が個々人に求められる社会ともいえよう。

（篠原聡子）

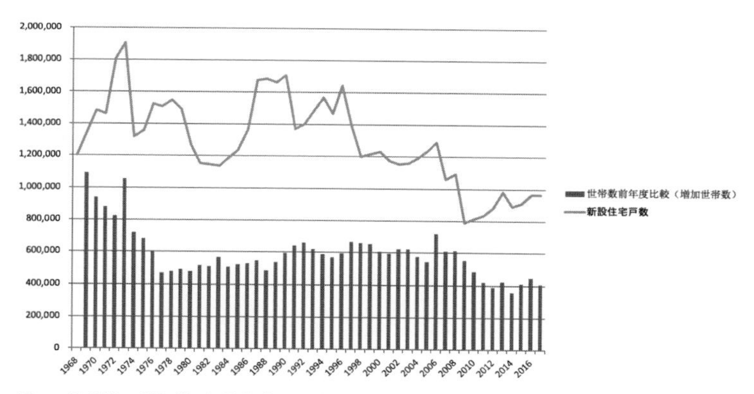

図１　世帯数の増加数と新設住宅戸数（総務省・国土交通省）

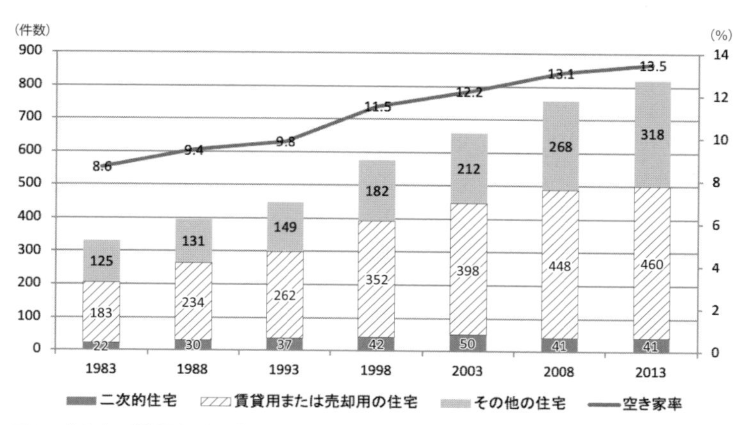

図２　空き家の種類別の空き家数の推移（総務省）

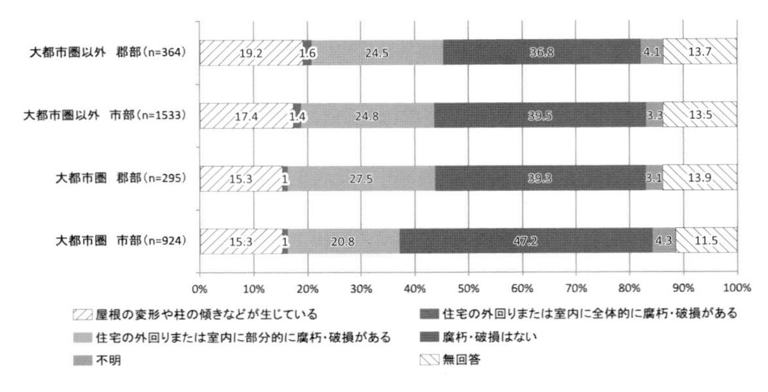

図３　地域別　空き家の腐朽・破損の状態（国土交通省）

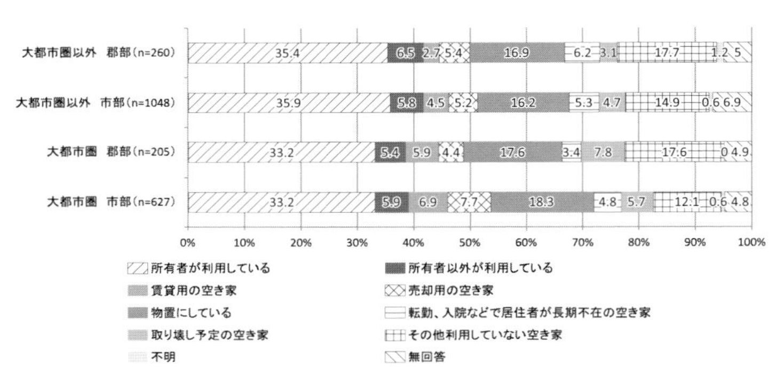

図４　地域別　利用状況（国土交通省）

3
どう住むか

もともと、10人いれば10通りの住み方がある。到底、ひとつのかたちに収まらない。しかし、住むことの原点に立ち戻ると共通の要素が見えてくる。まず、人間にとって基礎となる生存を支えるための住まいがあり、親の手を離れ外へと踏み出したときに、どう住むかを考えて構想する住まいもある。天変地異もあり、一生の間には、山もあれば谷もある。
ここでは、4つのキーワードをもとに、おもに建築家と住み手によって住むことの意味が紡がれる様子を具体的に描こうと思う。　（黒石いずみ）

◉生活と住居

住まいとはなにかという大きな問いを立てたとき、建築だけでなく文化人類学や民俗学、経済学や社会学、地理学やデザイン論などさまざまな学問領域で微妙に異なる定義があり、住人だけでなく建築家や施工者、デベロッパーや都市計画家、行政や銀行、地域環境を考える人、福祉関係の人々など、その立場によっても見方は異なる。

そのように多角的な問題を、これまでの建築学では計画学、建築心理学という領域で客観的、総合的に調査し分析することが試みられてきた。例えば空間の心理学についての研究では、空間やものの寸法と人の行為の関係、人が領域感や安心を感じるパーソナルスペース論や身体寸法との関係を論じるヒューマンスケール論、そしてそこで行われる行為の目的についての機能研究などである。また住宅史学や、公・私空間研究、社会学的家族論や、ジェンダー論、アイデンティティと住まいの関係などが研究されてきた。その一方で、1990年代からは映像や小説と建築空間の関係を議論するメディア研究や、言語論的研究、人間関係や社会制度と住まいの表象論的関係についての議論、女性や抑圧された人々の生活圏など、建築空間と政治や文化の関係についても議論されている。本当に住まいをめぐる人々の生活のドラマとその切り口は、多種多様で無尽蔵に存在する。

◉4つの角度から考える

では、このように人間とつくられた空間の関係を分析するだけでなく、つくり手が思い描き意図した暮らしが空間化されて、そこで暮らす人の人生を変えていく様子については、これまでどのように議論されてきたのだろうか。

これまでの建築デザインには、そういう予見できない住まい手の人生全体を含めた視点はあったのだろうか？　できれば、建築家も住み手も住まい空間のあり方を、もう少し幅をもって、生活の実感から考えることが必要ではないだろうか。そもそも建築の成り立ちを考えるときに、使い手の視点はどう前提されてきたのだろうかと思う。

実際には、建築にかかわる者が住まいをつくるとき、いくら誠実に計画しても、それによって人々の生きる結果にまで責任はとりきれない。また時間が経てば予測を超えることも多くなる。しかしそれだからこそなお、住まいを人々の生き方や社会のあり方と結びつけて、考えることが求められているのではないだろうか。

そこで本章では、冒頭の住まいは住み手やつくり手の人生観を示し形づくるという問題意識を明確にするために、ローマ時代の建築家ウィトルウィウス[※1]があげた建築の3つの条件「用強美」を参照して、次の4つの角度から考えてみようと思う。それは、次のとおりである。

※1：ウィトルウィウス
前1世紀の古代ローマの建築家、技術家。「用強美」とは、アウグストゥスに献じられた『建築十書』の中の一節。一般に建造物がもつべき、機能的であること、十分な強度があること、美観にすぐれていること、とされる。

①生存のための家（強の意味）
②暮らしの原点回帰（用の意味）
③新しい時代のイメージを住む（美の意味）
④終のすみか

この4つは住まいを成立させる条件に、人生の終わりの豊かさという視点を加えて、住まい手の立場、生活から住まい空間を考えようとする実験的な視点である。それは次のような方向性で考えている。

◉生存のための家（強の意味）

建築基準法で守られていると無意識に安心しているせいか、日本では住まいが生存のためにあることを意識しなくなったように思う。しかしさまざまな自然災害を経験し、世界の各地で紛争によって家を破壊される人々の様子を日常的にテレビで見るようになって、いかに経済や技術、サービスの発達した世界に暮らしていたとしても、生存が住まいを考えるもっとも基本的な視点であるとだれもが認めざるをえない。それは非常時の問題だけでなく、住まいあるいは建築の存在意義を考えるうえでも重要なポイントだ。

建築理論家ジョセフ・リクワート[※2]による『アダムの家』には、そもそも天国から地上に降りた人類が最初に雨風から身を守るために探した木陰が住まいの始まりであり、動物の住処と原始の人間の住まいのつくり方には類似性があること、そして家をつくることが社会を形成することとどのように関連し、宗教や精神の拠り所として住まいがいかに重要な役割を果たしたかが説かれている。この生存の条件という視点を文化人類学だと片づけるのでなく、現代の住まいのルーツとしてまずは考えるべきだろう。

例えば新しく開拓された場所に移り住む人々が、そこに定着し自立するために最初の住まいをどう建てるかを考えたとき、建築家なしでつくることのできる在来工法の住宅やトレーラーハウス[※3]の重要性に気づく。

※2：ジョセフ・リクワート
（Joseph Rykwert、1926～）
ポーランド生まれの建築の歴史家。批評家。イギリス、アメリカをはじめ多くの国で教鞭をとる。起源への問いを通して、近代を思考する歴史家とも評される。ペンシルバニア大学名誉教授。

※3：トレーラーハウス
（mobile home）
台所、便所などの設備をそなえた工場生産の住宅で、車輪をもち、乗用車やトラックで引かれて移動可能なもの。アメリカではモービルパークと名づけられた。移動住宅専用用地に停留して通常の住宅として用いられるものも多く、過去、低価格で供給される住宅の過半数に及ぶ供給量となっていたという。

◉暮らしの原点回帰（用の意味）

建築家の設計する自邸には、生活の成り立ちを原点に立ち返って問い直しながら建築理念を実験すると同時に、自分自身の人生観、家族像、豊かに生きることの内実を率直に問うているものが多い。また、経済や社会状況が困難な人々の住宅を設計するときは、人間の居住環境の基本的な条件や、それが地域環境をつくる社会的資源であること、家づくりのもっとも単純な方法の可能性に気づくことも多い。

また家に刻まれた記憶や住みこなされていくプロセスの意味、異文化の人々、女性や子ども、高齢者などの弱い立場の人々にとっての住まいの意味など、既存の暮らしのあり方や住まいのはたらきについての考え方を一度取っ払うと見えてくるものがある。それは決して貧しいものではなく、むしろ物欲を超えた精神の豊かさと自由を意図的に追求する視点だった。

◉新しい時代のイメージを住む（美の意味）

人が自由に自分の住む場所や職業を選択し、自分らしく生きることができるようになったのは、欧米でも19世紀末であり、日本では戦後のことだった。その19世紀から20世紀の人間の精神の解放と、住まいのあり方は、もちろん大きく関連している。

イギリスの田園都市住宅の思想において建築家のレイモンド・アンウィン[※4]らは単に自然環境や仕事と暮らしの融合だけではなく、人間性の解放の実現を求めていた。そしてモダニズムの建築家たちは新しい社会への夢を空間に表現し、その魅力的な生活のイメージによって人々を動かすために斬新な住宅を設計した。

しかしその一方で、戦争やそれにともなう国土開発、資本主義や社会主義政策の影響による生産性向上の方針のために、住まいの生産のしくみや基準となる性能の考え方は変動した。例えばアメリカへの移民たちがアメリカ人としての生活基盤と成功のために家をもつことを望み、政府もある種の典型を大量供給したのと同じ方法が、現在も世界各地で用いられている。建築家たちのデザインや技術的応用は、単なる美的な造形理念だけでなくそういった社会課題や政治的背景、経済的要因を背景にもつ。

1980年代に建築家上田篤[※5]によって「住宅双六」に描かれた人生の到達点としての戸建てのもち家像は、もはや現在日本のサラリーマンにとって既定路線ではない。しかしそれでは、われわれは社会と自

※4：レイモンド・アンウィン
Raymond Unwin（1863～1940）
イギリスの建築家、都市計画家。アメニティの必要性を主張した住宅配置と環境デザインの分野で業績を残す。義弟のB.パーカーと組んでヴィレッジグリーン（1899年ごろ）、レッチワース（1904年）、ハムステッドの設計など。

※5：上田篤（うえだ・あつし、1930～）
1954年、京都大学工学部卒業、1956年同大学院修士課程修了。建設省を経て、京都大学、大阪大学等で教鞭をとる。専門は、建築学、都市計画など。

分の住宅を関連づける他の論理をいまもっているのだろうか？

◉終のすみか

21世紀になって、新しく建築を建て続け都市を大きくするのではなく、既存の建築やインフラをどうリノベーションして使いまわし、多世代で共有し、都市や地域の生活圏を持続していくかを考えようという意識が徐々に普及している。そしてあまりに資本経済の消費財となった住まいの価値を見直して、しっかりと人生や社会を支えるものとして考え直そうという試みが増えている。

だが現状は待ったなしだ。家族の解体が進み、高齢者の看取りも外部サービスに任せることが増えるかたわら、少子化が進み年金制度の持続性が疑われ、死の瞬間まで自立を求める社会制度の限界が見えている。自分自身がどう最期の時を迎えるのか、それを支える住まいのあり方についてだれもが考えなくてはいけない時代なのだ。

そう思うと、あらためて住まいは自分らしく生きるための場、個々の人生と自然環境や地域とのつながり、家族の意味を豊かに感じられるようなものであってほしい、そして次世代につながっていくものであってほしいと願うのは自然なことだろう。世界の各地、特に古い生活習慣を残している場所で人生と住まいの関係がまったく異なった視点でしばしば考えられているのを見ると、自分たちの住まいと人生についての考え方がいかに戦後に大きく変化したかに気づく。

いまこそ、どう住むかを、どう生きるかという視点から考えるべき時だろう。

図1　現代住宅双六（上田篤）

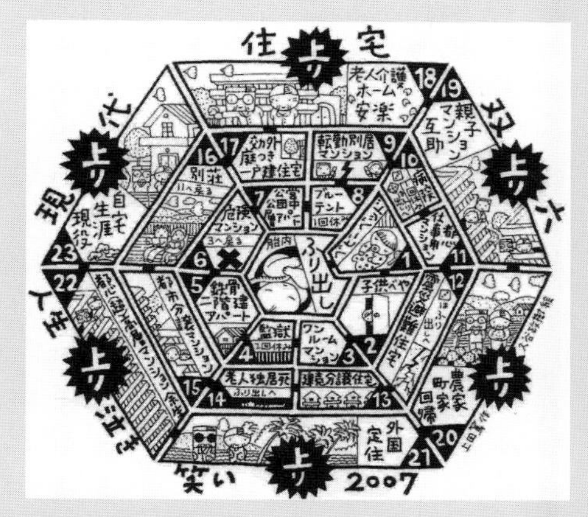

図2　同上、改訂版。上りが6つになった（上田篤、2007）

keyword

01

生存のための家

地震や台風の絶えない日本では、古代から住まいは人生の変転や無常になぞらえて、仮のもの、つまり変動的なものとして随筆に描かれてきた。それは湿度の高い気候に合わせた、開放的で季節ごとに建具や造作を変える、フレキシブルな木造建築の特徴にも現れている。

その人生の変転や季節と住まいの関係を説いた代表的な随筆が『方丈記』だ。作者の鴨長明は有力な宮司の家に産まれ、詩歌の才に恵まれた人だったが、自然災害を経験し政争に破れて豪邸を追われ、徐々に小規模な家に移り住んで最後は山中に庵を構えた。その庵は最小限の装備の粗末なものでありながら、世俗から離れ自然を味わいつつ生きることを可能にした。長明が文中でその住居を巣や庵、すみかなどにたとえて語るのは、彼が動物の巣と人間の住まいとの関係を意識していたことを示す。

だがその文章は、彼が極めて現代的な建築的視点をもっていたこともうかがわせる。例えば方丈の単位空間、小さく軽いことの追求、解体自由で移動も自由な構造、日常的な材料を使っていること、そして設備は外部に置くことなど驚くほどだ。

それは、大戦期に生存という原理的な目的を追求して生まれたモダニズム建築とも共通する特徴だ。また、その極限の住宅のあり方は、戦時中に各地に建設、解体、移設されたシェルターや労働者住宅、あるいは震災の後建造された震災バラックや仮設住宅などの事例に見ることができるし、人々が集まって住むことや、サービスを外部化して相互に助け合う住まう暮らしのかたちも生んでいる。またどこにでも住み、だれもが住まいをつくることができるための技術が開発された「メールオーダーハウス」も早くから開発されてきた。

日本における戦後のプレハブ住宅はこれらの視点をさらに発展させている。戦災による住宅の絶対数が大幅に不足する中、建築家・研究者が先導するかたちで進められた。そしてその過程で住居と家具の関係はさらに自由になり、車との関係も融合的になった。その移動が自由で土地に縛られない住居のあり方は、ついには土地があまりに住居よりも高価になって住居が消費財として短命になってしまった現在に、より自由で豊かな暮らし方を考えることを可能にする。

事例❶……今和次郎のバラック調査

20世紀初頭に、被災後の仮設住宅を記録し建築的に分析したものは、世界的にも今和次郎※1によるバラック調査以外はないのではないだろうか。

被災住宅は日本特有のものではなく、多くの地域で各種の天災・人災が発生していることからも、現代の住まいそのものの課題として取り組むことが求められている。「ニューヨークタイムズ」の記事に見るように、現在紛争の絶えない中東での被災者の住まいは、1923年の関東大震災後の今和次郎の調査で描かれたバラックと驚くほど類似している。

調査で彼が見出したことは次のことだった。①被災者は身近な材料や場所を活用して多様な仮設住宅を建造し、その造形や空間の使い方には独自の合理性がある。②技術と材料の入手方法や経済によりハット、シェルター、バラックとつくり方は段階的に変化する。③山の木こり宿や船宿、移植民の小屋など、人々は恒常的に同様の仮設住居をつくっており、被災後の住宅にも、その原形的な空間や構造が用いられている。

今和次郎は、近代化にともない都市環境や経済・技術が変容する中で、住居の原点を、被災地の極限の状態から考え直そうとしたことがわかる。

現在の私たちは、経済的・技術的発展を経て、このような避難の場を自力でつくることを忘れているが、かたちや構造の強さだけでなく、状況に適応して生き延びる知恵としての住まいづくりをもう一度考えるべきだろう。

図1　今和次郎のスケッチより（その1）

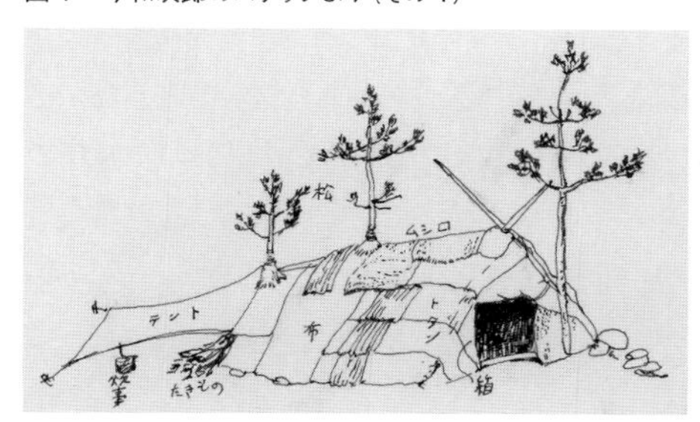

図2　今和次郎のスケッチより（その2）

Afghan returnees face a barren welcome, harsh realities in a lush border area

"This is our ancestors' land, and we kissed the stones when we arrived. But now it feels like a prison. . . Just to fetch a bucket of water from the spring, we have to pay 50 cents."

写1　「ニューヨークタイムズ」に載ったアフガン難民たちの仮設テント

※1：今和次郎（こん・わじろう）　1888～1973。建築学者。早大教授。考現学、生活学を提唱。民家研究でも知られる。

事例❷……今和次郎の「雪国の実験家屋」（1937）

今和次郎は1910年代から東北地方の農山漁村を調査し、地域の住宅が気候の条件や社会的制度に対応した建築的・空間的特徴をもつと同時に、因習的な生活習慣が残るために衛生や家事の効率など多くの問題を抱えていることを把握した。そして1930年代にはコンペティションやアンケートを用いて地域の住まいを夏に調査して、人々の話を参考にした無理のない改善方法を提案した。それは後の同潤会や営団の住宅改善に、大いに役立った。

今和次郎の住宅改善提案事例のひとつに、山形県新庄市の積雪地方経済調査所で設計・建設され、住民の有志を募って生活実験を行った「雪国の実験家屋」がある。その原型は新潟県のある校長先生の自宅だという説もあるが、雪の深い山形では1階の入口も厩舎も雪に埋もれ、屋根からの落雪で家の周囲が軒まで埋もれる事情から、冬用の入口を2階に設けた3階建ての住宅が設計された。

厩舎を1階に設け雪の間も気軽に作業ができるようにしたほか、台所や居間を2階に設けて、母親は家事をしつつ1階の厩舎も3階の子どもたちの様子も同時に見られる工夫がされ、彩光を確保するガラス窓がたくさんある快適な空間となった。しかしその結果、主婦はかえって労働時間が増え、また物珍しい住まいに特別に居住することを周辺の人々に噂されて、家族は早々に退出し実験は中断した。だが現在入口を2階に設ける住宅はこの地方で一般化しているように、この住宅改善が確かな展望を備えていたことは明らかである。

生活実験は当時の行政への協力でなされたが、女性を中心とした住生活の質の向上を意図して設計された初期の事例であり、その実験性を明確に意識しつつ継続的に改善する未完の住宅でもあったことは、現代の住まいづくりにも示唆的である。

写1　生活実験を行った「雪国の実験家屋」外観

写2　同上

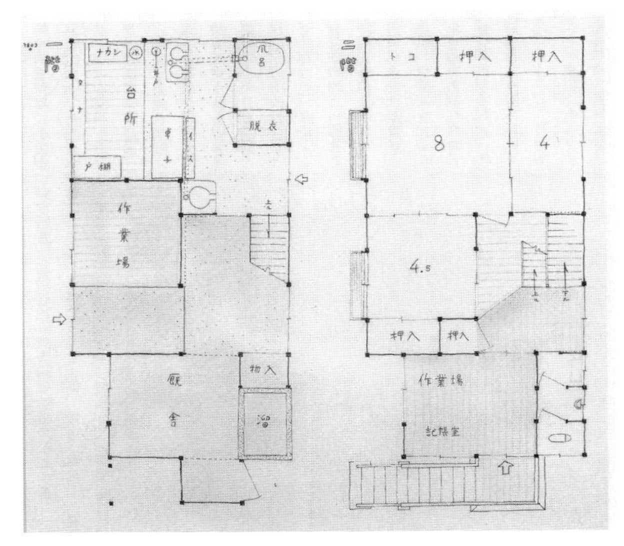

図1　同左　平面図

事例❸……プルーヴェのプレハブ住宅

第1次世界大戦後、各国で兵舎や軍の労務者住宅の工業化、つまりプレハブリケーション※1が政策的に推進された。その中で家を組み建てる仕組みにこだわり、人間らしい住居を生んだのがジャン・プルーヴェ※2である。1937年のパリ万博でプルーヴェは、ル・コルビュジエやピエール・ジャンヌレとバスルームを製作し、そのものづくり感覚の基礎に人体寸法があることを示す。第2次世界大戦勃発後は、軍の依頼で航空省の組立式臨時宿舎を考案し、1939年には外部露出骨組み4×4m住宅を800戸実現。その後も、軍需産業施設地方分散政策に協力して、ジャンヌレやシャルロット・ペリアン※3と協働して組立式の金属製骨組の住宅システムを開発した。その図面が戦時中にペリアンによって日本に渡り、坂倉準三※4の「組立建築」※5開発の手本となった。

近年再現されたプルーヴェの住宅は、置き基礎の上の土台にとめられた特徴的な門型フレームを軸に、両側に屋根梁を立ち上げて端部の壁梁で受け止め、板パネルをはめた素朴な木造構造で、解体・移動の容易さが追求されている。リズミカルな開口部は緑色に彩色されて、構造強化のために斜めに張られた板張りは美しく、一室空間の伸びやかなスケール感は、技術の追求の結果生まれた詩的な魅力と暮らしの軽やかさを感じさせる。

写1　再現されたプルーヴェのプレハブ住宅の内部

写2　同左外観

写3　坂倉建築研究所による組立建築第1回試作（1941）

※1：プレハブリケーション　字義通り解釈すると、現場施工前に、あらかじめ組み立てておくこと（pre-fabrication）。戦中、戦後のある時期まで、建築家を巻き込み熱心に取り組まれる。建築（住宅）の工業化。

※2：ジャン・プルーヴェ（Jean Prouvé、1901～84）　フランスの建築家。金属技術家としてその経験的技術を建築の工業化へと結びつけた。

※3：シャルロット・ペリアン（Charlotte Periand、1903～99）　フランスの家具デザイナー、コルビュジエの協働者。日本にも1940年、1953年に来日、日本のインテリアデザインにも影響を与える。

※4：坂倉準三（さかくら・じゅんぞう、1901～69）　建築家。岐阜県生まれ。1927年、東京帝国大学文学部美学美術史学科卒業。1929年に渡仏し、1931年から36年までル・コルビュジエのアトリエで学ぶ。帰国後、1940年に坂倉準三建築研究所を設立し、戦後の日本建築界のリーダー的な存在として活躍した。

※5：組立建築　1940年商工省の招きで来日したシャルロット・ペリアンが携えてきたプルーヴェの図版がもとになり、坂倉事務所で研究が取り組まれた。戦後、当時の所員であった池辺陽による建築の標準化や工業化の研究へと発展していったとされる（藤木忠善「組立建築から最小限住宅まで」）。

事例❹……C・プライスの「機械式住宅」

イギリスの建築家ピーター・クック※1がリードしたアーキグラム※2の活動は、戦後のモダニズム建築運動の見直しとメタボリズムに連なる技術的建築美学の展開としてなじみ深い。それらがアバンギャルドなイメージに重点を置いていたのに比べて、その1世代前に活躍したセドリック・プライス※3は戦時中からの左翼的政治思想に基づいて、戦後悪化した都市と地域の格差や、労働者階級の生活環境問題に取り組んだ。メタボリズム後の日本の建築にも影響を与えたプライスが、建築家としての立場を超えてコミュニティ全体にはたらきかけ、社会福祉住宅の仕組みづくりに貢献したことは、イギリスにおける建築技術の社会的位置づけを象徴している。

彼の機械式住宅のデザインは、社会住宅の提案例として設計されたものである。戦後の工場による住宅生産は、多くが戦争技術を応用していた。車産業の発達したアメリカでは実際に低所得者用の接地可能タイプが普及した。一方でプライスのデザインは住宅を車と同一化してイメージすることはなく、車載可能なユニットのための住宅部材モジュールの検討と、単位空間の組合せによる住空間のバリエーション、選択可能な追加的部材が検討された。住民の個性を尊重した、土地の所有に縛られない自由な住まいのあり方を、公共的な仕組みとして考えたことは、プレハブ住宅の原点として重要である。

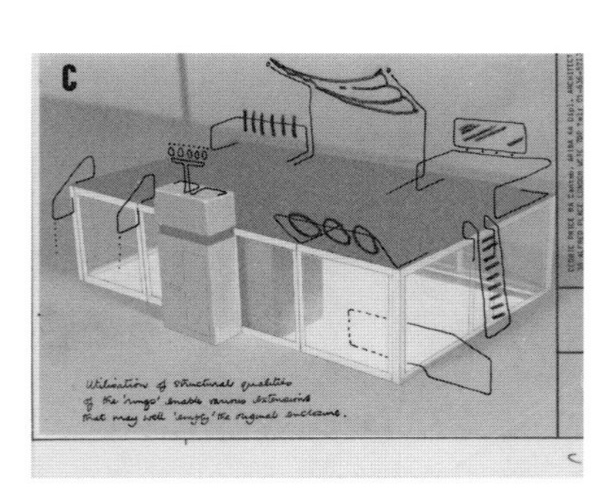

図1　プライスの書込み

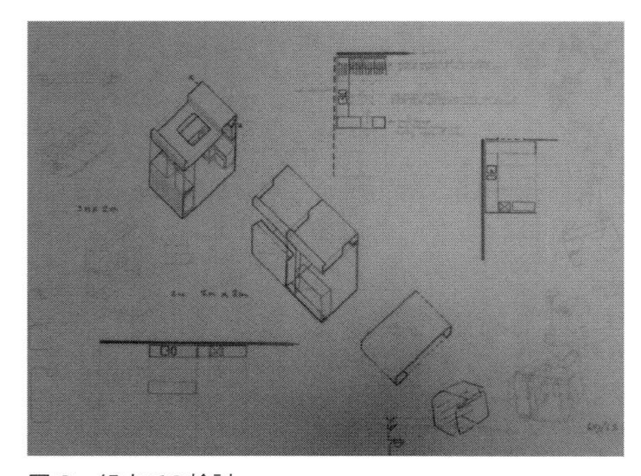
図3　組立ての検討

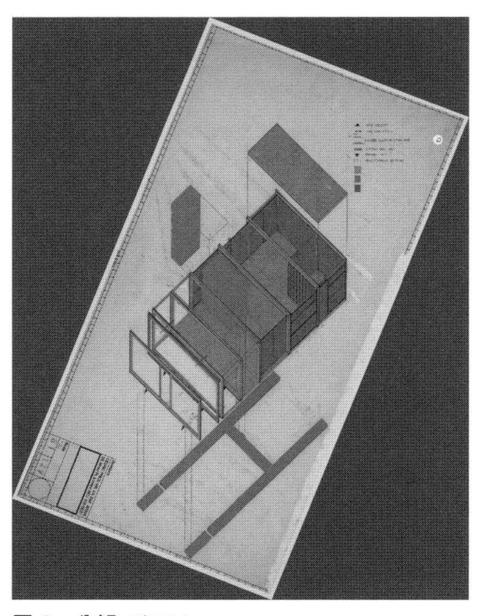
図2　分解アクソメ

※1：ピーター・クック（P.Cook、1963～）　イギリスの建築家。プラグイン・シティ、モントリオール・タワー。
※2：アーキグラム　ロンドンで結成された建築家グループ。同人建築誌『アーキグラム』を媒体として、1960年代ポップな建築の計画を独特のイラストレーションで次々に発表した。
※3：セドリック・プライス（C.Price、1934～2003）　イギリスの建築家。ロンドンのAAスクールを中心に活躍。アーキグラムに影響を与えた。

事例❺……占領軍の家族用住宅（ワシントンハイツ）

東京・代々木公園の片隅にいまも残る小さな白壁の木造住宅は、第2次世界大戦後に日本各地に建設された占領軍キャンプのひとつワシントンハイツの家族帯同兵士用住居（デペンデントハウス）である。1964年の東京オリンピックで選手宿舎として転用された後、この大規模住宅地は姿を消したが、現在も神奈川県大和市や海老名市には小規模に旧占領軍住宅地が残っており、払い下げられてカフェとして保存活用されたり、一般住居になっている。またいくつかの地域では、戦後アメリカの暮らしのイメージを愛好する人々が連携し、その保存活動が行われている。

この占領軍住宅の建設とその家具の製作に日本の建築家が携わり、あるいは部材が払い下げられたことで、戦後の日本の住まいに影響を及ぼした可能性も研究者により指摘されている。最小限の資材を用いたシングル壁と木の床のシンプルなその空間には、先進的な家電製品や機能的で頑丈な家具が備えられ、上下水道や水洗トイレが完備していた。そして住宅の周囲には美しい緑地が広がり、学校や各種のクラブ、スーパーマーケット、映画館や教会も完備した、郊外風住宅地が造成された。それは確かに多くの日本人にとって憧れの的だった。

アメリカ国内では、戦時中に大量に建設されたこの種の住宅が、戦後は国民としての豊かな生活像の象徴ともなった「レヴィットタウン」のような郊外大規模住宅地へとつながり、帰還兵のための住宅に供されていた。

アメリカはヨーロッパでマーシャルプラン※を行ったように、日本でも消費財としての住まいと家電、そして生活様式を通して人々の生活の価値観を変え、日本を冷戦期の同胞国家へと誘導したのだった。

写1　ワシントンハイツ空撮

写2　ワシントンハイツ外観

写3　同上

※1：マーシャルプラン　正式には、ヨーロッパ復興計画。提案者、アメリカ国務長官マーシャルの名に因む。第2次世界大戦後、ドイツ、スペインを除く西ヨーロッパ諸国、それにトルコを加えた16か国で実施（1948～51）。ヨーロッパ諸国の経済的な疲弊が共産主義浸透のきっかけとなることを恐れたアメリカにより実施される。西ドイツを含む17カ国は、経済復興のきっかけをつかむ。一方、ソ連と東ヨーロッパ諸国はコミンフォルムを形成することとなり、東西対立は決定的となる。

事例❻……岩手・住田の木造仮設住宅

東日本大震災ではその被害家屋数の尽大さのために、災害復興法で定められたプレハブ建築協会以外に、ハウジング業界、地域工務店による仮設住宅の供給が進んだ。その中で、被災者支援と地元の木材資源による産業育成の両立を図ったユニークな事例が、岩手・陸前高田の住田町住宅である。

町役場と連携したNPO組織のすぐれたコミュニティマネジメントで、地域社会と被災地のつながりづくりが成功していること以外に、4畳半二間に台所と浴室・トイレがついた単純な矩形の仮設住宅そのものにも魅力がある。玄関に続く台所には人寄せの余裕があり、ふたつの部屋の間仕切りはアコーディオンカーテンを用いて、昔の続き間の柔軟さを保つ。天井は張らず、住民の多くはそこにパネルを引いて収納に転用していた。戸建てであるためにプライバシーが維持でき、周囲との関係も庇の下や家と家の間の空間が中間領域として働いており、敷地に沿って家の間には不規則な広場が生まれている。

このような内部空間と外部空間の余裕と柔軟さ、住まい手の工夫やつくり直しを許す木造の可変性と制度的柔軟さ、被災前の生活様式の持続と地域との融合は、被災者が住み移りの過程で感じる精神的困難を軽減しているようだった。その解体転用にはいまだ課題があるようだが、今後の災害仮設住宅のあり方に大きな手がかりを与えてくれる。

写1　もとからある集落のような住田の木造仮設住宅

写3　トイレの中にも緑がある

写2　住宅前には彩り豊かな植栽がある

木造仮設住宅のリユースについて

住田町では、当初より、仮設住宅のリユースについて検討を重ねてきた。すでに、元居住者に解体費、輸送費を自己負担とし、3万円で払い下げを実施し、その後、地元の漁協青年部に払い下げて、交流拠点へと転用された。さらに、「仮設を本設化」して使い続けることも模索されている。実際、東京大学大学院との協力を得て、63戸の木造仮設が建つ団地を対象に、「仮設住宅をリユースした高齢者の住まいの提案」を課題としてアイデアを募った。

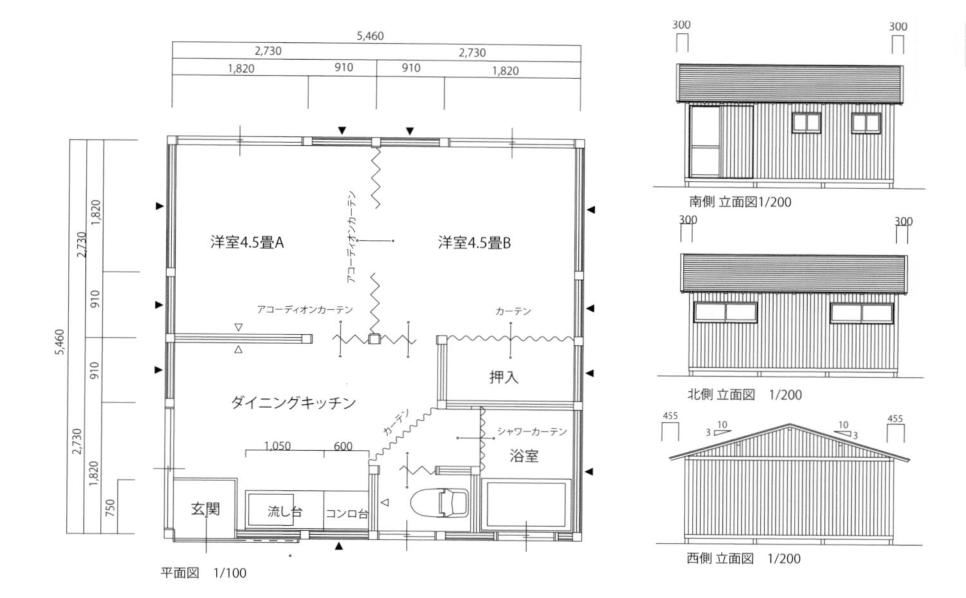

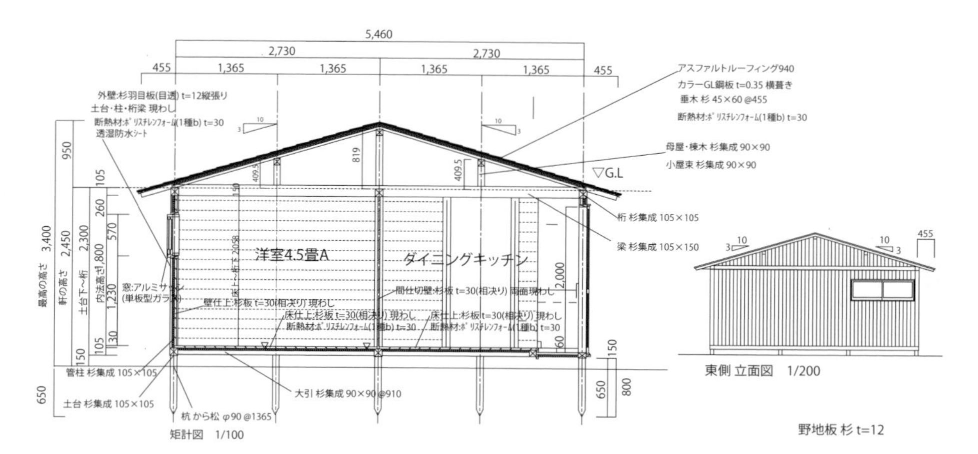

・岩手県　応急仮設住宅標準図　2DK9型
・岩手県気仙郡住田町
床面積:29.8116㎡(9坪)
建築面積:29.8116㎡(9坪)

住田町は、東日本大震災後に町の単独予算で、津波によって大きな被害を受けた陸前高田市や大船渡市をはじめとする町外の多数の避難者を受け入れた。
2011年3月22日に着工した火石団地13戸を皮切りに、本町団地17戸、中上団地63戸、計3団地93戸の木造戸建て仮設住宅を発災から2か月という短期間で完成させている。
住田町には、豊かな森林資源を背景に、プレカット工場・集成材工場・ラミナ工場からなる木工団地があり、こうした地場の産業を活かして木造仮設住宅がつくられた。

図1　住田町の東日本大震災　応急仮設住宅

keyword

02

暮らしの原点回帰

世界中の、そして日本の建築家たちの多くが、建築に対する考え方を見直したのは、第1次、第2次のふたつの世界大戦による大きな戦災を経験したことがきっかけだった。生存の危機を乗り越えたときに自らの暮らしの原点に立ち帰ることで、新たな社会のあり方を具体化するような、生活の価値観と住まい空間のイメージが創造された。

その手がかりは、まず古い暮らし方や社会規範、民族や階級、性に基づく差別など、既存の因襲的な制度と価値観を取り払うことだった。そしてみな、戦時期の抑圧や苦労をはね返すために、より民主的に、合理的に、自由に、人間らしく生きたいという思いに動かされた。海外から得られる新しい生活や空間のイメージを参考にして、また住宅資材を生産する仕組みや、郊外開発など都市環境、住宅取得のための経済的仕組みの変革が行われた。日本の住宅イメージは20世紀に繰り返された戦災や天災と、その復興の過程での暮らしの歴史と社会の見直しの中から生まれたのである。

注目すべきなのは、関東大震災から第2次世界大戦にわたって同潤会や住宅営団によって開発された標準住宅の合理的平面計画が、住宅面積の縮小化を促し、戦後には日本住宅公団による小規模住戸計画に継承されたことである[※1]。

住宅像の刷新のために提示されたことは、建築の造形だけではなく、どこまでシンプルに豊かに生きられるか、インフラと住宅の関係はどう改善できるか、サラリーマン化する家族のあり方はどう空間に反映すべきか、そして敗戦で受け入れたアメリカの影響力に対して日本の文化的独自性をどう守るのか、などさまざまなレベルにわたっていた。その中で現在私たちにとって重要だと思われるのは、政策や社会的潮流を無意識に受け入れるのではなく、自らの家族関係の変化に対して住まい空間をどう適応させるか、自分らしく暮らすためにどう機能や設備を取捨選択するかなど、住まいを自分で変え、つくり上げる主体的な視点をもつことだろう。

第2次世界大戦から戦後にかけてデザインされた最小限住宅からは、都市化の中でどう自然と共生しながら暮らしていくか、周囲の近隣社会に対してプライバシーを守りつつどう共存して生きていくか、また身に備わった文化的・歴史的な空間感覚で新しい技術をどう取り入れていくかなど、暮らしの場のつくり方の原点から、住み手の創造性を促すものが出現したことは重要であろう。

※1：その一方で、戦後復興の内需拡大政策によって、人々が長期の負債を抱えて戸建ての小規模住宅を建設することが奨励された。いわゆる「持ち家政策」である。1950年代からの日本の小規模住宅デザインと、建築作家の輩出は、このような状況を背景としている。

事例❶……ライトのユーソニアンハウス

現代建築の巨匠 F.L. ライトはふつうの家族のための低価格で魅力に満ちた小住宅をいくつも計画している。もっとも初期のアメリカン・システム・ホームに続いて、1936 ～ 43 年にはユーソニアンハウスを 58 軒あまりも実現した。その意図を『The Natural House』で次のように述べている。

「手ごろな価格の家をつくるということは、アメリカにとっていちばん大きな建築問題である。（中略）私自身、いやアメリカのためになんとかして解決させたいものであった。この時代の便利な発明・工夫の知恵を享受するためには、多くの単純化が必要である」

そして省略対象として大きな屋根、ガレージ、地下室、室内の額縁、見切り縁、暖房用放熱器、照明器具、家具や絵画や飾り物、塗装、左官、雨樋をあげた。

この単純化には、倹約だけではない象徴的な意味があった。エマーソンが『ホールデン』に描いた荒野の居間や食堂を中心とし、自然に開放されたバンガローのシンプルな生活のイメージを、「アメリカ人」の暮らしの場として典型化し、住宅の大量生産につなげようとするものだったのだ。実際にはそのことは十分には実現しなかったが、若い施主と話し合いながら、その希望に沿う案をつくり出す民主主義的な設計方法など、近代建築の住宅デザインと社会的な理念とを結びつけた。だからこそ、施主はライトの建築に住むことを誇りにして生涯その思い出を語り継ぎ、地域の文化資源として保存されている。

写１　ユーソニアンハウス第１号「ジェイコブズ邸I」正面外観。開口部はほとんどない

写２　庭から見た外観。庭側に開口部を設けている

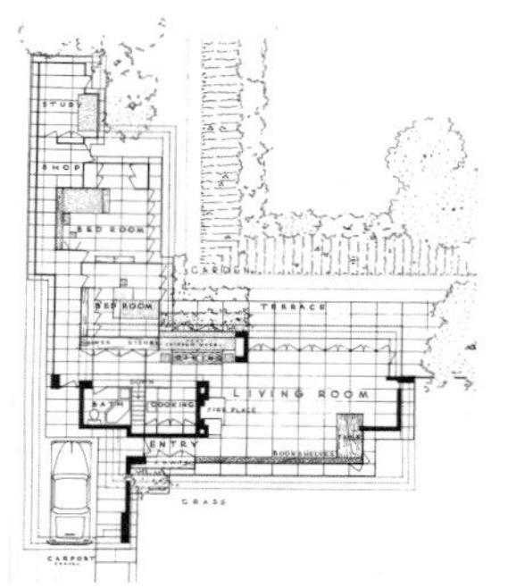

図１　ジェイコブズ邸Iの平面

写４　リビング

写３　寝室

※ジェイコブズ邸Iは、ウィスコンシン州マジソン近くのウェストモアランドに立つ。1937 年当時の建築費は、設計料を含み 5,500 ドルだった。

事例❷……ガスと水道のない家（浜口ミホ）

戦時中から戦後にかけて世界中の人々が強いられた極限の生活は、住居の概念を根本から問い直す機会となった。第1次世界大戦後の1929年にはCIAM[※1]で最小限住宅が議論され、合理的で機能的な住宅像は日本の若い建築家たちに影響を与えた。第2次世界大戦期の1941年には、内田祥文[※2]を中心に「東京の都市計画案：新しい都市」という題の設計競技が開催され、そこで脚光を浴びたのが日本の女流建築家の草分けである浜口ミホ[※3]だった。

浜口は『日本住宅の封建性』（1950）という著書で、「玄関はいらない」という挑戦的な発言をし、既存の住宅像の打破を訴えた。また、疎開先の北海道での生活経験に基づいた土間の活用や、女性が精神的に自立して男性と平等な発言権をもち、因襲的な義務から解放される生活の場としての住宅デザインを、自分の生活体験に基づいて提唱した[※4]。

浜口が1951年7月の婦人画報社『モダンリビング』で提案した「ガスと水道のない家」は、インフラの整備されない地域でも近代的な生活が可能になる案である。薪を燃やし井戸水を利用するカマドと、風呂を家の外部に設ける農家の現実を踏まえつつ、居間中心で夫婦と子どもの部屋を独立させた、農村生活の現実と戦後の間取り理論を融合して最小限住宅を提案している。

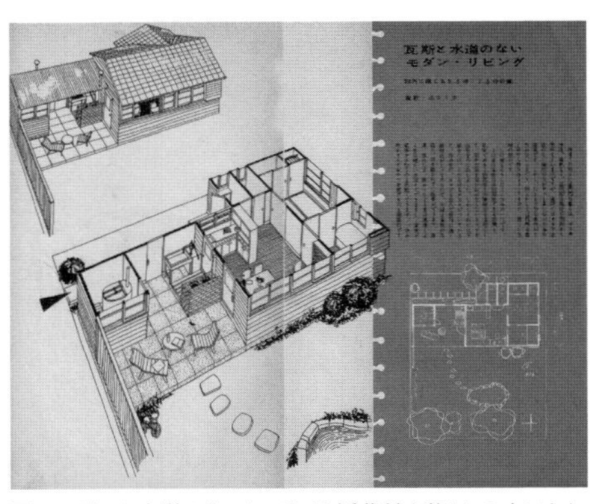

図1　ガスや水道のないところでも近代性を暮らしの中にもちこうもとする試みだと、浜口は説明する

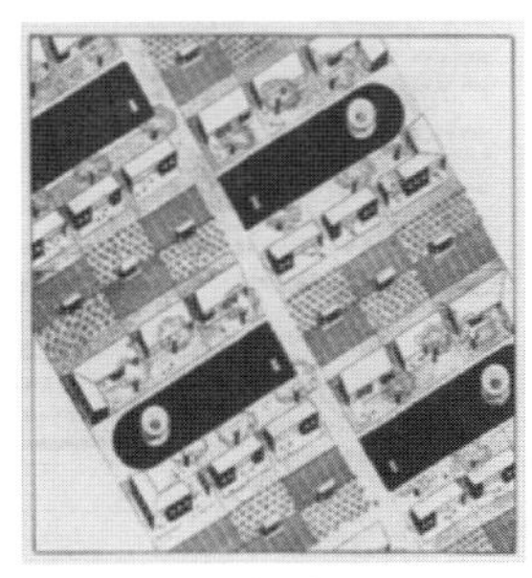

図2　住戸の配置プラン

図3　住戸群のパース

※1：CIAM（Congrès Internationauxd' Architecture Moderne）　近代建築国際会議の略。W. グロピウス、ル・コルビュジエをはじめとする近代建築の開拓者たちが集まる。第4回会議の際の「アテネ憲章」は都市計画の原則を定めたものとして有名。

※2：内田祥文（うちだ・よしふみ、1913～1946）建築家、都市計画家。1936年日本大学旧工学部を卒業、東京大学大学院にて学ぶ。1946年日本大学、東京大学の助教授に就任するも、急逝する。

※3：浜口ミホ（はまぐち・みほ）　1915～88。大連生まれ。1937年、東京女子高等師範学校（現お茶の水女子大学）卒業。前川國男建築設計事務所を経て、設計事務所を開設。女性建築家のパイオニアのひとり。

※4：浜口のダイニングキッチンの提案は、今和次郎による戦前の土間の改善案からも影響を受けていると思われる。

事例❸……「しつらい」という建築手法（清家清自邸）

「森博士の家」「斎藤助教授の家」「宮城教授の家」に続いて、清家清[※1]の自邸である「私の家」は1954年に一室空間を基本とした小規模住宅として建てられた。両親の家のある広い敷地に、私の家、続私の家、続々私の家が、家族の成長に合わせ建てられた。自邸は防空壕を利用して地下に2部屋があり、1階は最小限のキッチンと背後の壁面いっぱいの書棚とカーテンで柔らかく区切られた書斎・寝室、居間のワンルーム構成である。

石床は床暖房で、可動式の畳台を子どもたちは寝床や遊び場として自由に住みこなした。床と庭は同じ石材で敷かれ、最小限の段差と深い庇のコンクリートの天井面で室内と屋外の連続性が強調されている。引き戸や下げ戸を利用して家全体の自然通風が重視された。

清家はいまでいう「イクメン」で、50㎡という広さは妻が疲労を覚えることなく掃除ができる限界の時間から逆算して決められた。この空間は、池辺陽らとのプレハブ住宅開発で日本的木造建築の近代化を試みた成果でもある。

しかしこの住まいには、気取りや格式から自由で合理的な清家の生活哲学と、子どもたちとの密接で愛と信頼に満ちた家族の関係、生活の実践から導き出された設計観がうかがわれる。清家は最愛の妻の葬儀も自宅で祈りの場をしつらえて行った。住み手の工夫・しつらいの意味を現代的な建築手法として再生させ、住まいの意味を住み手の側に引き戻そうとしたのだった。

写1　庭より「私の家」を見る。左に「続私の家」

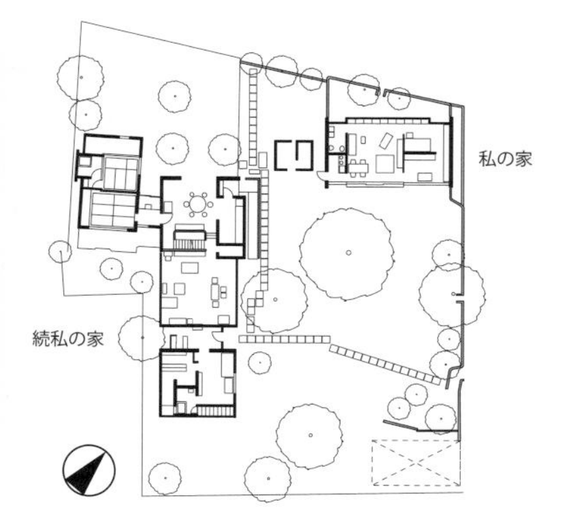

図1　配置図　1/800

【私の家概要】
所在地：東京都大田区東雪谷
建築面積：50㎡
延床面積：70㎡
竣工：1954年
家族構成：夫婦＋子ども3人

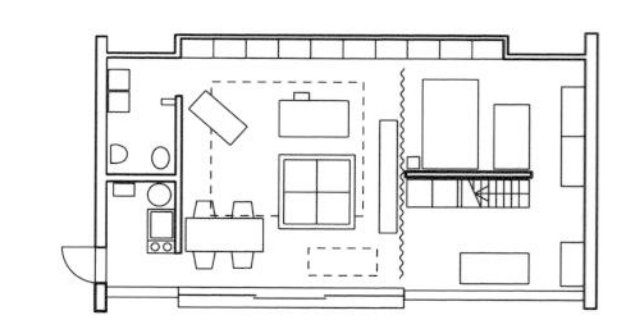

図2　「私の家」平面図　1/300

※1：清家清（せいけ・きよし、1918～2005）　京都市生まれ。東京美術学校、東工大建築学科卒業。東工大助手、助教授をへて、62年同教授。77年から東京芸大教授。定年退官後、札幌市立高専校長。伝統否定の風潮が強かった1950年頃に日本の伝統建築、特に寝殿造りに空間の連続性や舗設の概念を見、それを現代化して適用した一連の住宅建築で脚光を浴びた。

写２　庭より「私の家」を見る。屋根に書庫・物置のコンテナがのる

写３　道路より敷地を見る。右側が木のブレースにのる「私の家」のコンテナ

写４　居間は鉄平石（床暖房）、庭は緑色片石の乱張り。壁に固定された正面の棚は、カーテンを閉めると浮いているように見える。手前に移動畳。カーテンの裏には地下への階段がある

写５　ドアのないトイレより居間を見る

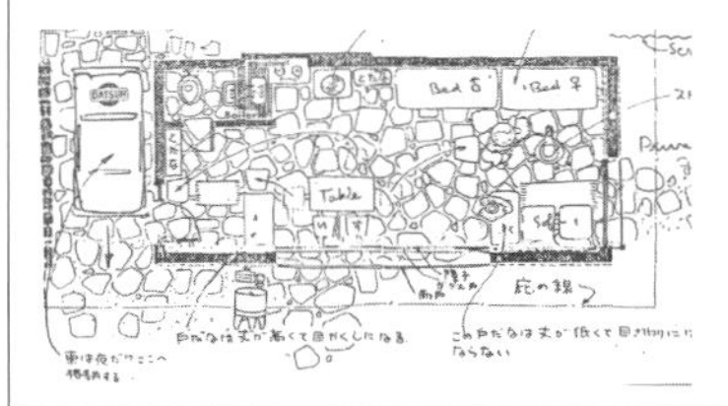

若し自分が家を建てるなら

（前略）構造は鉄筋コンクリート造り、広さは2 間 ×5 間、床は鉄平石張り。靴のまま生活する、戸棚、押入の類が少ないのはこの家を建てる資金に持物をみんな売ってしまうからだが、又このような着たきりの生活も悪くないと思う。（『建築と社会』1951.3より）

参考　「若し自分が建てるなら」という問いに応えた清家の案（1951）

事例❹……最小限住宅の住みまし過程(池辺陽の「No.71」)

池辺陽[※1]は戦後多くの小規模住宅を設計したほかに、一般読者を対象とする雑誌『モダンリビング』を通じて建築の基本知識や新しい生活様式を伝えた。一方で、学会では伝統的な木造の尺度システムをモジュールシステムとして整理し、住宅の工業化を推進する研究を行った。しかし、施主の要望を聞かないことで有名だったように、実際の池辺の設計は住み心地の快適さよりも理念の抽象的な完成度を求め、その後の建築家の一典型を形づくったといえよう。

興味深いのは、この4度の改築を繰り返した「No.71」の最小限住宅のように、その設計理念の理解困難さがかえって住み手に住宅の意味を主体的に意識させることがあったことだ。コックピットのような無駄を省いたコンパクトな台所、ビニルカーペットが直接張られたコンクリートの床、風呂とトイレが一体で、木造パネルと大きなガラス窓に囲まれた単純な直方体の住居は、雨の音がうるさく、外部に対してプライバシーが守れず、パネルのジョイントのパテを住み手は補修し続けた。しかし4度に及ぶ水まわりや階段の改築と増築を重ねる55年に及ぶ暮らしの中で、住み手は池辺の新しい家族像や住まいの理想を身体的に自分のものとし、池辺と戦いながら現実化したのだった。

それは住まいのデザインが、住み手と建築家の長年にわたる住みこなしの共同作業だということを示している。現代の建築家たちはその設計で、住み手と人生をかけてともに追求する社会的な意味を追求しているか? 池辺はそれを問いかけている。

写1　東(居間・キッチン)側外観

写2　4度に及ぶ改築と増築を経た「No.71」の現在

No.71 概要
所在地:神奈川県横浜市南区
建築面積:22.12㎡
延床面積:44.24㎡
竣工:1963年

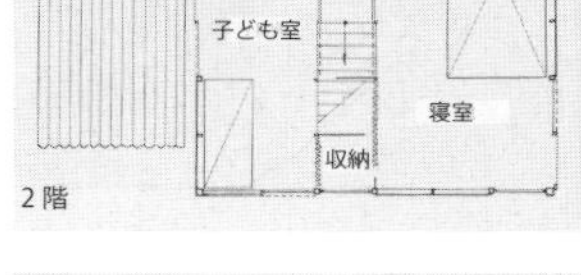

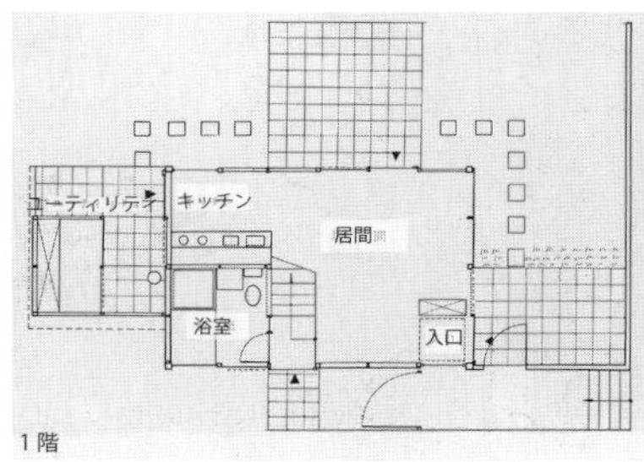

図1　「No.71」平面図　1/250

※1:池辺陽(いけべ・きよし)1920～79。釜山生まれ。1942年、東大建築学科卒業。46年、東大第二工学部講師、65年、同生産技術研究所教授。建築の工業生産技術に関する研究を行い、「GMモジュール」と呼ばれる寸法体系をつくり上げた。また、設計活動も行い、最小限住宅など、約100戸の独立住宅や東大鹿児島宇宙観測所(1966)などを設計。

事例❺……住まいの究極のかたち（篠原一男のから傘の家）

「から傘の家」の合掌屋根は日本の伝統的な空間の暗喩であり、篠原一男は民家を現代建築へ転換する中で、原点から住宅の意味を考えようとしたといわれる。それは当時の「最小限住宅」や機能主義、プレハブリケーションなど、生産方法を基軸とした住宅観に対する抗議でもあった。

そこに象徴されているものは住まい方そのものだったというが、その意味するものはなんだろうか？　空間を訪れると、それは民家の4つ間取り同様に単純な正方形をふたつに区切り、半分は畳の室、もう半分は板床の居間とダイニングキッチンとして、収納も最小限で余分のない緊張感が満ちた構成になっている。だが方形の屋根はのびやかに広がり、はしごで登るロフト空間の遊び心や庭側に開いた開口部の気持ちよさ、長押の棚、柱、梁のどっしりした素材感は心地よい。

施主は篠原と東北大学数学科の同級生でその思想の信奉者であり、この家を自分だけの空間として使い障子に穴ひとつ開けず物ひとつ動かさずに施工時のまま大事にしていた。そして施主が亡くなった後に台所と玄関部分を多少改修して居住可能にしたと、施主の家族はいう。

そこから、住まいを、人の究極はひとりだという普遍的事実を、生きることの原点と考えていたことがうかがわれる。それは、はるか昔の『方丈記』で長明が、すべてを捨てて山に住む孤独の清々しさと、その身体が宇宙と一体化する感覚やイメージの媒体として庵を考える、抽象の根底にある人間性を感じさせる。

写1　内観・広間

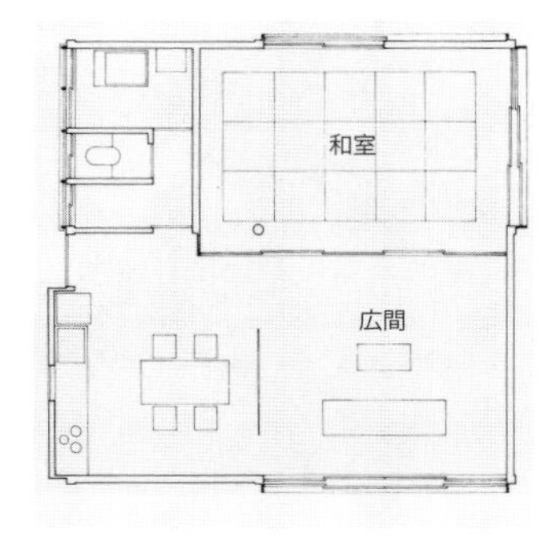

図1　平面　1/200

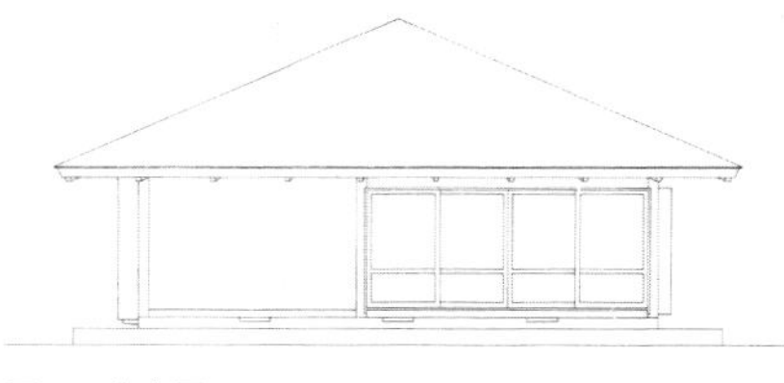

図2　南立面　1/200

【から傘の家概要】
所在地：東京都練馬区　建築面積：55㎡（平屋）　竣工：1961年

keyword

03

新しい時代のイメージを住む

世界にはピエール・シャローの「ガラスの家」、フランク・ロイド・ライトの「ロビー邸」、ミースの「ファンズワース邸」、コルビュジエの「サボワ邸」、リートフェルトの住宅、フィリップ・ジョンソンの「ガラスの家」など、文化を先導し独自の価値観で生活を楽しむクライアントのための、ため息が出るほど美しく、だがそこで一体どういう生活が営めるのか普通には想像もつかない、個性的で美的な住宅が数多くある。その芸術的な住まい像は現在の日本でも健在で、個性的で芸術的な住宅は数多く生み出されている。しかしここではむしろ、建築家がそこに住んで新時代のイメージを実践した事例を取り上げたい。

日本が欧米文化を取り入れて近代化した過程は、しばしば模倣や折衷的な行為だと説明され、西洋化することに対する文化的問題も論じられている。しかし、異文化を積極的に取り入れて自分なりの新しい空間やデザインをつくり出すのは世界中で常に行われている行為であり、そのプロセスや方法の独自性をこそ尊重すべきだろう。生活の場はしばしばそういう創造の場でもあった。

また、イギリスの田園都市[※1]やドイツのジードルング[※2]の思想が日本の同潤会アパート、さらには晴海高層アパート[※3]にも取り入れられたことはよく知られているが、人権としての居住の場の確保と整備、社会住宅の供給など、それらの集合住宅の社会基盤としての役割の議論は日本ではまだ十分になされていない。そのために、住宅を拠り所に地域から社会をどうつくるかについてみなで議論することは、まだまだこれからなのだ。

そう考えると、資本主義社会の代表であるアメリカで、1929年の大恐慌後に実施されたニューディール政策によってユートピア的な田園都市が開発され、人々が人種や階層の問題に直面しながらコミュニティを一からつくり上げてきた事例は、その現在の状況も含めて示唆的である。また1940年代から60年代まで日本のデザインに大きな影響を与えたイームズが、その自宅の設計でいかに建築とインダストリアルデザインの枠を乗り越え、新たな居住感覚や家づくりのシステムを提示しようとしたのかということも、建築家像・住宅観の転機としてあげておきたい。同時期の日本で、なぜメタボリズムが生まれ、70年代には野武士世代といわれる建築家たちが、社会的な存在としての住宅像を拒絶して個人的であることを追求する事象が現れたのかを、大きな歴史的・世界的コンテクストから見直すことは、現在の住宅とその社会的なイメージの形成の仕方を考えるうえで重要な視点を与えてくれる。

※1：田園都市　P.038参照
※2：ジードルング（Siedlung）主に、1920年代から30年代にかけて、ドイツに現れた計画的な住宅地をさすことが多い。
※3：晴海高層アパート　1958年竣工。日本における高層集合住宅の先駆けとなった。設計、前川國男。

事例❶……住宅のメールオーダー

人々が自由に土地を購入し住宅を建設するようになったのは、それほど古いことではない。農耕地域と都市以外では、モンゴル高原のパオ、ベドウィンのテント、イヌイットの氷の家やアジア諸国の船上住居など、移動可能な住居が発達してきた。欧米や日本においても、その国土開発で開拓者、移植民たちの多くが、住む場所を探して移動し自分で自分の家を建て、必要に応じてまた移動したのだった。

アメリカでは、そのような西部開拓時代のコテージが住まいのイメージの根底にあるが、それが開拓とともに敷設された鉄道によって、すぐさまメールオーダーによるパネル住宅システム販売の仕組みへと展開した。

その代表であるシアーズ・ローバック社は、1908～40年に7万戸以上の住宅を供給しているが、447種類のデザインで日常品と同様にカタログ化し、アメリカ全土に暖房、パイプシャフト、電気設備、近代的な台所や洗面所を普及させ、便利さを重視した生活改善を進めた。住宅販売法も、一般の好みを把握し、顧客の注文を予算どおりに生産する工場システムをつくり上げた。現在アメリカに広がるコロニアルやバンガロー※1といったノスタルジックな住宅デザインに、その影響がうかがわれる。アメリカ社会における中古住宅市場の成熟を進めたのは、単なるデザイン様式の問題というよりも、住宅の金融資産価値を認める仕組みのほかに、その基盤に、このような徹底的に商品化した住宅生産方法、DIYの価値を経済的に評価する仕組み、快適さを重視する価値観があったのだ。

図1　アラジン社の夏小屋の広告
カナヅチで釘が打てる人なら、だれでもできると書かれている。切手を送ればカタログが送られてくる

写1　メールオーダーハウスのカタログ
左がアラジン社、右がシアーズ・ローバック社のもの

図2　カタログの中身
完成予想イメージとプランが掲載されている

※1：バンガローは、元来、インド語の住宅（bangle）から来た語で、インド田舎屋を発展させた木造住宅。平家で、室数は2～3室、天井は高く、大きな窓と広い出入口をもち、四方にベランをまわす。のちに、アメリカのカリフォルニア州南部で一般化し、さまざまなタイプのものが生まれる。

事例❷……大正デモクラシーの家（西村伊作）

大正デモクラシーの潮流の中で、東京・御茶ノ水駿河台の地に文化学院を創設したことで知られる西村伊作（1884～1963年）は、和歌山県新宮市の富裕な家庭に生まれた。建築家、坂倉準三はその娘婿に当たる。新宮に建てた3軒の家のうちの最初の家は、わが国最初のアメリカ式バンガロー住宅で、その実用的なスタイルは、その後普及した洋風住宅の祖形となる画期的なものだった。西村は建築教育を専門的に受けていなかったが、キリスト教の欧米風生活教育の経験から、食事から衣服、住まいに至る全体が芸術的で精神的に豊かな調和を保つことを意図して、理想の生活空間を3番目の自邸（現・西村記念館）に実現した。

一方、欧米旅行の経験をもとに『楽しき住家』（1919）を出版し、大阪毎日新聞と東京日日新聞にも「文化生活と住宅」という論考を連載して、アメリカ式の住まいのイメージを自らの生活体験を通して広く一般に伝えた。

日本では当時、客間と主人の部屋を重視した「接客本位」の間取りが主流だったが、住まいとは家族が楽しく暮らすことを重視した「家族本位」であるべきだと説き、居間中心の間取りを提唱した。それは、当時の封建的な生活全般を大きく変革する挑戦でもあった。また、設備の改善にも取り組み、上下水道がなかった時代に、蛇口をひねると水と湯が出る仕組みや、水洗式のトイレなど、給排水システムも独自に開発する実践家だった。

写1　食堂

写2　パーラー

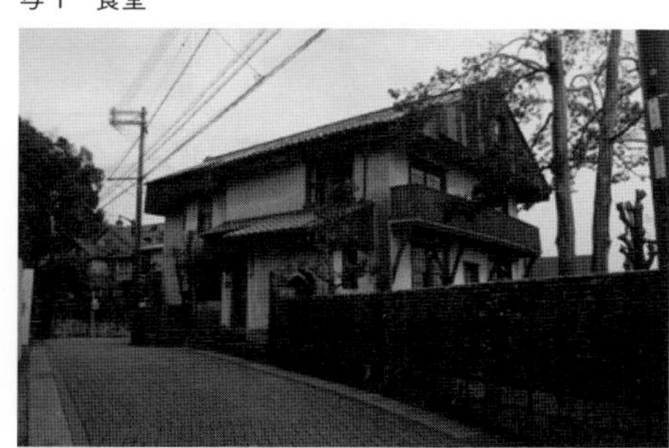
写3　外観

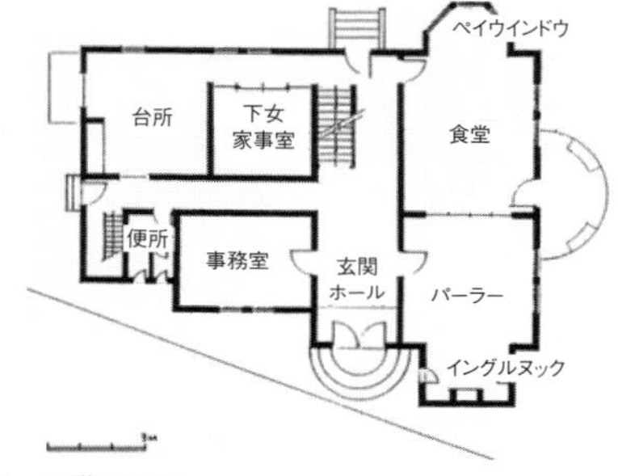

図1　1階平面図

事例❸……グリーンベルトの家

アメリカの広い大地と豊富な消費財の恩恵がすべての人に平等に与えられたのは、ニューディール政策で低所得者層への住政策が実現したときだった。F.ルーズベルト大統領は1929年の世界大恐慌後の社会不安の解決策として、雇用を創出するとともに労働者の住宅問題を解決し、アメリカ人としての共通意識を醸成しようと、郊外住宅地開発を行った。その代表例がワシントンDC郊外のグリーンベルトである。

緑豊かな丘陵地帯に、連邦政府は1935年にテラスハウスを1,600戸開発。入居した住民はグリーンベルト・ホームズという協同組合に所属して地域新聞、保育園、スーパーマーケット、信用金庫、ガソリンスタンドやカフェを運営した。のちに組合が不動産を連邦政府から払い下げを受けて、一体管理する。住宅改善委員会が増改築基準を作成し、増改築の審査委員会や増築部分の光熱費負担検討委員会、入居者の審査委員会、また増改築のノウハウを集約し資材を共同購入する委員会などが結成され、さまざまなルールが頻繁に改訂された。

コミュニティ施設や初期のモダニズム建築思想を反映した機能的間取り、家族生活を重視する設備配置、公共の自然環境と住まいがつながる伸びやかな空間の魅力の反面、管理の経費不足や住民の高齢化にともなうサービスの限界も指摘される。しかし、アメリカ資本主義社会の危機的状況の下、住宅が社会政策の一部に組み込まれて実現した貴重な事例といえる。

写1　グリーンベルト・タウンズの空撮

写2　グリーンベルト・タウンズの外観

写3　グリーンベルトの家の内観

※1：グリーンベルト・タウンズ　アメリカ政府の住宅政策として、1935年から職場をもたない住宅地として大都市の郊外に計画、開発された。大きな緑の中に、住宅地を開発しようとする計画方針から、このような呼称が生まれた。ワシントンDC郊外のグリーンヒルズ、シンシナティ市郊外のグリーンヒルズ、ミルウォーキー市郊外のグリーンディルが実現した。

事例❹……Design for Living（アイソコンフラット 1934）

イギリスのロンドンに建つ「アイソコンフラット」は、ジャックとモリー・プリチャード夫妻（Jack & Molly Pritchard）とウェルズ・コーツ（Wells Coates）が共同で設計し、1934年に完成した共同住宅である。1階には現代芸術の先端を行くギャラリーがあり、グロピウス、マルセル・ブロイヤー、ラズロ・モホイ＝ナジなどのバウハウスのデザイナーたちや、イギリスの彫刻家ヘンリー・ムーアや女性彫刻家バーバラ・ヘップワース、推理作家のアガサ・クリスティも集った文化の先端的な場として有名。単純な外階段と廊下の素っ気ないほどシンプルで美しいプロポーションの外観をもつ。

基本的には1室構成のワンルームマンションで、ビルトインされた収納家具と引き戸が多用され、明るい横長窓とゆとりある天井高で、木のフローリングなど、最小の空間で最大の快適性を生む住居が目指された。入口近くには小さく機能的なキッチンと、奥に大きめのトイレ、浴室が備わる。給湯、電気、電話、暖房などの設備は完備しているが、ランドリーや靴磨き、ベッドメークや調理は外部化された生活で、内装には贅沢なガラスブロックやマホガニーパネルが用いられた。

このように極限までシンプルで美的な空間は、設計者のコーツの18歳まで過ごした日本での体験に由来すると指摘されている。彼は、「新しいフリーダム、新しい体験、それはわれわれがライフと呼ぶものであるが、そのためには、生活に物質的持続的な重荷を背負わせてはいけない」という。またカナダ、日本、イギリス、アメリカを移り住み、従軍も経験したコスモポリタンな感覚によって、美しい建築に見合う開放的でインスパイアを与える生活こそがモダンだと考えて、住まい方としてのモダニズムデザイン“Design for Living”の思想を唱えた。

写１　小さく機能的なキッチン

写２　素っ気ないほどシンプルな外観

写３　内観

事例❺……新しい和洋融合（山田守自邸）

卒業を間近に控えた東京帝国大学建築学科の学生有志たち（堀口捨己、山田守、石本喜久治、森田慶一、瀧澤眞弓、矢田茂ら）は、日本の過去の建築様式から分離して芸術性を追求する新しい建築をつくろうと提案した。分離派建築会[※1]の誕生である。彼らはドイツ表現主義の影響を受けて、主観的で詩的な表現により、日本の数寄屋と西洋近代住宅を様式的・空間的に融合しようとした。

山田は、1929年に欧米に留学して、最小限住宅をテーマとした近代建築国際会議（CIAM）に出席し、現地の生活と建築が変容する状況を経験した。そして住まいの文化的な違いを生活空間のそれとして理解したうえで、独自のデザインを目指した。1959年に建設された自邸は、幾何学的形状や円筒状の階段室が目立つが、内部空間もまた、鉄骨を内部に仕込み周囲を木造のパネルで囲った柱や、庭側の開口を大きくとるために、和室の両端の壁の中に隠した柱、透明のアクリル板を入れて鉄筋で吊った鴨居など、木造と新しい素材を融合して、無駄のない空間に日本的な伸びやかさを表現している。キッチンやユーティリティの最新の設備、スチールサッシの引違いの開口、極度に薄いスラブが張り出す軒の水平線、そして都心の景観を見晴らす屋上テラスなど、戦後密集した都市に暮らす時代の可能性を夢見る山田の心持ちが感じられる。

写１　敷地の西側より子供室、十畳を見る

写２　２階の十畳・八畳より庭、四畳半を見る

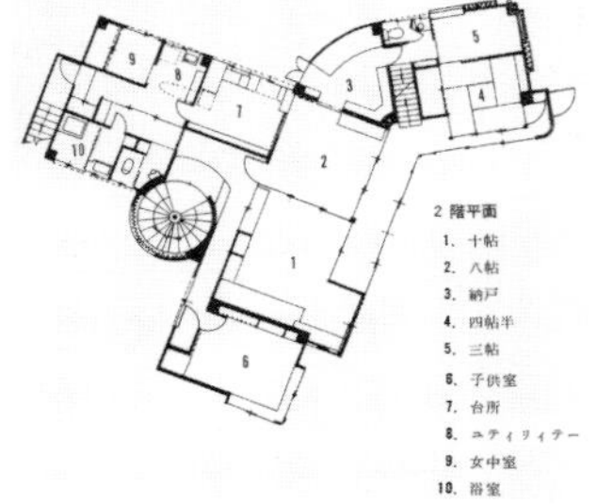

図１　２階平面図　1/500

※１：分離派建築会　日本の近代建築運動の先駆をなすグループ。1920年、堀口、山田らの６人の学生が、卒業直前の２月大学構内で同人習作展を開いたのに始まる。明治の様式建築とその亜流からの分離と、野田俊彦らの建築実利主義の克服をも目指した。

事例❻……市場流通の部品・材料でつくられた家（イームズ・ハウス）

ミッド・センチュリーの家具デザインで有名なチャールズとレイのふたり（イームズ夫妻）は、戦後のアメリカの新しい文化としてシンプルで機能的なインテリアデザインと、映像と展覧会による視覚的表現の追求、そして「デザインとは問題解決のことだ」という理念に立つ一般の人々の生活に密着した新たなデザイン思想を展開した。編集者ジョン・エンテンザが中心となって、核家族のための平屋のオープン・プラン、オープン・キッチン、パティオでの屋外ダイニングやプールという新しい小規模住宅スタイルを生んだ、「Arts & Architecture」誌でのケーススタディ・ハウス企画で、イームズ夫妻はそれまで建築素材として考えられていなかった工場生産の材料（既製品）を組み合わせ、単純で軽快な鉄骨造の構造体にパネルやガラス開口部をセットした、まったく新しい住まいのかたちを提示した（ケース・スタディハウス #8、1949）。

カリフォルニアの崖の上に立つユーカリの木に囲まれた住まいで、妻のレイはテーブルセッティングや屋内の植栽を工夫し、ポップでカラフルなオブジェや装飾を配置して、物づくりの精神とナイーブな自然主義、そして工業的空間が融合した生活空間を実現した。小さな彼女の身体に合わせたキッチンや、ふたりが友人とくつろぐための奥まったソファの空間など、居心地のいい身体寸法による空間と、大きな開口部で大胆に自然を取り入れる工業的なスケールの空間が共存している。このプレハブの原点ともいえる直接的な構造と視覚芸術のあふれる空間がいまも世界中でもっとも魅力的とされるのは、彼らのデザイン観に対する人々の憧れを示している。

図1　レイ・イームズによる外壁パネルのスケッチ

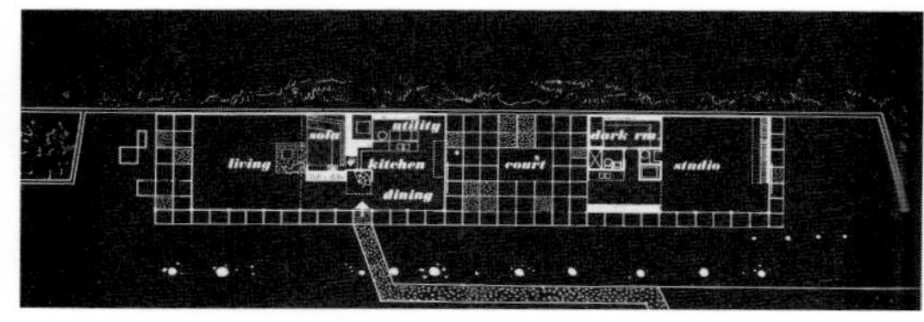

図2　ドローイングによる平面図

写1　写真によるイームズ・ハウスの構成

事例❼……公共空間づくりの大実験(ペルー・リマハウジングプロジェクト国際コンペ1968~78)

住まいづくりは近隣社会圏づくりとどう関係するのか？　住まいを完成させるのは建築家あるいは住民なのか？　これらの問いは、住まいづくりにおける建築家の役割と責任にどれだけ公共性があるかの問題であり、市民の近隣社会や自分の生活環境づくりに主体的にかかわる意欲と権利についての問いでもある。

それに応えるひとつの例が、建築家でもある市長のリーダーシップで、国連と協力して市民自身による住まいと近隣社会圏づくりを一体的に行った、ペルーのPREVI国際設計競技である。13の建築家グループによる工法の開発と低所得者の自発的・相互援助的な住宅建設の方法の開発が行われ、将来の家族数増加にともなうフレキシビリティや低層でローコストのラテン的風習に適合した中庭が要求されて、1500戸の住宅とコミュニティ施設が建設された。

日本からは槇文彦、菊竹清訓、黒川紀章のメタボリズムグループのメンバー3人が参加した。5カ所に分かれた3角形の区画の周囲に6m × 20mまたは6m × 16mの細長い住戸敷地をずらしながら配置し、区画をつなぐベルト状の部分に集会場、ショッピング、学校を設けた。また区画の内側には幼児施設などが置かれ、住宅は路地と共用施設に必ず接するように配置され、その構造はプレキャストコンクリートパネルの組合せでデザインされ、設備もユニット化された。

40年を経てすべての住戸が住民たちの工夫で大幅に自由に増築されたが、共有空間は期待したほどには成熟しなかったという。一方でスターリングによる計画のように住戸の中庭と外部空間とが連続している区画では、住宅の増築が進むに連れて変化に富んだ共有空間や路地が生まれたとされる。

このように、同プロジェクトは、建築家の意図と住民の意思、行政側の計画の相互作用が長い時間を経てどう公共空間を生み出すか、新しい社会像を求める壮大な実験だった。

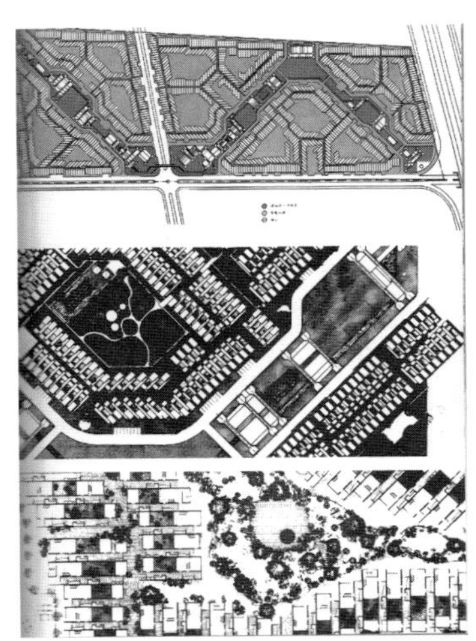

図1　菊竹・槇・黒川案　全体コミュニティプラン（上）、中庭を囲む13の住居群からなるクラスタープラン（中）、そして平面詳細（下）

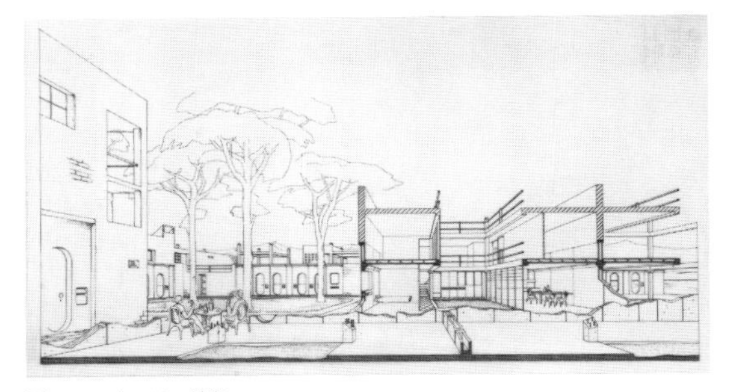

図2　スターリング案

表1　13か国からの招待建築家

コロンビア　グループ（R.S.ガルシャ他）／デンマーク　クヌート・スヴェンソン／フィンランド　トビオ・コルホーネン／フランス　グループ（キャンディリス、ウッズ、ジェシック）／ドイツ　ヘルベルト・オウル／オランダ　アルドー・ヴァン・アイク／インド　チャールズ・コリア／日本　グループ（菊竹清訓、槇文彦、黒川紀章）／ポーランド　グループ（オスカー・ハンセン他）／スペイン　グループ（J.L.. イニゲス他）／スイス　グループ（アトリエ5）／イギリス　ジェームス・スターリング／アメリカ　グループ（クリストファー・アレキサンダー他）

keyword

04

終のすみか

本章でしばしば言及している『方丈記』の作者、鴨長明は実際どう生涯を閉じたのだろうか？　『方丈記』に書かれた空間や暮らしぶりの建築的な魅力には惹きつけられるけれども、長明が実際に何を食べ、どこでその食材を入手し、どこで排泄し、お風呂に入り、病気になったときはだれが看病し、都への行き来はどうしていたのか、冬の寒い時期にも山の中で暮らしたのか、台風やひどい雨のときは大丈夫だったのかなど、生活の細かな実際の部分はまったくわからない。

また、古代ギリシャの哲学者ディオゲネスは、樽や壺に生涯住んで世俗の欲求を蔑んだというが、食事や生理的な営みはどうしたのだろうか。生々しい人間の生理や心理の問題は住居論で論じることは困難だが、実はもっとも根本的な問題だろう。特に身ひとつで死を迎えるのはだれもが同じであり、終のすみかの議論は住まいの根本的な意味を考えるうえで欠かせないだろう。生々しい人間の生理や心理についてまで論じることはなかなか困難であり、『方丈記』もその前提で書かれているのかもしれない。

現在、老人福祉制度や施設も多様化し、グループホームやさまざまなタイプの老人ホームが都心にも増えているので、長明のような死を迎えることは日本ではほとんどない。とはいえ、21世紀に入ってからさらに加速した少子高齢化によって、人生の最期を迎える空間的な設備や制度も整いつつあるものの、そこに家族の議論はない。一方で、長年連れ添った夫婦がともに死を迎えることも困難な現実もある。福祉サービスの外部化は必要不可欠なのだが、家族の解体をさらに促しはしないか。家族とは血縁だけなのだろうか？

このような都市部の事情に比べて、東日本大震災後の災害公営住宅で、互いに助け合ってコミュニティづくりを頑張り、地元の人間関係を持続して、故郷への思いを大事にする高齢者は、もっと地に足のついた死生観をもっているように感じる。終のすみかは、どうも物理的な住居の問題だけではないのだ。

都市と農村の断絶を嘆くよりも、自分の中にある故郷や人生の記憶、家族の意味、近所の人々や祖先との精神的なつながり、さらには死後に自分の魂を自然に受けとめてもらう感覚を守ることがどう可能なのかを考える必要があるだろう。現代の住居は、いつの間にか見失われたこれらの人間の生理や生命といった生活の基盤を、どうその場で持続できるのかを考えることが、喫緊の問題のように思う。

事例❶……グロピウス夫妻の孤高の家

バウハウスを創設しヨーロッパのモダニズム建築運動のリーダーだったW.グロピウス※1が、第2次世界大戦勃発でアメリカに移住して、1937年に完成し、その生涯を終えた家である。彼の死後に、妻のイセが1983年に亡くなるまで住み、アメリカのモダニズム建築史上重要な作品といわれる。丘の上の広い緑地にポッツリと立つ家の傍らには彼を追ってきたブロイヤーの家と、ブロイヤーとグロピウスが共同設計した家が、微妙な距離をもって立っているが、この家からは故郷を離れたグロピウス夫妻の孤独が感じられる。

周囲の伝統的なニューイングランド・スタイルとヨーロッパのモダニズムを融合し、地元の素材とカタログ販売による建築資材を用いて建てた住まいは、築後80年経っても質素な落ち着きをもっている。外に開かれた事務所空間と、居間や来客用の空間、キッチンと半戸外のポーチ、そして2階の寝室と子ども部屋を回遊する空間構成は、細やかで多彩なプライベートとパブリック空間の関係や、工芸的な細部と洗練されたプロポーションを感じさせる快適な空間である。

しかしこの建築で営まれる暮らしと周囲に対する姿勢は、周辺のニューイングランド・スタイルの住宅とあまりにも異なった孤独感と疎外感をかもし出している。モダニズムを普遍的なものとして追求したグロピウスは、実はアメリカの風土では異邦人のままに暮らし、この住まいでの家族との生活を唯一の心の拠り所として、その生涯を終えたのではないだろうか。

写1　書斎

写2　窓から庭を見る

写3　外観

※1：W.グロピウス
(Walter Gropius) 1883～1969。
ドイツの建築家。ヴァイマールのバウハウスのリーダーとしてデザイン教育の確立に専念。デッサウのバウハウス校舎(1926)は、モダニズム建築の代表作。1937年に、ハーバード大学教授としてアメリカに渡る。

事例❷……奥村さんの素で生きる家

日本の女性建築家の草分けのひとり奥村まことさんと夫の昭雄さん、娘さん夫婦と子どもふたりの3世代住居と、3つの仕事場が併設された住まいである。家族の成長とともに増築され、自由に野草や果樹が生い茂る中庭を囲んで、ゆるやかに各々の空間が連なっている。

この連棟住宅のすべては、床下の蓄熱層から屋根のソーラーパネルまでを一体で循環させるOMソーラーが備えられている。

庭に開かれた居室はどれも居心地がよく、自分の体がすっぽりはまる程度の最小限の広さでありながらすべての必要な設備が整っているキッチンで、まことさんがつくる食事は、仕事場を近隣の人々の集うコミュニティスペースにすぐさま変身させた。

奥村さんたちは師の吉村順三のデザイン思想を引き継ぎつつ、素のままの生活という信条を建築的に展開した。それは数学者でもあった昭雄さんの自然の摂理を追求する精神と、細やかで天衣無縫な、そして自由な生活を追求するまことさんの思いが一体となって可能になっている。吉村らが開拓した日本の住宅モダニズムには、人間的な合理精神と、自由で宇宙的な自然観、そして細やかな季節感など日本的な生活空間の可能性が存在していることを伝えてくれる。

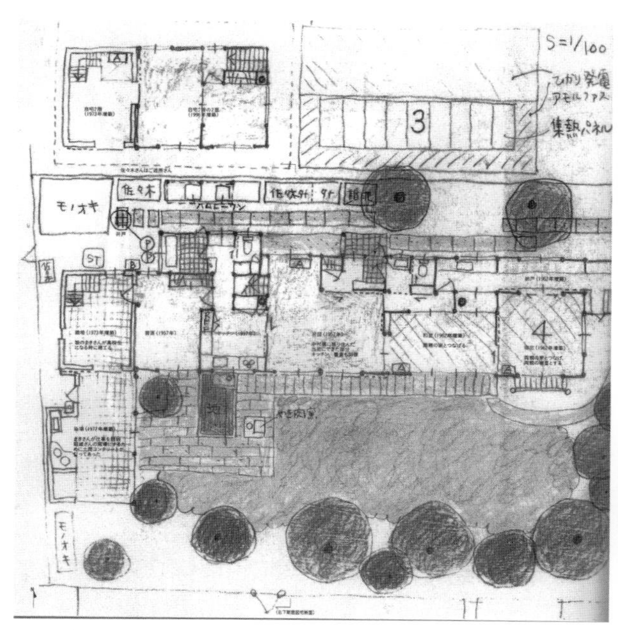

図1　奥村さん直筆ドローイング

写1　食事のようす

写1　庭から見る

事例❸……祖先の魂とともに住む（インドネシアの高床舟形住居）

インドネシアの島々には、古くから続く高度な造形性と精神世界を備えた集落がいくつもある。民族学の宝庫と言われるゆえんだが、近代社会に慣れた者にとって、異質さへの驚きを超えて、自分の住まいや人間としての生き方、さらには死生観まで考え直す出会いだった。

長く急な階段を登って山の奥の集落に行くと、思いがけなく広い中心の道沿いに、舟形の巨大な住宅が立ち並んでいた。100年も200年もたつ太い柱と梁の強固な高床住宅は、隣接して立つために内部は暗く、いく層にも居住空間が区切られている。その一番上の屋根裏の広間空間は祖先の魂が祀られる神聖な場所であり、かつては死者がミイラ化するまで安置されていたという。

山奥の不便で快適とはいえない家に人々が住み続ける理由を、建築人類学の研究者佐藤浩司は、家の主人は屋根裏の祖先であり、人々にとって便利さよりも、その魂とともにそこに定住することが大事だと考えられているからだという。われわれはいまや病院で死を迎え、家や墓地を守るという意識も希薄化し、魂の行方も気にかけなくなりつつあるが、そのことははたして人間として幸せなことなのか？　家族は住まいをとおして、死後の世界とつながってもいたのだ。

写1　インドネシア・トラジャの集落。穀倉（アラン）と家屋（トンコナン）が平行に並ぶ。集落手前は水田、奥は森。トラジャ全体の川の流れに従い、家屋は水田側を向く（ケテケス、2005）

写２　インドネシア・トラジャの集落。左側が家屋（トンコナン）、右側が穀倉（アラン）。建築人類学者の佐藤浩司は、「そんな山の民トラジャの集落は、不思議なことに、まるで大海原にくりだす船団さながら、壮大な船形屋根の隊列をつくりだしている」と書く（ケテケス、2005）

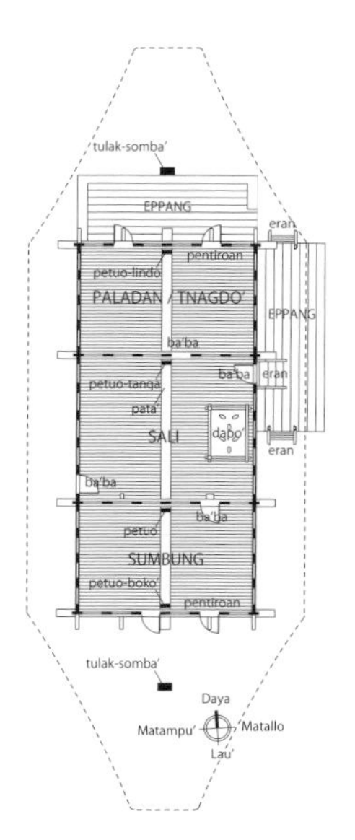

図１　トンコナンの平面図

写３　トラジャ・ナンガラのトンコナン（1991）

写４　トンコナン内部（サダン、1993）

事例❹……最後に帰るところ（アスプルンドの森の墓地・追憶の丘）

建築家の計画した共同墓地の中で、おそらくもっとも心が穏やかになるもののひとつが、スウェーデンの建築家G.アスプルンド※1らの手がけた「森の墓地」(1940) である。特定の宗教を選ばないこの墓地の建設は、1917年から20年の時を超えてゆるやかに進行し、1920年にはアスプルンドが設計した「小さな森のチャペル」、1925年にはレヴェレンツが設計を担当した「復活のチャペル」、そして1940年の「森の火葬場」をもって完成した。約100haもある敷地に火葬場1か所、葬儀用礼拝堂5か所、屋外斎場1か所、ビジターズセンター、共同の無名墓地など約10万の墓がある。

入口の広場から丘陵地帯の地形をそのまま活かし、大きな生命の循環を象徴するといわれる十字架に向かってなだらかに登る一本の道の左側には、区画された墓地が並ぶ。頂には新古典主義的な明るいポーチと美しいレリーフに彩られた礼拝堂群があり、その先のチャペルや墓地が埋もれる森が続く。

もっとも印象的なのは丘を登る草原の右手にある「追憶の丘」だ。その仕組みを知らずに登り、足元の小さな炉を見て初めてそれが風葬の場と気づいた。あまりに何気無い場所で、歩道のまわりの木々に散骨されているが、花に囲まれた炉を囲んで人々が談笑していた。「人は死ぬと森に還る」というスウェーデンの人々の死生観がそのまま表現されている。それは、風に乗って自然の中に、自分の命が溶け込んでいくという、普段の暮らしの延長上に死があることを自然に感じさせる場所である。

写2　右手に「追憶の丘」を見る

写1　なだらかな傾斜を登り、礼拝堂、火葬場へ向かう。礼拝堂の手前に巨大な十字架が立つ

写3　納骨室

※1：G.アスプルンド (Gunnar Asplund) 1885～1940。スウェーデン・ストックホルム生まれ。北欧建築の先駆者で、アールト、ヤコブセンらに多大な影響を与える。

column

住むことをめぐる政策

―「住宅建設の20世紀」の現在―

◉住宅政策の黎明

住宅政策とは、近代国家において公共団体が、税金等を通して、特定の人間が特定の場所に安定的に居住できるための便宜を図るための政策である。

そもそも、近代以前の統治機構が税金を使って、特定の人間が特定の場所に居住できるための便宜を図ること自体は、古代から行われていた。統治に携わる者たちに与えられる宮殿、寝殿、屋敷の類、すなわち、現在の官舎などに相当するものは、人類の歴史とともに存在していただろう。また、日本ではお助け長屋などと呼ばれる、災害被害者への緊急措置としての住宅供給も古くから存在していた。

こうした古来の住宅供給に対し、近代最初の住宅政策といいうるのは、1851年にイギリスで成立した住居法（シャフツベリー法）以降の一連の施策であった。当時イギリスではロンドンをはじめ各地の工業都市でスラムが形成されていた。近代における工場労働者のための住宅建設を工場主が行うことは、18世紀末頃から西欧各地で行われてきたが、そこに統治機構が公的な介入を行うようになった直接の原因は、低所得労働者層が居住するスラムが、コレラやチフスなどの伝染病の発生源として注目されたからである。こうした公衆衛生上の観点から、スラム・クリアランスやそれに伴って公共団体が建設する住宅に対して、公金が使われる流れができた理由は、2020年の新型コロナウイルスを考えれば納得がいくだろう。

◉日本住宅政策の黎明

明治初期の日本でも、新政府官僚のための住宅獲得に便宜が図られたことや、銀座煉瓦街のように西洋化という国家的目標のために政府が主導した市街地建設があったが、これらはいずれも、近代的行政手続きを経た政策とはいい難い。

このため、日本で最初の公的住宅供給の事例といわれることが多いのは、1911年の吉原大火の際に東京市が義援金を元手に設立した玉姫公設長屋である（図1）。これは住宅政策の一環というより、従来から日本にあったお助け長屋的措置の延長上に位置づけられよう。

日本で定常的住宅政策の仕組みが模索されるのはその後、第1次世界大戦の好景気に

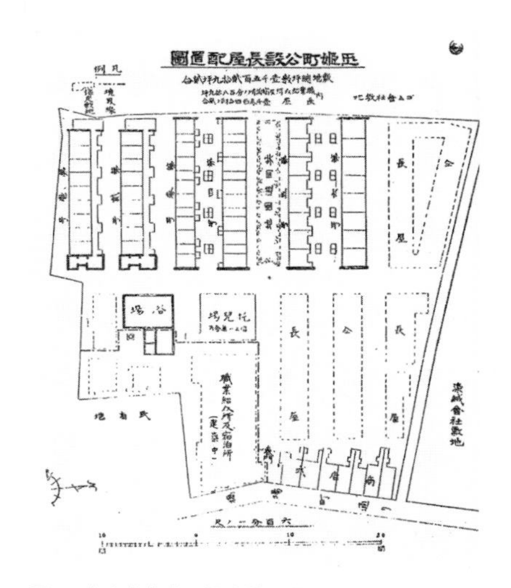

図1　辛亥救済会玉姫公設長屋
（東京市浅草区役所『浅草区誌下巻』1914）

沸いた大正時代を通してであった。都市部への大量人口移動によって住宅不足が深刻となり、都市問題、住宅問題が、国家的に課題視されるようになった1918年、内務省に救済事業調査会が設置され、その答申に沿って1919年に内務省から「住宅改良助成通牒」が発せられ、東京、横浜、名古屋、京都、大阪、神戸の六大都市が政府からの低利融資を使って、直接供給する市営住宅事業を展開するようになった。ただ、大阪市と横浜市では同通牒が発せられる直前に、すでに市営住宅建設を始めていた。

写1　東京市営真砂町住宅
(東京市役所『東京市営住宅要覧』1930)

これ以外にも、同通牒の対象は広げられ、東京府渋谷町などの公共団体、東京府住宅協会や大阪住宅経営株式会社といった半官半民や民間の組織も、政府からの低利融資を受けて住宅供給を行うようになった。当時の市営住宅は、現在の公営住宅法にもとづく公営住宅のように、必ずしも低所得者層向けばかりではなかった。東京市営真砂町住宅（写1）のように、適切な住宅を見つけることができない都市中堅層に向けた、戸建ての賃貸住宅なども建設され、地域の事情に応じた随分と幅の広い住宅供給が試みられていた。

⊙住宅建設の20世紀

その後1923年の関東大震災後、内務省の外郭団体として、義援金をもとに財団法人同潤会が組織され、アパートメントや木造の復興住宅供給が大々的に行われたが、それまでの、住宅政策は主として内務省社会局の社会政策の一環として行われていた。その後、日中戦争突入後の1938年、厚生省住宅課が設置され、ここに住宅政策を所管する政府組織が誕生した。

この住宅課の主導で、1941年には同潤会を引き継ぐ形で住宅営団という国家主導の住宅供給組織が誕生したが、戦況悪化により計画通りの供給はできなかった。そして戦後の住宅政策は、空襲等によって生じた約420万戸の住宅不足解消を目指し、1948年に誕生した建設省住宅局（2001年から国土交通省住宅局）に住宅政策の所管が移り、土地を有するが住宅を持たない人々のための住宅金融公庫法（1950）、低所得者向けの公営住宅法（1951）、都市中堅勤労者向けの日本住宅公団法（1955）が制定され、住宅政策三本柱と称された。

これらの住宅政策の基本的な目標は、住宅不足の解消にあった。これをさらに推進するため、1966年には住宅建設計画法にもとづく住宅建設5か年計画によって、新規住宅供給を主眼とした住宅政策がほぼ20世紀いっぱい展開した。この間、1970年代半ばにようやく住宅不足が解消してからは「量より質だ」として、住宅の質や面積拡大を目指しつつ、住宅産業を発展させることが、住宅政策の主要目的のひとつに加わり、住宅政策が経済刺激策として利用される場面が増えていき、現在に至っている。（大月敏雄）

鼎談　いま、「住む」とは？

鼎談　いま、「住む」とは?

大月敏雄・篠原聡子・槻橋修（発言順）

日本近代の中に「住む」ことを置くとなにが見えてくるだろう。
多くの人が都市という環境に住み始めた時代から、現在までを足早にたどる。社会、経済、そして個人を支える家族も変容したいま、「住む」ための戦略はなにか。

◉「住む」と国家

大月敏雄

◆明治の都市住宅の種類の増加――集合住宅ビッグバン

江戸の市中に視点を置いてみると、幕末まで多くの人が住んでいたのは、武家地と町人地が中心だった。武家地には武家屋敷があって、上屋敷、中屋敷、下屋敷、足軽長屋などがあった。町人地は、表通りに町屋が並んでいて、裏通りに裏長屋があった。だから、一般的な住宅の形式の種類としては、十指に余るぐらいのカテゴリー（種類）しかなく、人間の職業と階層も士農工商に規定され、あとは既婚かそうでないか、などが住居と生活の対応の類型パターンであって、いまよりも単純な居住生活類型だったのではなかったかと思う。

写1　銀座煉瓦街の様子

明治に入っても、住居の種類が激的に増えたわけではないが、明治5(1872)年の大火がきっかけとなり、日本最初の洋風の街区計画である銀座煉瓦街がつくられた(写1)。戸建ての町屋ではなく、ヨーロッパではローマ時代からある、連棟式の街並みが初めてできた。そのあたりから、東京にどんどん人が集まり、武士に代わって、

※1：西川祐子『借家と持ち家の文学史 -「私」のうつわの物語』三省堂、1998年

サラリーマンが住み始めた。

西川祐子がすでに指摘している[※1]が、坪内逍遥の『当世書生気質』に、明治18（1885）年ころの東京には書生と車引きが多かったと書いてある。両者とも明治になって生み出されたもので、ともに田舎からの上京組が主流だった。上の社会階層の人は書生になり、下の社会階層の人は車引きになる。その住居は、書生は下宿（間借り）、車引きは裏長屋（江戸時代からあるもの）が相場であった。明治時代になって確立した個人空間である「下宿」という新たな空間が、書生の登場とともに住居に組み込まれていった。

もうひとつ、田舎から出てくる人々の、東京生活第一歩の足がかりの短期用住居として木賃宿（きちんやど）があった。この木賃宿は江戸時代からあって、数日泊まることを前提とした安価な宿泊施設だったものが、明治時代の東京三大スラムと呼ばれた、上野万年町、芝新網町、四谷鮫河橋などにできた木賃宿は、田舎から職を求めて上京したものの、うまく職業が見つからず、普通の長屋にも住めない人が長逗留する広間への雑魚寝が当たり前の空間となっていた。日払いで住む場所が欲しい人は、こうした木賃宿の広間に長逗留し、そこで結婚もし、子どもも生まれるという人々が増えていった。

そこで、こうした家族もちの人々を主たるターゲットとして、この木賃宿では「別間」と呼ばれる空間が提供されるようになる。四畳半とか六畳の独立した部屋が長屋として、木賃宿の敷地の中に供給された。雑魚寝の木賃宿と、家族が戸別に寝泊まりできる普通長屋、その中間点のようなものが「別間」であった。明治20～30年になると、いまでいうラブホテルみたいな使われ方（逢い引きの場所）もされていて、相当にいかがわしい場所になっていたらしい。

こうした事情は、『日本之下層社会』で知られる横山源之助がいろいろなところに書いており、明治35（1902）年に「共同長屋」というものが誕生した経緯も報告されている[※2]。本所区花町19番地で、木賃宿経営者であった中井平八が、本所区横川町の空地で、夫婦者のために共同長屋を建てたというのである。

※2：横山源之助「下層社会の新現象　共同長屋」（『新小説』1903）（中川清編『明治東京下層生活誌』（岩波文庫）、1994）

この少し前の明治20（1887）年には、現在の旅館業法（1948）の前身に当たる警察令「宿屋営業取締規則」という規則が通達されていた。この規則は、宿屋営業の種類を、「宿所」「下宿」「木賃宿」の3種に限定し、所在の警察署管内で宿屋の種類ごとに組合をつくらせ、建物の広さや構造、設備に制限を加えるものであった。中でも「木賃宿」に

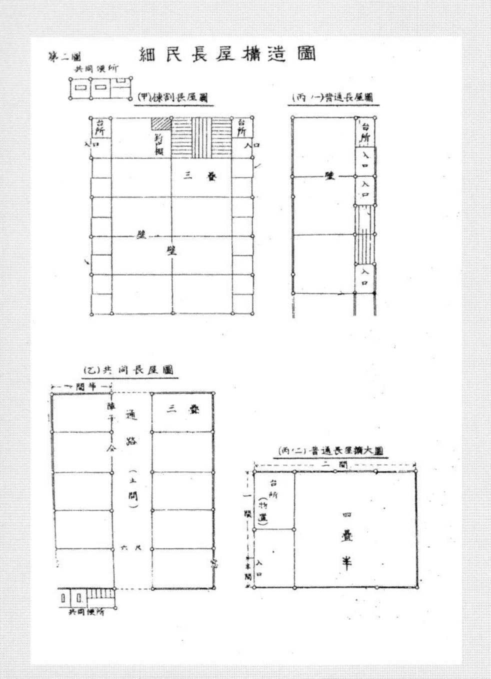

図1　細民長屋構造図（左上が棟割長屋、左下が共同長屋、右上下が普通長屋）

ついては営業できる地域を限定し、そこでしか営業ができないようになっていた。本所区花町は、小梅業平町と並んで同区で営業が許された2地区のひとつであり、地区内に木賃宿を建設する余地がなくなった中井平八が、木賃宿内で営業していた「別間」のような建物を、「共同長屋」と称して木賃宿営業許可エリア外であった本所横川町に建設したものであった。

共同長屋というのは、大きな建物の真ん中の棟の下に中廊下をつくって、その両側に長屋が向かい合わせにして配置されるというものであった。この中廊下がトンネル状なので、のちに「トンネル長屋」とも呼ばれるようになった。図1は、それから19年後の1921年に東京市が発行した『東京市内の細民に関する調査』の挿図であるが、いわゆる中廊下式の平面となっている。

共同長屋は、金のない家族もちの間でたちまち大人気となり、本所深川あたりに、またたく間に広がっていった。最初は平屋建てとして出発した共同長屋であったが、『東京市内の細民に関する調査』※3では、当たり前のように2階建てが出現している。つまり、この間に中廊下型の平屋の共同住宅が2階建てとなったのである。これが大正、昭和時代を通して若者をはじめとする金のない低所得者層に、大量の個人空間、家族空間を提供することになる、木造2階建て中廊下型集合住宅の原点となる。

しかし、これら共同長屋はあくまでも都市下層民のための住宅であり、都市中流層のための、のちに高等下宿と呼ばれるような集合住宅の系譜とは、まったく切り離されてとらえられていたようで、建築形態は極めてよく似ているものの、まったく別次元で議論されていた。建築系の多くの書物に、高等下宿系の第1号と書かれているのは、明治43（1910）年に開業した、「上野倶楽部」という木造5階建ての高等下宿だ（写2）。

上野倶楽部は、ホワイトカラー向けの都市型集合住宅の第1号と

写２　上野倶楽部写真

いう触れ込みであったが、その５年前の明治38（1905）年にはすでに、本郷館という木造３階建ての下宿屋が、東大の近くに建設されていた（写3）。本郷の東大のまわりにはもともと旅館がいっぱいある。その中で、東大生目当てに下宿屋を、集合的にやろうとしたのだ。それまでの下宿屋は戸建ての中の部屋を貸しだす、いわゆる「素人下宿」が明治時代の主流であったが、それを集合化させたものが本郷館であった。建築系の本には、本郷館が、近代的な新しい下宿であるというふうには表現されることはまずないが、実態からいうと、本郷館はこうした高等下宿系の第１号に近いと思われる。大正３（1914）年に本郷菊坂に建設された菊富士ホテルなども、この系譜だ。主たる対象が、学生であれ、サラリーマンであれ、明治末期から大正初期にかけて、都市中流層向けの集合住宅が誕生したのである。

ちょうどそのころ、日清・日露、第１次世界大戦という時代を背景に、日本の産業が軽工業から重工業へ移行するときに、民間の工場寄宿舎が、どんどん建てられるようになった。人手不足なので、いい宿舎をつくらないと、いい人材が集まらない。倉敷紡績では、大原孫三郎が、明治28（1895）年に相当立派な社宅を建てたのは有名である。こうした産業労働者のための社宅は、建物としては長屋であったが、売店や学校や病院のような機能までセットされた社宅街がしだいに形成されるようになっていった。

特に、炭鉱や鉱山などのような産業形態にともなって出現した住宅街は、町全体が独立した小規模都市のような機能をもちながら形成されていった。その極めつきが三菱鉱業の炭鉱であった軍艦島だ。医療、教育、消費、娯楽などの多様な機能を備えた自立的な町として形成される一方で、住宅形式と

写３　本郷館

しても当時最先端のRC造集合住宅が形づくられていった。

これら、都市下層向けの集合住宅、都市中流層向けの集合住宅、そして産業用社宅としての集合住宅の、3つの流れが明治末期から大正時代にかけて一挙に形成され、現代に通じる集合住宅の諸相が出そろったといえるだろう。この、20世紀初頭の日本の都市型住宅が次々に開発されていく様子は、集合住宅のビッグバンと呼ぶにふさわしい状況だったのではないか。

◆住宅政策の誕生――技術進歩主義的パターナリズム

そして、大正時代に入ると、「公共」という主体が住まいづくりに関与し始めるようになった。日清・日露戦争の勝利と、第1次世界大戦によって、日本に大量の外貨が入ってくるようになる。たくさん出現した成金と呼ばれた新富裕層は、文化包丁、文化鍋、文化住宅といった、「文化」という冠の付いた事物に惹かれ、生活の西洋化を推進していった。国も明治時代ほどは外貨不足に苦しむこともなくなり、国民の面倒を積極的に見ていく方向に舵を切るようになった。こうした、上から目線の温情主義はのちに「パターナリズム」ともいわれるようになる。パターナリズムに裏打ちされた、政府による計画的な民衆への底支えが重要だと認識されるようになってきたことは間違いない。

そうした中で、住宅政策、都市政策がつくられていく。それを担った第一人者が、後藤新平だった。医者出身の彼は、台湾総督府民政長官、満鉄総裁などを歴任する。後藤のような衛生技術的エリートが、都市の最底辺を支えつつ、より高みを目指す都市を計画的に形成しようとする推進力となった。そして、当時の植民地での実践を、東京という舞台に移し、大正9(1920)年から大正12(1923)年までの東京市長時代の中で、大正10(1921)年の「東京市政刷新要綱」(大風呂敷といわれた「八億円計画」)が、内務大臣兼帝都復興院総裁として取り組んだ関東大震災の帝都復興計画の下敷きとなった。それ以降、このパターナリズム的都市計画事業が、事あるごとに繰り返し熱望されて現在に至っているようにも感じられる。こうした技術進歩主義的パターナリズムが、大正から昭和初期の為政者のムードではなかったのかと思っている。

一方で、好景気の大正時代は都市近郊への工業投資と地方から都市への急激な人口集中を招き、都市問題、住宅問題がひときわ大きな議題となり、都市計画法と市街地建築物法(現、建築基準法)が制定された大正8(1919)年には、内務省からの住宅改良助成通牒要綱によって、日本で初の市営住宅が当時の六大都市(東京、横浜、名古屋、京都、大阪、神戸)でつくられ始めた。政府による直接的住宅政策の事始めといってよい。そして、そのすぐ後の大正12(1923)年に生じた関東大震災は、内務省直属の住宅供給組織である同潤会を誕生させ、国家直営の組織が直接的に公的住宅供給のあり方を導いていった。同潤会を構想した内務官僚、池田宏は後藤新平の右腕で、大正昭和初期の都市住宅パターナリズムを体現した人物であったといえる。建築家の内田祥三も、初代都市計画課長であった池田宏から当時の都市計画の最先端を学びながら、図2のような東京市営住宅のモデル案を検討していた。

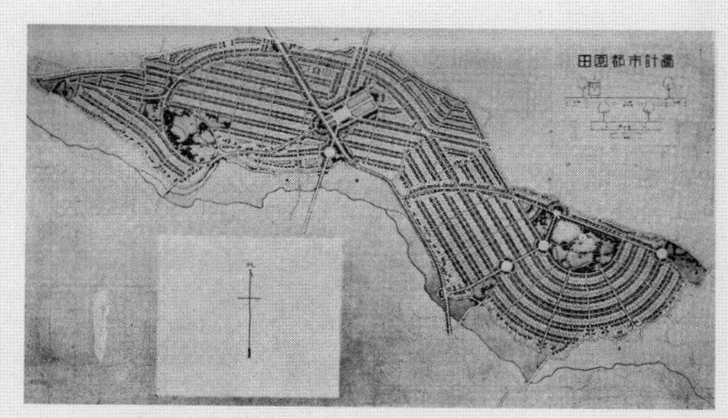

図2　内田祥三による東京市営住宅計画

そして、まもなく日本は満州事変から日中戦争に突入し、昭和14(1939)年に、旧厚生省に住宅課が設置され、住宅のみを課題化するようになった。それが1941年、住宅営団を生み出し、戦時社会主義一色の中で「計画」というものが社会の前面に出てくる。こうした中、標準設計をつくることを主眼とした戦後の建築計画の原点が、この間に形づくられた。その後の展開は、敗戦後の420万戸といわれた住宅不足を解消するために、住宅金融公庫、公営住宅、日本住宅公団の住宅政策三本柱によって全国的にガンガン住宅を建設していこうというのが、おおむね20世紀の日本の住宅政策の流れだ。

ここで、住宅のバリエーションを考えたときに、大正時代から戦後にかけては、集合住宅のラインナップはほぼ増えていないことに気づく。付け加わったのは、賃貸集合住宅ではなく、分譲集合住宅(いわゆる分譲マンション)くらいであろう。昭和30年代前半くらいまで、富裕層はホテルのような高級賃貸アパート、例えば、「東急代官山アパート」あたりに住むのが相場だっ

写4　阪神・淡路大震災の仮設住宅(西神ニュータウン)

たが、彼らに家を買ってもらうという動きもがあり、「四谷コーポラス」は個人向けの民間分譲集合住宅として、その嚆矢となった。

◆21世紀的な住宅政策の枠組み

その後、いまに至る21世紀的な住宅政策の枠組みはどのように出てきたのか。それは、阪神・淡路大震災の1995年が転機だと思っている。すでに1995年時点では、大正時代から続いてきた国のパターナリズムに基づく住宅に関する公庫、公営、公団といった仕組みを支える技術として、建築計画の理論に基づいて住宅を普及させるプロセスが機能しなくなってしまったのが明らかになった。しかし、昭和22（1947）年に制定された災害救助法に基づいて、上述の枠組みのまま供給された阪神・淡路大震災の仮設住宅や、その延長としての災害公営住宅は、決して評判のよいものではなかった（写4）。もはや、住宅供給に関して、国が技術的にリードをして国民を善導するような時代ではなくなったという実感が強かった。

それまでの人々には、「わが生活」と「わが家族」を、すでに国家として敷かれているレールの上に建設された「わが住居」に当てはめていくことを楽しみに生きる、「住宅すごろく的喜び」があったように思う。ところが、1995年以降、「わが生活」と「わが家族」が、ぴったり当てはまる「わが住居」が、必ずしも国家が用意した住宅双六にないことに気づく人々が増えたような気がする。つまり、パターナリズム的住宅政策のほころびが、どんどん顕在化してきたのである。震災で多くの人が家を焼け出され、政府が仮設住宅をつくったものの、「そこには行けない」、「そこには行かない」人々は、テント村を自らつくって、自立的にさまざまなボランティア団体の多様な支援を受けて生き延びようとしていた（写5）。それは、地域の事情に応じた住まいづくりに、住宅政策が対応しなければならないことを象徴的に示した出来事ことだったと思われる。

写5　阪神・淡路大震災のテント村の様子

1995年は、阪神・淡路大震災に続いて、オウム真理教による地下鉄サリン事件が起きた年でもある。オウム真理教徒たちは、既存の国家を離れ、自分たちのコミューンをつくろうとした。これも、国家のパターナリズムからの離脱的現象に見えた。その後、労働環境もどんどん変わり、2008年の暮れに日比谷公園に登場した「年越し派遣村」は、ブルーカラーばかりでなくホワイトカラーからのホームレスも大いにありうる時代となったという事実を突き付けた。ホワイトカラー的な存在も、住宅双六から落っこちるというほころびがだれの目にも見えるようになったのである。

そして、それまでのパターナリズム的住宅政策の国家的象徴ともいえる住宅建設計画法が廃止され、代わりに2006年、住生活基本法が制定された。

この前後の2004年には、かつての日本住宅公団の後続組織が都市再生機構（UR）となり、2007年には、住宅金融公庫が住宅金融支援機構となり、国家の主導性を弱めつつ、民間市場の活動を後方支援していく役目を負わされるようになった。国家は住宅の建設計画は主導しない、市場原理に任せる。その代わり、選択と集中で、補助金は出すとした。

だが一方で、2011年の東日本大震災以降の政治状況を見ると、頻発する自然災害に対応するインフラ強化（日本強靭化）を軸としたパターナリズムが静々と進行しているようである。

討論

槻橋　国のパターナリズムのあり方が変わる中で、「住む」ことが安定したものでなくなったというのが、この近年の現象とすれば、いま「住む」ことが、近代以降一番、変わる時期にあるということですね。

大月　パターナリズムというのは、国が主導権を握って、なんでも面倒を見てやるよということだと思うんです。第三世界では、それがいまだにできていないから、インフォーマルな経済、住宅供給が続いている。かつての日本もそうだったが、大正時代以降、国が金をもつようになると、国の関与が強まる。ところが、それからちょうど100年経ち、サリン事件が起きたころに、時を合わせて、国に金がなくなってきた。だから、国もパターナリズムを手放そうとしてきた。それが阪神・淡路大震災から東日本大震災の間に起きたことだと思います。

篠原　共通の型による住宅を計画的に量産するのは、戦争が契機になっていますね。

大月　そうですね。第2次世界大戦中、量産住宅の全国バージョンをつくったのが戦後の貧困な住宅風景を生み出す起点になったと考えています。それまでも、局地的には型計画をやっていました。明治時代の大企業でも、社宅をつくるときに、「甲乙丙」みたいな区分けをして供給していたし、同潤会の木造住宅でもアパートでも型計画的計画手法が用いられている。それが、戦時中の住宅営団になって全国展開していくことになり、日本の住まいの風景を、北から南まで同じにしていくという強力なベクトルとなった。

篠原　シンガポールを例にあげると、住宅をつくることが国をつくることであり、同じ住宅に住まわせて同じように課税する。そうすることで、民族的なバックグラウンドの違う人たちを同じシンガポール人にする。住宅をつくることが、国民をつくることであり、国民をつくることがあまねく税金をきちんと徴収するという国家としての基盤をつくることにつながるわけですね。

大月　ある意味、住宅の供給システムは、税金をきちんと納めてくれる者を育てる仕組みですよ。

篠原　日本では、近代化して、経済的に豊かになっていくプロセスでそれをやってきた。しかし、人口構成が変化する中で、高齢・単身・無職の居住者など、公営住宅、URの住宅では、「沈殿層」といわれる、家賃を払えない人が生まれている。

大月　戦中・戦後、国による住宅大量供給が、日本の住むかたちをつくってきた側面がある。公営とか公団とかに限らず、金融公庫による戸建て住宅の世界があり、農村住宅でも農協も融資するときの基準がある。日本における住まいの風景も、そうしたものの影響からは逃れられないでしょう。

篠原　それがうまくいった。

大月　みんな、90年代くらいまでは、北から南まで同じ町並みというのに違和感なく、ハッピーだと思っていた。

編集部　ところで、そうした制度の中でつくられた建築、住宅は日本全体のどのくらいの割合を占めますか?

大月　公営住宅や公団住宅(現、UR住宅)の住宅ストックに占める割合は、おおむね5%程度で決して多いとはいえませんが、それらはたいてい団地を形成し集団で建っているので、地域の風景としてはかなりのインパクトをもたらすと思います。また、住宅金融公庫はざっと日本の持ち家の3分の1の住宅で使われておりますので、最大限見積もって日本住宅政策3本柱によって供給された住宅は、全体のざっと3分の1程度になると思います。こうしてもたらされた、制度に基づく住宅供給が日本の住まいの風景を形づくる度合いは、決して低くないと思います。

篠原　途中で、軌道修正のHOPE計画があったじゃないですか。

大月　1983年からですね。現在はなくなってしまいましたが、HOPE計画で試みられた地域特有の計画やデザインこそが、いまの住生活基本計画策定の中で、模索されなければならないと思います。

篠原　昔は、地域それぞれに違う文化があったわけです。家族に対する考え方はいまでも、地方によってかなり違います。地方のマンションの調査をしていると、あるところでは、長男はマンションを買うのはオーケーだけど、一戸建てをつくるのはダメ。戸建てを建てることは、両親とは住まないという意思表明になると考えるのです。

大月　住まいと文化の関係は、地域や時代ごとに、時間をかけてユニークに変遷していくものだと思います。例えば韓国の集合住宅では、キムチ部屋は当初つくられていなかったのが、ベランダを室内化してキムチ部屋にしていった。そのうちに、あらかじめ「多用途室」を計画し、キムチ部屋がつくられるようになる。また、日本でも、51C型を含めずっと畳が残っていた。日本では、南の高床文化と北の土間文化が家の中で融合してきたが、最近ようやく畳の部屋が消滅してきている。

　また、外国人に日本のマンションを見せると、中廊下が変だという。なんでこんなにもったいないことをするんだと。日本は部屋が狭いのに、なぜ中廊下を入れようとするのかと。日本以外の東アジアの国は、1住戸あたりだいたい30坪くらいだから、入れようとすれば入るが、日本の場合は、それに満たないのに、無理をして入れている。だけど日本人は中廊下がないと売れないマンションになると思い込んでいる。

　ところで、震災、戦災を経て、国のパターナリズムによって、画一的な住宅の供給によって、日本における住むかたちがつくられてきた。もちろん、型計画は、明治時代からある。だが、それは全国的に展開されたわけではなく、局所的なものだった。鉱山、炭鉱では、住宅が甲乙丙みたいに分類され、工場長はこれ、課長級はこれというように決められていた。同潤会も当然、それをやっていた。しかし、戦争とともに、住宅の型計画が全国展開していった。戦争とはあらゆる物資を国に集めて、それを配分すること。いわゆる総力戦の下、全国で画一的な住宅供給が始まったといってもいい。

1995年に阪神・淡路大震災が起きるまでは、それでいけたと思う。また、かろうじて2004年の新潟県中越地震まではそうかもしれない。ところが、2011年の東日本大震災では、仮設住宅の半分が民間の賃貸を借り上げた、いわゆる「みなし仮設」だった。このことは、言い方を換えれば、国が被災者に、自分で民間のアパートを見つけて借りてくれということに等しい。1995年と2011年の間になにが起こったかというと、被災者にも「自力修復」が求められているということです。したたかに住むというタクティクス（戦略）が個々人レベルで必要となっている。

編集部　親方日の丸が終わったということですか。

大月　仮に、国家に頼って生きていくのか、あるいは、ひとりで生きていくのか、と問われると、たいていの人は、両方を重ね合わせて生きますよ、としか答えざるをえない。したがって、親方日の丸が終わるわけではないと思う。

篠原　国になにを期待するかということだけど、機能体としての国の使えるものは使いたいし、やれることはやってもらうということではないでしょうか。

大月　国家に頼らずにひとりでやるという覚悟の人、国家は大事だという人もいれば、いや、家族こそ、わが基盤だという人もいるだろう。家族はないけれど、コミュニティが基盤だと思う人も当然いる。はたまた、ネットでつながってさえいればいいんだという場合もあるかもしれない。こうした「多様な他者への頼り方」の方策を許容し、それを戦略的に使いこなしていくのが大事だと思います。

篠原　家族や地域コミュニティが不安定な中で、生き延びるためには、国の制度を無視することもできない。「おひとりさま」を実践する社会学者の上野千鶴子さんも介護保険に期待するところが大きい。ひとりで生きていくには、利用できるものは利用しなければならない。ただ、介護保険で認定を受けると、それと引き換えに、失うものもある。認知症などと認定されれば、自分で決裁できなくなったり、不自由なことが生じたりすることもある。元気なうちに、だれとどう暮らすか、どう死ぬかの戦略が必要な時代なのだと思います。

◉家族と住まいの新しいかたち

篠原聡子

江戸時代には、だれと住むかという選択肢はなかった。次男、三男だったらうまくすれば分家できたが、そうでなければ、ずっと部屋住み。生まれた時点でだれとどこに住むかが自明だった。近代になって、だれも同じように家族をもてるようになる。そのため、自由もあるが、各自が努力して、自前の家族を新たにつくらなければならないことになった。

世界に目を転じると、特にアジアですが、日本の家族ほど核家族だけで構成されているのはまれなこと。他のアジアの国では、姪とか従姉妹とか、叔父、叔母が一緒に住んでいる状況がいっぱいある。

少なくとも、日本の集合住宅は、核家族がスタンダード。韓国では、1980年代に集合住宅が量産されますが、そこでは、祖父母も住むことが前提としてあった。だから、100㎡くらいのものがたくさんある。

日本では、住宅公団、住宅金融公庫が、「1家族1住宅」を居住単位とする住まいづくりを展開してきた。だけど、そのバックグラウンドには田舎にいる家族がなにかのときに助けてくれるというのが、私たちの世代まではあった。だから、出産のとき、実家に帰ることがふつうだった。ところが、いまではそういうこともなくなり、産後ケア施設が田舎の実家の役割を担う。

いまや、ごくふつうの人も帰る実家がないし、助けてくれる兄弟もいないから、産後の1か月間をどこでどう過ごすかがすごくたいへんになっている。ひとり目はいいけど、ふたり目だとどうなるんだと。東京・世田谷区では、その産後ケア施設の利用に補助金を出している。いかに小さな家族のかたち（核家族）が、リスクと同時に維持するためのコストがかかるかということに気がつきつつある。

南後由和さんが書いている『ひとり空間の都市論』によると、日本ほどひとり空間が蔓延している社会はないらしい。その背後に、なんとなくあったかな、ゆるやかな共同体が存在し、その中に、ひとり空間が成立したのではないかという気がしている。『建築雑誌』（日本建築学会）で、建築家マニュエル・タルディッツさんと対談したとき、パリでは、ひとりで住むことのリスクは非常に高いと話していました。

そもそも、家族が子どもや高齢者などの非自立メンバーをかかえたときに、どうなるのかも問題。都市にひとり空間を成立させていたバックグラウンドもなくなっていくとどうなるのかとも考えます。そういう中で、居住単位の再編としては、家族自体のサイズを大きくする2世帯住宅、2.5世帯住宅とか、家族再編成の動きも出てきており、さらにシェアハウスなど他人と暮らすというスタイルも一般化しつつある。

シェアハウスは、地域との関係が非常にむずかしい。私のかかわるシェアハウスでも、周辺との関係づくりがむずかしい。ふだん、町内会ともうまくやっているけれども、シェアハウスの住民が変わると、直接、クレームをいいづらいのか、とりあえず警察へ連絡がいく。新しいビルディングタイプとしての住まいをどう運営していくか、そのあたりが目下の課題となっている。

討論

大月 いま、いわれたシェアハウスのことは、民泊の場合と同じですよ。まわりから得体の知れないヤツが出入りすると思われている。そこから、排除運動が起きるんですよ。

篠原 新しい住まい方として、おもしろい事例がある。京都では町屋を改修する新しい動きがあって、うまく若い人たちを取り込めれば、高齢化した街が活性化するなどの効果が見込めると。単に、こうした新しい住まいを条例で排除する方向もあるけれど、時代に合った法的解決も必要だと思う。また、つまらないなと思うのは、シェアハウスも市場にうまく回収されて、規模40戸以上でビジネス化されることで、管理運営が重視され、都市の中のコモンスペースになる可能性を狭め、ゆるくなった境界を再びつくり出すこととならないか。新しい住まい方に対して、単に規制をかけ、排除することか、あるいはビジネス化するかではない別のやり方が見つけられないかなと。もうひとつは、大月さんの話でおもしろかったのは、木賃宿が高等下宿とか、共同長屋といった、安定的な建築形態を発明、獲得すると、まわりにも認知されると思いました。

大月 建築とは、そうやって進化していくものですね。

篠原 シェアハウスが、建築基準法の「寄宿舎」扱いではなく、新しい建築形態として認知されるようになることが重要です。

大月 そうなんですよ。シェアハウスを建築基準法の新しいカテゴリーとして位置づけてやればいいのに。もっと建築を進化させてほしいですね。

篠原 シェアハウスが世の中に受け入れられ、未婚、既婚を問わず、高齢でシングルになった人を含め、地域の中でいろいろなネットワークを組みながら根づき、住まいのオルタナティブになるには、建築の新しいかたちを見つけることも必要なのかもしれない。

大月　だから、シェアウハウスは寄宿舎じゃない（笑）。

槻橋　マンションの一室をシェアハウスにすることを、住民でつくる管理組合が反対し、それを追い出しにかかるわけですね。住民たちひとり一人は型にはまった人ではなく、個性があるんだけど、組合になると、ガチガチの決まった枠組みの中で判断するように構造的になっている。

大月　何千人、何万人にたったひとり現れるかどうかの、まだ見ぬクレーマーのせいで、そうなったりする。

篠原　そうそう、マンションなんかだと、声の大きい人の意見がルールになる。

編集部　先ほど、シェアハウスについてのクレームが警察を通して届くというのが現在の地域の状況ですね。分譲マンションであれば、管理規約をつくり替えて、シェアハウスとして使用することを禁止してしまう。

大月　このあたりのマンションでもたぶん、民泊お断り、とシール貼っていますよ。

槻橋　住民たちには、それが、マンションの安定した資産価値を保証すると見えているわけですよね。そういうレッテルに機能している。

篠原　いろいろなところで、民泊、シェアハウスの規制を管理規約に入れようとしている。だけど、あるところで、中国人が強烈に反対して、そんなことをしたら、資産価値を落とすだろうと、稼げなくなると反対したところもあるらしい。

大月　多様性をいかに獲得していくか。最後の話題につながっていくと思うんだけど、やはり、個別に生きて行かざるをえないわけで、何が重要かというと、包容力のある多様化社会、こっちでダメだけど、こっちではなんとかなるさ、みたいな。そういうのがなかったら困ってしまうわけだから。

篠原　いい住宅地は、土地をこれ以上に細分化してはいけない、賃貸アパートをつくってはいけないと制限をつけている。そうすると、土地を家族が継承せず、ひとり住まいのおばあちゃんが最後、老人ホームに入ってしまうと、そこは空き家となる。だから、空き家としない工夫が必要。マンションの場合でも、配偶者に先立たれ、身近に身寄りがない場合、見守り役として若い学生に安価に部屋を貸すことで、孤独死を防ぐことにもつながる。

大月　かつて、同潤会代官山アパートの一部は、１階がオシャレなお店になっていたりした。住民はお年寄りが多く、ショップに勤めているのは20歳前後の若い人。そんな住民に、「おばあちゃん、あの店どう思う？」と聞くと、「会ったら、あいさつしてくれるし、仲はいいわよ。若い人としゃべれるので楽しい」といっていた。

編集部　篠原さんは、シェアハウスの計画者として、外から中が見える工夫を意識的にしていますよね。地域との関係について、戦略をどう考えていますか？

篠原　生活している感じが外に見える、どんな人が暮らしているのか、うまく見せるのは、重要だと思う。バウハウスの初期の近代的集合住宅は片廊下型なのですが、そのスペースに花を置いたり、狭い廊下にテーブルを出している。イギリスの集合住宅は、暮らしている表情をきちんと出している。開口部にカーテンをきれいにかけるとか、花を生ける、廊下に小さな家具を出すとか、暮らしている人の表情が、きちんと建築に出るようにするといいかなと。外とつなぐ建築の表出の問題ですね。シェアハウスという社会にあまりよく知られていないものの場合には、建築としてのかたちをもちたいし、社会からその生活が認知されるようなものが欲しいなと思います。

大月　シェアハウス的なもので、谷中のNPO法人「たいとう歴史都市研究会」というところが、一軒家を借りて、学生を住まわせる。日本でシェアハウスという言葉が広まる前の2000年ぐらいからやっているが、そこで聞いて、すごいなと思ったのは、学生を安く住まわせるその代わりに、地域の行事に必ず学生を参加させることです。

槻橋　ワテラス[※3]みたいなもの？

大月　そうそう、ワテラスの古いバージョン。ソフトとハードを両方織り交ぜながら、地域となじむ努力をしている。地域もなじむ努力をするし、住んでいる人も努力が必要。

日本人にとって、究極的には「音」の問題が重要です。だから、サイレント○○が大流行り。音の問題は、1970年代に、神奈川の県営団地で「ピアノ殺人事件」が起きたでしょ。あれを契機に、建築学会の計画系の人々が取り組んでいる。音源が知り合いであるか否かで、「○○ちゃん、がんばってるね」となるか、「殺してやる」となるか、その間の事情をかなり科学的に明らかにしている。そのことを義務教育の家庭科で教えるべきではないか。隣人とどうつき合うのか、サイレント運動会、サイレント盆踊り、サイレントラジオ体操をどう思うのか、考えておかなければならない。音のひとつの側面は、社会の関係

※3：ワテラス
ワテラス（WATERRAS）とは、2013年に東京都千代田区の旧淡路小学校跡地にオープンした複合施設のこと。WATERRAS TOWERとWATERRAS ANNEXの超高層と高層の2棟を中心に、公園、保育園棟が設けられている。WATERRAS ANNEXの再上部の2フロアには吹抜けの中庭を囲み36戸のワンルーム住戸があるが、その家賃は周辺より安く設定する代わりに、入居する学生には地域活動が義務づけられている。大学が多いという地域の特徴をまちづくりに活かす一方で、事業者は容積率の割増ボーナスを得ている。

性ですからね。音は人間を介在している、そのことを相当忘れている。

篠原　究極、音がするかしないかで、生きているか死んでいるかがわかる。生体反応ですから。

◉「住む」こととコミットメント

槻橋修

私が考えていたのは、住むことが、変わってきたということです。変わってきたことと、変わっていないものは、それぞれなにかを考えてきました。

いま、近居やシェアハウスが話題になっている。これは、現代という時代背景をもとに、ある不安に対して意識的に住むことを位置づけようとしている。まったく新しい取組みなのか、そうではなくて、昔からあったけれども、見直されたといえるのか、もう少し考えたいと思うのですが。

変化することの方向性と、多様になることをどのように位置づけるかが、それぞれにおいて大事だと思います。多様であるということと、住むことにコミットすること、あるいは地域にコミットしているかどうかということが、結果的に、住むことの「自己修復」の過程へとつながっていく。それは一言でいうと、参加ということなのかもしれません。シェアハウスで、篠原さんが取り組んでいる、地域に表出していく多様性、生活を、地域とどう関係づけていくかということともつながってくると思うんですね。

一方で、住むことが、機能的に用を足すことと同時に、自己表現になっていることは、変わらずあるのではないか。木賃宿に住むことが、最初は用を足すためと安く寝床を得るために始まっていたものが、繰り返されるうちに、家族ができるなど変化が生じるとともに、基本的な欲求だけでなく、自己表現みたいなものに近づくこともあるのではないか。住むことが自己表現になったり、ステータスや、家族像を示すものであったりする。

これから、住むことをめぐって、住むことを「隠す」ことと、「表に出す」ことのふたつの考え方がある。東京の下町の谷中のような町並みでは、洗濯機が外に出ていたり、洗濯物が外に干してあったりすることが、生活の情景をつくっている。それは、ある程度、暗黙のルールで認められており、それが風景をつくっている。そうしたことを、デザインとして住まいに取り入れるにはどうしたらいいか。

シェアハウスの自己表現、公共スペースの使い方をルールでコントロールすることによって、なにかが生まれるのか。

大月 表出ですよ。家の中から顔を出すことも、家の前に盆栽を置くことも、同じくらいに。

槻橋 学生を安く地域の中に住まわせる代わりに、カリキュラムみたいにプログラムをつくって、無理矢理、学生たちを外に出させる。すると、コミュニケーションが生まれて、そこに街へのコミットメントが育つと思います。それがうまくはたらいたら、すごくよいかたちとなる。

討論

大月 槻橋さんがいまいわれたのは、まさに、欧米で流行りつつある「タクティカル・アーバニズム(tactical urbanism)」です。「タクティカル」とは戦略的ということ。例えば、人と人とをつなげるために、道路に椅子を置くのだってタクティカル・アーバニズムです。

ロンドンのタクシーに乗っていて耳にしたニュースでは、日曜になると、ある住宅地の路地を、住民が人工芝を敷いて占拠する。そして、午後、そこでパーティーやピクニックをするということを聞き、素敵だなと思いました。あとで調べたら、子どものために、道路を一定期間、使おうという動きをしているNPOが欧米にけっこうある。

編集部 それは、まさに街を使いこなすということですね。

大月 そう、そのためのタクティカル・アーバニズムという。日本でも、道路の使い方としては、歩行者天国のほかに、「遊戯道路」というものがある。それは法律で、住民が役所と警察に申請することで、一定の条件の下で車を止めることができるようになる。東京都文京区の中にそういうところが4〜5か所あり、20年も30年も続いている。うちのある学生は、なぜ、それが可能なのかを調べている。

年がら年中、道路を占拠していなくてもいい。そのコミュニティの大事なタイミング、例えば盆踊りの年に1回だけでもいい。われわれは、週に3回ぐらい、ゴミを捨てにいく。あれも立派な表出ですよ。盆栽に水をやりに出る、これでダブルの表出ですよ。コミュニティとのかかわり方について固定観念を取り払い、月1回といった軽いノリでなにかを始める。そういうところから始めるのが、タクティカル・アーバニズムだと思う。

銀座の道路に人工芝を敷いて、一日、アメフト教室やラグビー教室をやってるでしょ、あれも、タクティカル・アーバニズムと地続きだと思う。

槻橋　住むことを住宅にかぎらず、都市の中に住むとみれば、レンジが広がる。そうなると、J. ジェイコブスがいっていた、都市のあり方とつながってくる。それを世界中、みんなやり始めている。ようやくそれで成り立つことが、わかり始めている。それも、自己修復のプロセスだと思う。

篠原　日本人は家の外にいない。台湾などに行くと、みんな外に出て、将棋をはじめさまざまな活動をしている。台湾の気候のせいだと思ってましたけど、中国・東北部の吉林省の寒いところに行ってみても、人は外に出ている。同省の長春での調査でも、冬に、外で合唱の練習をしていた。

編集部　日本でも、むかし縁台将棋などがありましたよね。

大月　幕末のころに日本へ来た外国人の手記がいっぱいある。若い女性たちが、湯浴み、行水を家の前で真っ裸で普通にやっていた。つまり、当時の日本人には、私たちがもつような羞恥心はなかった。それは欧米からもたらされたもの。庭先での湯浴みを復活させようというわけではないが、子ども用の簡易プールを庭先で広げたりできてもいい。日本では、外の使い方が非常に貧困になってきた。昔は、縁側、濡れ縁をはじめ、家と外をつなげる装置がいっぱいあった。相当、外とかかわる力が退化していると思う。

槻橋　人がなにかにコミットするということは、時間をなにが占めているかと連動している。時間を別のことに占拠されているために、ものをつくったり、そこにコミットしたりとかができなくなっている。

篠原　時間にコミットね。

槻橋　本来、その場にいないとできないんだけど、いま、いなくてもできると、もてはやされている。

大月　遠隔操作ね。

槻橋　時間が占拠されている感が強い。

大月　コミットといったとき、窓から顔を出し、隣のおじいさんに元気？　というのもコミットであって、お祭りやろうぜというようなことだけがコミットではない。

槻橋　住むことは、身体に根ざすものだと思うんです。コミットすることも、身体的な行為ですよね。両者とも、場所が大事なのは、そういうことなんでしょうね。

大月　水がすむといい、落ち着くことを、英語でいうとsettleとなり、その名詞形のセツルメントといえば居住地。「すむ」には、問題を解決する、コンフリクト、天変地異などの不安が、落ち着いた、水がすんできたという大和言葉の語感とも通じるものがあると思う。だから、不安があるうちは、すんでいる感じがしない。

天変地異が起きたり、会社を突然首になったり、高齢で転倒して大腿骨を骨折して入院し、退院後にも住める家を探さなくてはいけなくなる……。いま、われわれのまわりは、不安だらけでしょう?　地震、経済、社会の不安、老後の不安……、そうした不安の中で、「すむ」という和語は、その対極にあると思う。不安だらけの状態から、心安らかな「すむ」状態にどうもっていけるのか。どういう行動を起こすべきか?　やはり、槻橋さんのいう、コミットメントが大事。みんなそこそこ信頼し合って、「すめる」状態になるためにはね。■

4

設備と住む

住宅設備の教科書は多くあるが、設備と住まい方の関係を著した書物は少ない。設備というと住宅に付帯したものというイメージが強く、住まいそのもののあり方に影響を及ぼすことは少ないと思われているからかもしれない。
しかし実際は、設備は人々の生活様式に大きな影響を与えているのである。住宅ではないが、例として携帯電話をあげてみよう。この普及により従来のコミュニケーションの取り方、待ち合わせなどの行動パターンが大きく変わっている。それもあまり意識することなく、急激に。それと同様なことは住宅設備にもあてはまる。　（大岡龍三）

keyword **01**……汲む・流す・洗う
keyword **02**……保存する・調理する
keyword **03**……暖まる・涼む

◉進むプライベート化

多くの場合、住宅設備は、労働負荷を削減し、より快適な環境を提供するために発達してきた。そのために多くの余暇が生まれた。従来は外出しなければできなかったことが住まいの場でできるようになった。アミューズメントも増えた。それらのことは確実にわれわれのライフスタイルを変化させている。

われわれのライフスタイルの変化は、大きくはプライベート化の進展ととらえることができる。原始の時代、人は生きること、特に食料を確保することに必死であった。狩や農業を集団で行うことにより効率化をはかり、社会が形成されていった。種火を絶やさぬよう社会全体で管理したり、協力して灌漑を行ったりした。

住まいにかかわる設備も時代の流れとともに発展していったが、当初は個人で管理することはむずかしく共同で運営していた。共同の洗い場、炊事場、便所、風呂などがそうである。経済的な合理性から、そうせざるをえなかったという事情があるのだろう。近代にいたるまでにも徐々に経済力は発展し、食料を調達する以外の余力が生まれることとなる。それにともない、従来共同で管理されていたものの多くが住宅内に取り込まれるようになっていった。

近代になると、産業の急激な発展と個人主義の高まりにより、その傾向はいっそう拍車がかかることになる。戦後にはそういった設備のいくつかはさらに個室内に持ち込まれることとなった。携帯電話などはさらに室内という概念から逸脱し完全にプライベートなものとなってしまった。そのような変化をわれわれはあまり意識せずに享受している。今後住まいや設備はどうなってしまうのか。プライベート化がさらに進み、個人の空間自体が携帯可能なものになってしまうのかもしれない。さらに個室という概念も消えてしまうかもしれない。

◉プライベート化への歯止め

しかし変わらないことも多くある。食事をする。面と向かって話し合う。触れ合う。睡眠をとる。人間のプリミティブな部分に基づく行動は意外なほど変化していない。なにが変化して、なにが変化しないのか。これからの住まいづくりを考えるうえで非常に重要なことであろう。

さらにまた近年では、いきすぎたプライベート化に歯止めをかけ、人間同士のつながりを取り戻す動きも起こっている。シェアハウスやカーシェアリングなどがその例であろう。つながりという意味では

表1　主要耐久消費財等の普及率（全世帯）（2004年3月末現在）　（単位 %）

調査年	温水洗浄便座	電気冷蔵庫	電子レンジ	電気洗たく機	電気掃除機	ルームエアコン	カラーテレビ	白黒テレビ
1964		38.2		61.4	26.8	1.7		87.8
1966		61.6		75.5	41.2	2.0	0.3	94.4
1968		77.6		84.8	53.8	3.9	5.4	96.4
1970		89.1	2.1	91.4	68.3	5.9	26.3	90.2
1972		91.6	5.0	96.1	79.8	9.3	61.1	75.1
1974		96.5	11.3	97.5	89.6	12.4	85.9	55.7
1976		97.9	20.8	98.1	92.7	19.5	93.7	42.2
1978		99.4	27.3	98.7	94.7	29.9	97.7	29.7
1980		99.1	33.6	98.8	95.8	39.2	98.2	22.8
1982		99.5	39.9	99.3	96.9	42.2	98.9	17.4
1984		98.7	40.8	98.4	96.7	49.3	99.2	
1986		98.4	45.3	99.6	98.2	54.6	98.9	
1988		98.3	57.0	99.0	98.2	59.3	99.0	
1990		98.2	69.7	99.5	98.8	63.7	99.4	
1992	14.2	98.1	79.2	99.2	98.1	69.8	99.0	
1994	21.3	97.9	84.3	99.3	98.3	74.2	99.0	
1996	26.3	98.4	88.4	99.2	98.2	77.2	99.1	
1998	33.9	98.1	91.7	99.3	98.3	81.9	99.2	
2000	41.0	98.0	94.0	99.3	98.2	86.2	99.0	
2002	47.1	98.4	95.7	99.3	98.2	87.2	99.3	
2004	53.0	98.4	96.5	99.0	98.1	87.1	99.0	

（経済企画庁「消費動向調査」より作成）

LINEやFacebookなどのSNSの活用もその例と考えられる。特に3・11の東北地震が起点となり、人々の間のつながりを取り戻す動きが顕著である。このことは、都市が過密化し、経済が飽和状態に達したために、これ以上の発展を望めなくなったことによる経済的合理性の追求という側面と、ひとりで生きることの虚しさを感じ、他人との絆を取り戻そうとする心理的な側面がある。絆でいえば、先に述べたように電子空間内でのつながりと実際にface to faceのつながりが同時並行している状態である。

今後について安易に予測することは避けたいが、その時の社会状況に合わせ、プライベート化と共同化が振り子のようにいったり、きたりするのではないか。それに合わせて新たな設備が開発され、またその設備の進展がわれわれのライフスタイルに影響を及ぼすのではないかと思う。

設備と住まい方の関係がいままでどうあったか、これからどうなるかを考察するために、まず住まいにおける設備の歴史を振り返ってみたい。そのうえで住まいと設備のかかわり合いを考えてみる。本稿では住まいにおける人間の生活行動である、汲む・流す・洗う、保存する・調理する、暖める・涼むに分類して、設備の歴史について説明する。

◉設備と住まい方・年表

	汲む・流す・洗う	保存する・調理する
19世紀	※欧米より洗濯板の導入 1884　一部に分流式下水道（神田） 1887　近代上下水道（横浜） ※陶器便器の出現	1834　エーテルを利用した冷凍製氷機の発明（パーキンス） 1872　横浜ガスによるガス供給開始 1883　日本初の製氷機
1901年～1945年 （20世紀前半）	1927　電気洗濯機の発売 1930　日本初の撹拌式電気洗濯機芝浦製作所（後の東芝）（右） 	1918　冷蔵庫の発売（アメリカ） 1930　初の国産電気冷蔵庫 1935　ガス窯の発売（東京瓦斯） ※ガステーブルの普及
1945年～2000年 （20世紀後半）	1953　わが国初の噴流式洗濯機の発売（三洋電機）。小型化、価格の引き下げにより普及のきっかけとなる 1956　全自動ドラム式洗濯機の発売（東芝） 1959　日本住宅公団が洋式便器を採用 1964　温水洗浄便器の発売（INAX） 1966　自動二槽式洗濯機の発売（三菱、東芝） 1982　CMお尻だって洗ってほしい（TOTO） ※ガス給湯器の普及 ※電気給湯器の普及 1989　全自動洗濯機の販売が自動二槽式洗濯機の販売を超える 1993　タンクレストイレの発売  初代タンクレストイレ INAX	1955　電気釜が発売（東京芝浦電気（後の東芝））（右）  炊き上がると自動的に電気が切れる機能を組み込んだ 1956　公団晴海団地におけるステンレス流し台 ※三種の神器として冷蔵庫が普及 ※電気式炊飯器の普及 1961　フリーザつき冷蔵庫の発売（日立） 1961　電子レンジ発売（東芝）  当初業務用だったが家庭内へと使われるようになった。シャープの広告画像 1970頃　システムキッチン 1973　独立野菜室のある3ドア冷蔵庫を発売（シャープ） 1979　冷蔵庫結露防止ヒータの撤去（東芝） 1978　オーブンレンジ発売（三菱・松下） 1978　スチーム発生装置つきオーブンレンジ発売（三菱） 1984　インバータ冷蔵庫の発売（日立） 1993　冷蔵庫における真空断熱材の利用（シャープ） 1998　冷蔵庫における複数冷却方式の開発（東芝）
2001年～	2001　CO_2冷媒ヒートポンプ式給湯器の発売 2005　ヒートポンプドラム式全自動洗濯乾燥機の発売（松下）	※電磁加熱調理器の普及 2002　ノンフロン冷蔵庫の発売（松下） 2005　過熱水蒸気機能付きオーブンレンジの発売（各社）

暖まる・涼む	社会の動き
1894　国産初の扇風機販売 芝浦製作所（後の東芝）（右）  直流エジソン式電動機の頭部に電球がついている	1867　明治維新 1884　白熱電球の利用 1886　東京電燈会社（現東京電力）開業 1894　日清戦争（1895 下関条約）
1904　空気調和機の開発（キャリア） 1928　家庭用エアコンの発売（米国）	1904　日露戦争 1923　関東大震災 1945　終戦
※石油ストーブ・ガスストーブの普及 1952　窓型ルームエアコンの発売 1961　スプリット型エアコンの発売（東芝・三洋） ※ファンヒータの普及 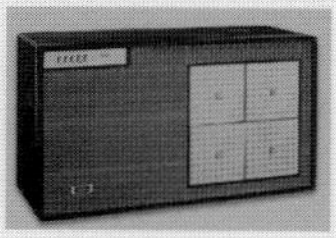 室外機と室内機を分離させたスプリット型エアコン。写真は室内機。東京芝浦電気（後の東芝）（1961 年） 1965　ルームエアコン名称統一（JIS 規格） ※エアコンの普及 ※電気式床暖房の登場 ※温水式床暖房の普及 1982　インバータエアコンの発売（東芝） 1989　ツインロータリー圧縮機によるエアコンの低騒音化（東芝） 1998　新冷媒（HFC）採用のエアコン発売	1955　総人口約 8,900 万人（国勢調査） 1958　経済白書「日本経済の成長と近代化」（「もはや戦後ではない」が流行） ※高度経済成長（60 年代の日本の経済成長率が年平均 10％超え） 1964　東京オリンピック開催 1966　1 億人突破（法務省住民登録集計による総人口） 1970　日本万国博覧会 1970 ごろ　蛍光灯の普及 1973　第 1 次オイルショック 1975　総人口約 1 億 1,200 万人（国勢調査） 1979　エネルギー利用合理化に関する法律（省エネ法） ソニー、ウォークマン発売 1985　総人口約 1 億 2,000 万人（国勢調査） 1989　ベルリンの壁崩壊 1990　バブル崩壊 1995　阪神・淡路大震災 1999　エネルギー利用合理化に関する法律改正（次世代省エネ法）
2003　フィルタ自動清掃機構（富士通ゼネラル） 右はエアコンの室内機 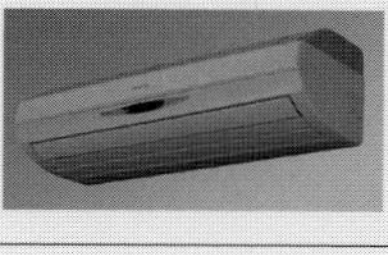 フィルタ自動清掃機構をもつ富士通ゼネラル（2003 年）	2001 家電リサイクル法 ※ LED の普及 2007　白熱電球の生産・販売自粛要請 2011　東日本大震災 2013　エネルギー利用合理化に関する法律改正（改正省エネ法）

keyword

01

汲む・流す・洗う

水を汲み、そして流す。われわれの生活の基礎にあるのはこの繰り返しである。古来人類は河川付近など水源の豊富なところに集住し、文明を築いてきた。飲料水や洗うための水はそのような水源から得てきた。ところが人口が増え、水源から居住地が遠ざかれば、井戸を掘り、地下水を利用するようになる。さらに人口が増えると地下水だけでは需要を満たすことができなくなり、上水道を敷設することになる。

現在、日本ではほとんどの地域で水道水を飲料水として利用できるが、これは世界的に非常に珍しいことである。また日本でも近代以前は、自然の水源から直接水を引いてくるのが普通であり、各種汚染や病原菌など衛生上の多くの問題があった。これらの問題が解決されるようになったのは、濾過技術が発達し、塩素消毒が一般的になってからである。

一方、生活排水や排泄物を排除するための施設も必要となる。紀元前5000年ごろの古代メソポタミアの宮殿遺跡などに下水道跡がある。水洗式トイレは下水道の歴史とともに始まった。古代バビロニアのテレアルマルに4000年前の水洗式トイレの遺跡が発見されている。古代ローマでは、下水道の発達とともに水洗トイレの利用が拡大した。ところが、中世ヨーロッパでは古代ローマの文明は受け継がれず、簡易便器いわゆる「おまる」を使用して汚物は定められた場所に捨てることになっていたが、実際には外に投げ捨てるのが習慣になっていた。

日本人は風呂好きとして知られている。江戸時代前までは「風呂」は蒸し風呂のことを意味し、いまの形の風呂は「湯」と呼ばれ、半身浴が普通であった。江戸時代になると肩まで湯につかる据え風呂が現れた。ただし都心部で宅地内に風呂をもてたのは上級武士か富裕な商人くらいであった。庶民は湯屋（銭湯）を利用していたが、農村・漁村部では富裕な家庭の多くが内風呂をもっていた。薪を燃やして風呂釜を直接温めるものが主流で、「鉄砲風呂」「五右衛門風呂」はこの当時に出現した。

人類が衣類を発明したときから、洗濯の歴史が始まった。古代においては川や泉で洗濯をしていた。最初は揉み洗いや、踏み洗い、叩き洗いが主流であったが、平安時代ごろから、たらいや砧（きぬた）が使われるようになった。江戸時代の長屋では共同の洗い場が設けられた。路地に共同設備としてつるべ井戸が掘られ、そのまわりで洗い物をするようになった。またこれが女性の社交の場となって、井戸端会議が行われるようになったといわれている。

事例❶……水源から蛇口まで（給水方法）

世界の上水道の歴史は古くはローマ水道にさかのぼる。日本では16世紀半ばの小田原早川上水が、記録に残っているものとしては、最古といわれている。江戸時代になると、都市域の多くの水需要を満たすために、小石川上水、神田上水、玉川上水などが次々とつくられた。しかし多くの人々は依然として河川や湖沼、地下水に依存した暮らしをしており、これは近現代まで続く。堀越正雄『水道の文化史』によると、ようやく1887（明治20）年に初めて横浜で近代上水道が開通することになったが、全国で上水道の普及率が50%を超えるのは1960年まで待たねばならなかった。

現在の日本では、多くの場合、上水道に接続して給水することになる。道路に敷設されている水道管内の水圧は、水道法では最低150kPaと規定されている。1～2階程度の住宅であればこの圧力で各部屋に給水可能であるため、水道管から住宅内の給水管に直接接続する。高層の集合住宅になると高置水槽方式やポンプ直送方式などが用いられる。

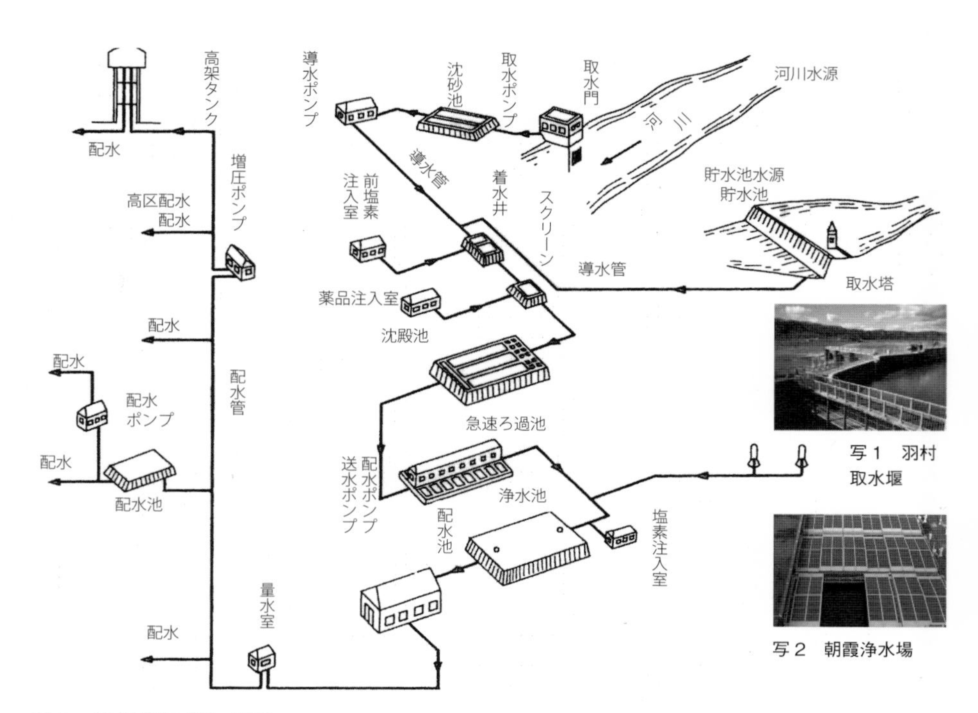

図1　水が建物にたどりつくまで
厚生労働省のデータによると、水道普及率（総給水人口／総人口：ただし、総給水人口＝上水道人口＋簡易水道人口＋専用水道人口）は、1950年26.2%、1970年80.8%、1980年には90%を超え、2017年98%となっている。
2017年現在、総給水人口1億2,417万人、その内訳は、上水道人口1億2,131万人、簡易水道人口246万人、専用水道人口40万人となっている。近年、法改正により、下水道に続き上水道でも、地方自治体が水道施設を所有して、管理・運営のみを民間企業に委託できるようになった

事例❷……排水から放流されるまで（排水方法）

わが国においては、下水道の歴史は浅い。長らくし尿は肥料として回収し、他の生活排水は、側溝、河川、湖沼等に排出してきた。1884～85年に東京・神田に初めて近代下水道がつくられたが、下水道普及率が50%を超えるのは1990年代になってからである。現代においても下水道が普及していない地域は、浄化槽を設置し、定期的に汲み取りを行う必要がある※1。

住まいで発生する排水は、トイレからの汚水、台所・洗面所・浴室および洗濯機などからの雑排水が主である。排水の流れは、衛生器具から器具排水管につながり、そこから排水横枝管、さらに排水横主管、敷地排水管へと接続され、最終的に下水道本管に放流される。階をまたいで排水する場合には排水竪管を接続する。排水を排除する方法は、重力を利用する重力排水（自然排水）方式と、ポンプを用いた機械式排水（強制排水）方式に大別される。住宅では重力排水方式が採用されることが多い。重力で排水するために横管や敷地配管は1/100～2/100程度の勾配をつける。

なお、近年では施設の老朽化、人口減少という社会背景のもと、広域下水道の維持管理が大きな問題となっている。

写1　東京臨海部の「葛西再生センター」
処理した水は東京湾（荒川）に放流している。

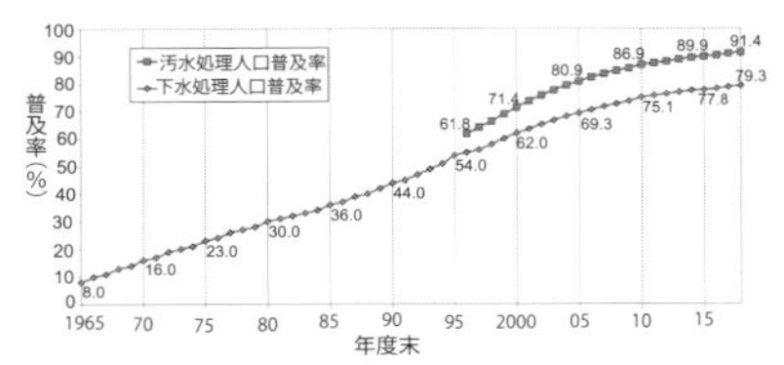

図1　下水道処理人口普及率の推移（国土交通省）
・全国約1,500自治体で下水道事業を実施／・平成30年度末の下水道処理人口普及率は約79%／・浄化槽等も含めた汚水処理人口普及率は約91%（未普及人口約1,100万人）

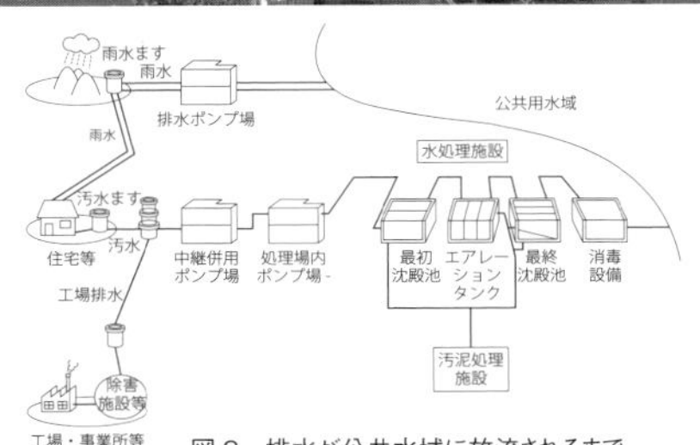

図2　排水が公共水域に放流されるまで
住宅系、工場・事業者系の排水は広域下水道をとおって水処理、汚泥処理を施され公共水域に放流される。

※1：なお従来はトイレの汚水のみを処理する単独浄化槽が主流であり、生活雑排水は未処理のまま放流されていたが、この生活雑排水の汚れが問題となり、今では両方を処理する合併浄化槽が主流となっている。

事例❸……和式から洋式へ

日本ではトイレのことを「厠（かわや）」というが、この語源は「川を中に引き入れた」という意味の「川屋」と建物のそばにあるという意味の「側屋（かわや）」のふたつの説がある。

鎌倉時代になって、排泄物を堆肥に使用するようになり、汲み取り式トイレが登場し、江戸時代になると、糞尿が下肥（しもごえ）として使用されるようになった。このころの便器は木製によるものであるが、明治時代になると木製の便器は腐食しやすいことから、陶器製のトイレが登場するようになった。

昭和になると、現在の和式便器とほぼ同型の和式水洗便器が普及し始める（写1）。しかし下水道はまだ十分に普及しておらず、排泄物は浄化槽にため、定期的にし尿運搬車により回収するのが一般的であった。当時は便器本体に排水トラップがついておらず、別に排水トラップを取りつける必要があったが、現在では排水トラップ一体型のものとなっている。

昭和30年代以降になると、日本人の生活様式の洋風化にともない、洋式便器が増えていく。特に1959（昭和34）年に日本住宅公団が洋式便器を採用したことをきっかけに爆発的に増加した。その代表的なものがサイホン式便器である（写2）。給水装置は平付ロータンク、隅付ロータンク、フラッシュバルブのいずれも組合せ可能であった。

さらに最近では、暖房便座、温水洗浄機、節水消音便器、自動脱臭装置、自動洗浄装置など、多機能化している。

図1　弥生時代の厠（かわや）の想像図
川の上にもうけ、そのまま川へと流していた

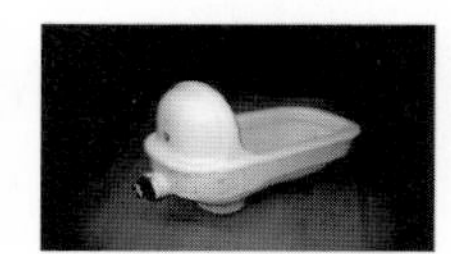

写1　磁器製の和式便器
汲み取り式から水洗式へ

写2　初期の洋式トイレ
公団の団地に取り入れられることで、
普及に弾みがついた

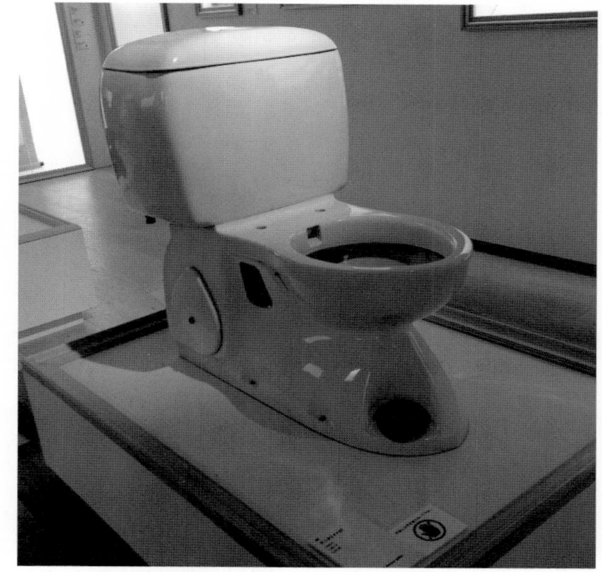

写3　日本で最初に発売された温水洗浄便座
足でペダルを踏むことで洗浄する方式であった（INAX）

事例❹……浴室のユニット化

庶民の住宅に内風呂が増えたのは、昭和30年代の高度経済成長に入ってからで、それまでは銭湯の利用が一般的であった。1963（昭和38）年の住宅統計調査によれば、全国の内風呂普及率は、約6割にまで達した。当時の風呂はバランス釜によるものが一般的で、浴槽はポリエステル樹脂製かステンレス製、ホーロー製のものが多かった。また浴槽が深いため、特に高齢者の出入りには困難をともなうことが多い。さらに浴室内は防水の観点から、仕上げはタイル張りとすることが一般的であったが、これは冬季には非常に冷たく不快であるため、木製やプラスチック製の「すのこ」などを利用することが多かった。

最近では、工業化の流れからユニットタイプの浴室が普及している。日本でその嚆矢となったのが1964年の東京五輪に合わせて、1年半の短工期で完成させたホテルニューオータニで採用されたユニットバスである。地上17階、客室1,000室という大型ホテルの工事で、浴室工事をおおよそ3か月で終えたという。ユニット型浴室のメリットが最大限活かされた例である。

浴槽材質はFRP（ガラス繊維強化プラスチック）と人工大理石が主流であり、床材はFRPが多い。FRPはタイルに比べて保温性が高く、冬期の冷たい不快感は改善されるとともに、清掃が簡便であるなどの利点がある。ユニットバスの浴室のサイズはその呼称でわかる。例えば「1616」は内法寸法1,600×1,600mmを示す。

写1

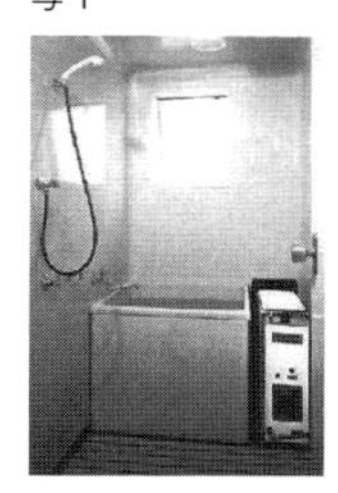

写2

写3

写1　1964年の東京五輪に合わせて短期間でつくられた「ホテルニューオータニ」で用いられた初代ユニットバス。2014年に見つかり、現在はTOTOミュージアムに展示されている。建築技術者協会が「建築設備技術遺産」に認定。バス、トイレ、洗面台が一体になった「3点UB」タイプ。浴槽の深さは約40㎝と浅いが、これは、肩までつかる習慣のない外国人に合わせたからという。壁にはフロントにつながる電話、洗面台には電源コンセントがある

写2　バランス釜がついたタイプ。浴槽はその分、狭い

写3　段差のないバリアフリータイプ。お湯がさめにくいバスタブ、すぐ乾く床など。仕上げのグレートも高い

事例❺……洗濯機の進化

電気洗濯機は20世紀初頭にアメリカで発明された。それは、俗に「丸型」といわれるもので大きなタライに攪拌する棒をとりつけたような大型タイプである。日本では、1927年に芝浦製作所（現東芝）がHurley Machine Companyの「Thor（ソアー）」の輸入販売を開始し、1927年に芝浦製作所が国産第1号の攪拌式洗濯機「Solar（ソーラー）」として販売する。

とはいえ、戦前には、多くの家庭に洗濯機が普及したわけではない。1937年にアメリカのGE（ゼネラル・エレクトリック）社の調査によると、日本全国で約3,000台にとどまったという※1。

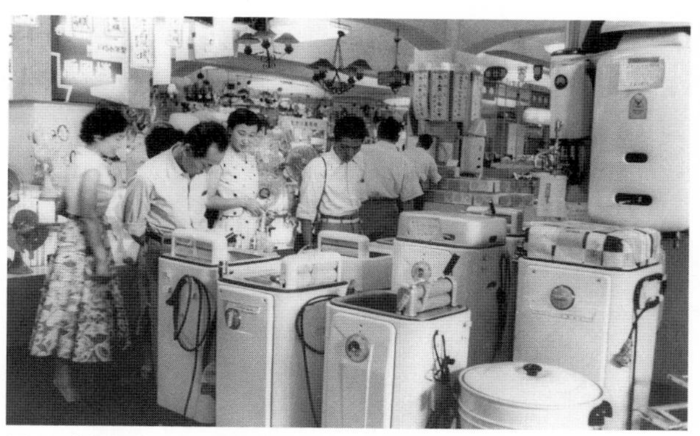

写1　盛況なデパートの電気製品売り場（毎日新聞）
1956年当時の最新鋭機が並ぶ。4年前に比べ、売り上げは140倍になったという

写2　「サンヨー夫人」の女優・木暮実千代と国産初の噴流式洗濯機SW-53型（1953年）。その後、松島トモ子、長嶋茂雄、香川京子、桑野みゆきとうキャクラクターがコマシャールに登場した

電気洗濯機が普及するには、電気、水道が各家庭に通じていることは当然だが、各家庭に購買できるだけの経済的な余裕が必要であり、さらには「家事は女性の仕事」であるという社会の強い固定観念が変わらねばならない。それ以前は、日本における代表的な洗濯道具は長らく洗濯板であったのである。

戦後復興を成し遂げたという自信の現れが、「もはや戦後ではない」（1958「経済白書」）といわしめたが、それに先立つ53年を評論家の大宅壮一が「電化元年」と名づけた。これに呼応するかのように、同年登場したのが三洋電機の「SW-53」、国産初の噴流式洗濯機である。

当時攪拌タイプは、生産規模1951年3400台、52年1万5000台止まりで、1社あたり月産100～200台前後。価格も1台5～6万円とまさに高嶺の花であった。これに対して、SW-53は初年度の生産台数は月平均2000台、1年後の54年には月産1万3000台を達成した。

なぜ、これほど売れたのか。そこには、したたかな戦略があった。

まず、価格である。月賦で買える2万円台に設定された。つぎに、日本の家庭事情にあったコンパクトな噴流式（角型）の採用。三洋電機創業者の井植歳男は、当初の攪拌式洗濯機から噴流式への変更を急遽ためらわず

※1：清水慶一『あこがれの家電時代』河出書房新社、2007年

写3　三洋電機の滋賀工場に並んだ洗濯機のラインナップ（1960年ごろ）

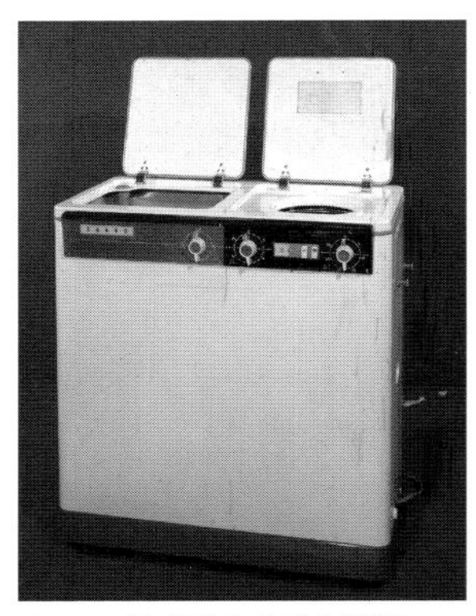

写4　2槽式脱水乾燥洗濯機SW-400（1960年）
三洋電機製。前年、滋賀工場を見学した高松宮の一言が開発のきっかけになったという。それは、アパートの窓先に洗濯物を干す必要のない乾燥機つきの洗濯機はできないかという要望で、そのため、開発に拍車がかかったという

に行った。噴流式は角型で場所は取らない密封式で、置き場所を選ばず、布地の痛みも少なく汚れ落ちもいい、というのがその理由である。さらに、メディア使った宣伝と買い手にとどきやすいキャッチフレーズが効果的であった。たとえば、「1年に象1頭丸洗い」がある。その当時、ひとり当たりの1日の洗濯量を100匁（もんめ）（375g）と試算すると、5人家族では、1か月15貫（約56.25kg）、1年で180巻（675kg）、3年間で540貫（約2トン）となる。これは、ちょうど、上野動物園の象の花子の体重に等しくなった。このキャチフレーズには、これだけの量を1年で洗濯できる洗濯機があれば、日本の主婦は重労働から解放されるというメッセージが込められていた。

図1　タライに入った2トンの象を洗うイラスト（三洋電機）

戦後、日本の洗濯機はここを起点に進化をする。翌年には、角型噴流式電気洗濯機に絞り機がついたものが登場し、そのうち洗濯槽と脱水槽に分かれた2槽式（1960年）、2000年以降は乾燥機付き全自動洗濯機（洗濯乾燥機）が普及していった。

そして、いま、節水タイプのドラム式洗濯機や省エネルギーを実現するヒートポンプ式乾燥機も普及してきている。　（編集部）

写5　全自動洗濯乾燥機装置SW-500（洗濯機）、DD-300（乾燥機）（1966年）
三洋電機製。ホームランドリーの先駆けとなる全自動洗濯機と全自動ガス乾燥機を組み合わせた製品が発売される。写真は洗濯機

※写1を除き、三洋電機の社史より転載（提供：パナソニック）

keyword

02

保存する・調理する

人類の歴史の大半は、飢えとの戦いであった。狩猟時代では、一度食料が確保されれば次にいつ食料が手に入るかわからない。そのため食料を保存することは、食料を手に入れることと同様に死活問題であった。乾燥させる、焼く、塩漬けにする等の食料そのものに手を加える方法と、風通しのよい場所を確保する、暗所や温度の低い場所、氷室を確保するなど建築的・空間的工夫により食料の保存を試みてきた。製氷機のない時代には氷室を活用し、冬季の間にできた天然氷を夏季にまで保存する技術は古墳時代からあった。

人工的な冷凍の歴史は1748年にイギリス人のウィリアム・カレンが開発したエーテルの気化熱を利用した冷凍技術が最初といわれている。1834年にアメリカ人のヤコブ・パーキンスがエーテルによる圧縮型の冷凍サイクルを用いて、製氷機の特許をとっている。当初の冷凍・冷蔵技術は産業用が主流であり、大きさも非常に大きなものであった。1883（明治16）年に日本初の製氷機を利用した東京製氷会社を皮切りに、さまざまな製氷会社が誕生した。明治時代の冷蔵庫は、氷を箱の上部に置くことにより食料を冷やすものであった。日本では、1923（大正12）年に初めて、家庭用の電気冷蔵庫として、GE社の製品が輸入された。国産としては、1930年に芝浦製作所（現在の東芝）製の家庭用冷蔵庫SS-1200が最初である（写1）。

冷蔵庫の普及と発展は人々のライフスタイルを大きく変化させた。頻繁に買い物に行く必要がなくなり、女性の社会進出を後押しすることになる。また、従来乾物に頼っていた保存に必要性が薄まり、乾物を食材とした食文化が衰退するとともに、冷凍食品が広く普及するようになった。

写1　日本初の電気冷蔵庫（SS-1200）
アメリカGE社製をモデルに芝浦製作所（のち、東芝）が開発。容量125ℓ、重量157kg。コンプレッサーと放熱器を上部に置いた独特なかたちをしていた

日本の場合、炊事の基本は飯炊きと煮焼きである。歴史的には飯炊きはかまど、煮焼きは火炉で行ってきた。家庭の台所の火にガスが使われるようになるのは明治30年代後半ころからであった。このころには従来のかまどと火炉がガスかまどとガスコンロにとって代わり普及してきた。台所のガス化は大正末期からで、ガスオーブン、ガステーブルがさかんに使われるようになったのは第2次世界大戦後の昭和50年代以降になる。またこのころには飯炊き用には電気炊飯器や、またこれに対抗したガス炊飯器が主流になって、ガスかまどは家庭用としては姿を消した。

事例❶……冷蔵庫とライフスタイル

1950年代後半、冷蔵庫は急速に一般家庭に普及し、白黒テレビや洗濯機と合わせ、「三種の神器」と呼ばれるようになった。1960年代には、冷凍食品の普及にともない、冷凍庫つきの冷蔵庫が発売されるようになった。1969年には冷蔵庫と冷凍庫が分離した2ドアタイプが登場し、1973年、野菜の保存室が独立した3ドアタイプの冷蔵庫が発売された。1975年には冷蔵庫の普及率がほぼ100%となった。近年では脱臭機能、除菌機能、エチレンガスカット、湿度調整機能など高機能・多機能のものが販売されている。

日本で最初に一般家庭向けの小型冷蔵庫を発売したのは日立製作所で、1952年に容積94ℓタイプで8万5千円もした（写1）。大卒の初任給が9万円に届かない時代である。多くの一般家庭に普及したのは1960年前後で、1枚ドアで容積95ℓ。1980年に一般化的向け冷蔵庫は容積200ℓを超え（写5）、いま602ℓ。ドア数は、2ドア、3ドアを経て6ドアになっている。2005年以降、冷蔵庫：冷凍室：野菜室の割合はほぼ5：3：2を保っている。そしていま、省エネルギー性と、鮮度を保つ（チルド）技術など、「量から質」を競う時代へと移っている。

写1　冷蔵庫 CR-49（1949）
進駐軍に納めるとともに市販も

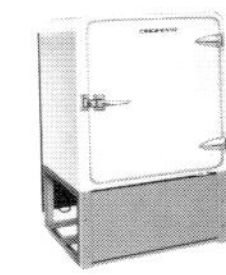

写2　家庭用小型冷蔵庫 EA-33（1952）

表1　主力冷蔵庫の容積の変遷（日立製作所）

年	型式	ドア数	内容積(L)				備考
				冷蔵室	冷凍室	野菜室	
1960	N-95	1	95	—	—	—	
1965	R-105K	1	97	—	—	—	
1970	R-5150F	1	121	—	—	—	
1975	R-205TP	2	170	128	42	—	
1980	R-524TPX	2	235	175	60	—	電子制御タイプ
1985	R-315KV	3	305	152(166)	72	81(67)	()は切替室を冷蔵設定した場合
1990	R-37SDT	3	372	161	86	68	残57Lはチルド室
1995	R-S43MD6	4	425	230	103	92	
2000	R-K46EPAM	5	456	243	103	85	残25Lは切替室
2005	R-SF47VM	6	465	233	142	90	冷凍室には製氷室含む
2010	R-A5700	6	565	295	167	103	冷凍室には製氷室含む
2015	R-X5700F	6	565	295	167	103	冷凍室には製氷室含む
2019	R-HW60K	6	602	308	180	114	冷凍室には製氷室含む

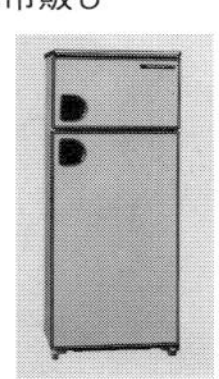

写3　初期の2ドアタイプ R-6180F（1971）

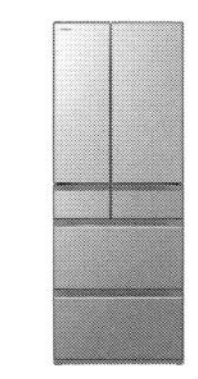

写4　現在主流の6ドアタイプ R-HW60K（XN）

写5　1980年の日立製作所のカタログ。主力は200ℓを超えた

写6　初期の3ドアタイプ R-826CV（1983）

事例❷……台所の近代化　文化カマドの登場

文化人類学者のレヴィ・ストロースは人間と動物を分ける大きな要素が調理をすることにあると指摘しているが、台所研究家の宮崎玲子は世界中の台所を調査して、火で食物を調理することと巣が合体することで住まいが生まれたのであり、ファミリーとはひとつの火を囲む最小の集団を語源としていると指摘する。そして火の場所、火の使い方が民族や地域性と深く結びついていることを説く。このように人間の本質に根ざすとともに、地域の環境に適応しながら歴史的に形成された調理の意味を、現代の技術や流通の発達の中でわれわれはほとんど忘れているのではないだろうか。

日本では方丈記で鴨長明が軒下の焚き火と室内の火鉢をあげているように、明治になっても屋内の土間のカマドや台所のイロリ、移動しても使える火器をほとんどの家が用いていたことが風俗誌などからうかがえる。それが生活改善運動や生活の洋風化にともなって、海外のオーブンや一体型炊事台が昭和初期には雑誌を通して都市の上流階級に紹介されると、関東大震災後の同潤会アパートではガスコンロが導入され、戦後の公団住宅ではステンレスの調理台が据えられた。一方で、多くの農家の台所は木材を用いたイロリや土間のカマド、炭を用いた七輪が戦前には一般的であり、生活改善運動でトラコーマを防ぐためにイロリの換気が推奨されるにとどまっていた。そして戦後にようやく、農村生活改善の象徴として土間のカマドが煙突式の文化カマドに替わった。

現在、都市部のみならず地方の台所はガス化・電気化されてIH式のコンロも普及し、そのほかにもオーブンやレンジ、トースターなどさまざまな機器が台所にひしめいている。しかし火加減を見ながら家族とともに料理をつくり、季節に応じた料理を楽しんだ昔の人々の暮らしを思うと、火の意味を忘れることは、その生活の知恵というよりも、台所の火から立ち上る湯気や料理の匂いや出来上がりを待つ期待感、家族の中心としての火の温かさや象徴性さえも忘れることなのだと気づく。

(黒石いずみ)

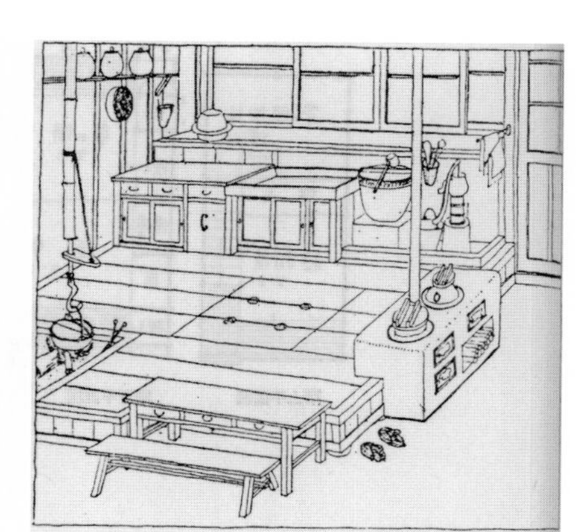

図1　戦前の東北農家の炊事場、食事場の改善案
(同潤会・東北更新会『東北農山漁村住宅改善読本』1943.3より)

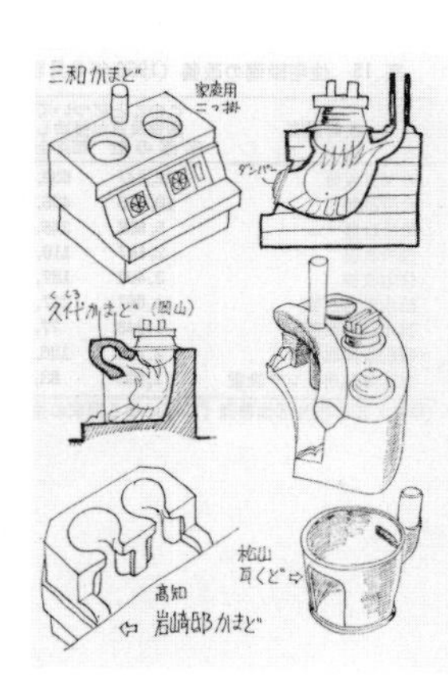

図2　1952年に西山夘三が採取した中国・四国のカマド
高知の例を除き、煙突をつけて火のまわりをよくしている。カマドの改善の第一は、煙突をつけて熱効率をよくすることであった。(西山夘三『日本の住まいIII』1980)

事例❸……今和次郎の土間の改造キッチン

大正期に始まり戦後に本格化した住宅の改善や近代化は、家族関係の民主化と、生活の機能性向上や衛生面の改善を目指したものだった。そして戦後多くの人々が地方から都市に移動して核家族化・サラリーマン化し、生活様式の変化が促されると、住宅空間、特に台所や食卓空間への要求も変わった。その現在の「当たり前」の住まいへの変化の過程で、歴史的な住まいに備わっていた生活の文化的基盤となる性質も、マイナス要素として一挙に排除されたが、そのひとつが土間である。

土間はほとんどの地方の農家や漁家、商家の住宅に昔から存在し、人々の職住近接の生活を支えた場所だった。それは居住部分と接して玄関、台所、物置、家畜の厩、作業場などの多様な機能をもち、季節の変化に合わせて役割を変え、水と火の作業の場として神様に守られていた。その生活の中心となる場所で、女性は野良で働き疲れて帰宅するとすぐさま野良着を着替えて土間の台所で食事の用意をし、家族に給仕をしてから自分も食べて片付けをする。そして休む間もなく家事をして、最後に寝て最初に起きて朝の台所に立つ、一番の働き手だった。その苦労を少しでも軽く、家族みんなで団欒を楽しむ場所に女性も加わることができるようにと、土間に机と椅子を持ち込んだ最初の案が、今和次郎の関東大震災後の改善計画である。

そのアイデアを彼は1933年の『農村家屋の改善』や、1941年の東北地方農山漁村住宅改善で提案し、戦後も農村の台所改善案として提案し続けた。戦後に浜口ミホが導入したともいわれるダイニングキッチンの考えは、実は農家の土間に1920年代から生まれていたのである。その図には高齢者や夫や子どもたちが、母親の料理を待つ間にも土間の机で本を読んだり遊んだりし、母は調理の合間にも家族を見守ることのできる、ゆとりある時間の様子が生き生きと描かれている。台所の近代化は、欧米化を啓蒙活動として受け入れる方法だけでなく、日本の生活の原型とされる職住近接のかたちや家族の多様な関係性を保ちながらも、小さな改善で実現されていたことを重視したい。

（黒石いずみ）

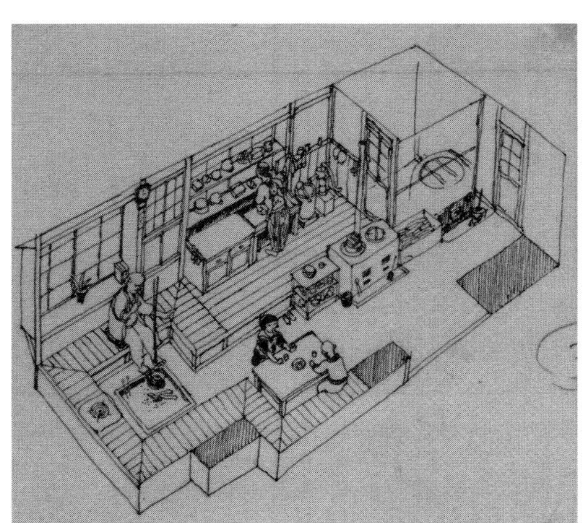

図1　今和次郎による台所の改善案

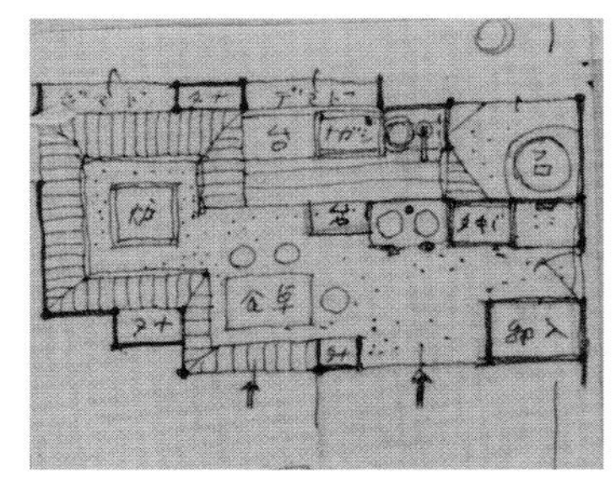

図2　同左　平面図

事例❹……ダイニングキッチンとステンレス流し台

ダイニングキッチンとは、台所と食堂の機能がひとつにまとめられている室のこと。第2次世界大戦後、日本の住宅は封建制の否定の現れとして女性の家事労働の軽減が大きなテーマとなった。北側にあった台所は住宅の中心に移動し、合理的解決策として調理と食事をひとつの部屋で行うダイニングキッチンが出現する。この流れを牽引したのが、浜口ミホである。浜口は、戦後早々、『日本住宅の封建制』等で、貴族・武士という支配階級に淵源をもつ都市住宅における台所の変革を訴えていた。

公団住宅がダイニングキッチンを正式に間取りに取り入れたのは、1957年の東京・板橋区の蓮根団地であった。だが、そこの流し台は人研ぎ流し台で、スレンレス流し台はまだ登場していない。ダイニングキッチンには、やはりステンレスのもつ清潔感、シャープさが欠かせない。それまで、ステンレス流し台は高級品であった。溶接（ハンダ付け）によってつくられるもので、三越や高島屋などの百貨店で扱われていた。そのため、公団の団地で採用されるためには、ステンレスの薄板一枚をプレス加工によって、製作コストを劇的に下げることが不可避であった。

ステンレス流し台がキッチンに取りつけられたのは、1958年に竣工した公団の晴海高層アパートが最初だった。前川國男の設計による、公団では初めてエレベーターを備えた建物で、当時としては先端的な構造により住戸規模を変えられる実験的な性格をもっていた。日本で、初めてステンレスの薄板をプレスする（絞る）ことによる流しづくりに成功したのはサンウエーブ工業である。開発当初は、プレス（絞り）の工程で割れが発生する。型の修正を何回も行うものの、それでも割れが出たという。後がないという土壇場に追い込まれたすえに、試作品の完成にこぎつけた。

ちなみに、晴海高層アパートのステンレス流し台の配列は、浜口ミホのこだわりが生きている。当時の主流は、作業の手順にしたがって、流し台→調理台→加熱台の配列だった。これを「流れシステム」という。これに対し、浜口は狭小住宅に適したとされる「ポイントシステム」を提案する。流し台をセンターに置き、両サイドに調理台と加熱台を設けるものである。実際、女子栄養大学で両者の比較実験を行い、ポイントシステムの優位性が明らかになり、採用にいたった。（編集部）

写2　ステンレスのプレス（深絞り）成功第1号

写1　公団に採用されたステンレス流し台（3ピースタイプ）　流し台がセンターにくる「ポイントシステム」

事例❺……タイマーつき電気釜

家電が一般家庭に入り始めたその嚆矢に、1953年に発売された噴流型洗濯機（当時、三洋電機）が上げられるが、その爆発的な普及率からいうと1955年に東京芝浦電気（後、東芝）から発売された日本初の「自動式電気釜」をおいてないだろう。1955年12月に700台の販売から始め、販売ルートを開拓し、全国の農村で実演販売してからは販売に拍車がかかり、その後、最高月産20万台、4年後には日本の全家庭の約半数にまで普及し、総生産台数は1,235万台を記録したとある。（東芝の資料）

なぜ、これほどまでに受け入れられたのか。値段も6合炊きで3,200円と決して安くはない（当時、国家公務員の大卒の初任給が1万円に届かない）。それは、いうまでもなく、家事の過半を担った女性たちからの強い支持であった。主食であるご飯を炊くことは、女性たちにとって掃除、洗濯とならぶ毎日の大仕事であったが、それを大幅に軽減させたのである。スイッチを入れればひとりでにご飯が炊け、さらにタイマーをつければ、朝起きれば、炊きあがっていた。

（編集部）

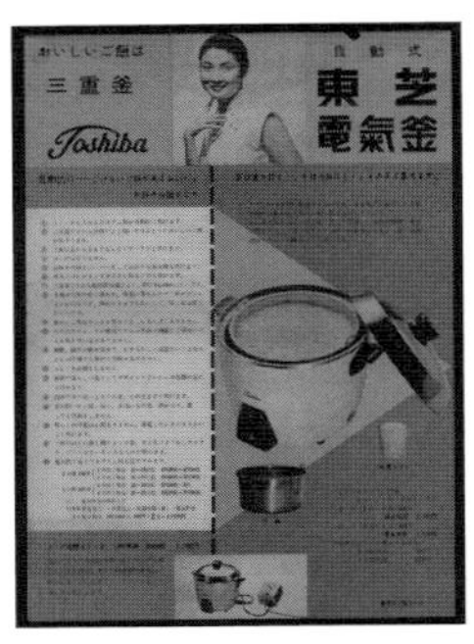

写2　発売当時作成された宣伝パンフレット。すでに50万世帯が愛用しているとある

写1　デパートのショーケースに並ぶ6合炊き、10合炊きの電気釜

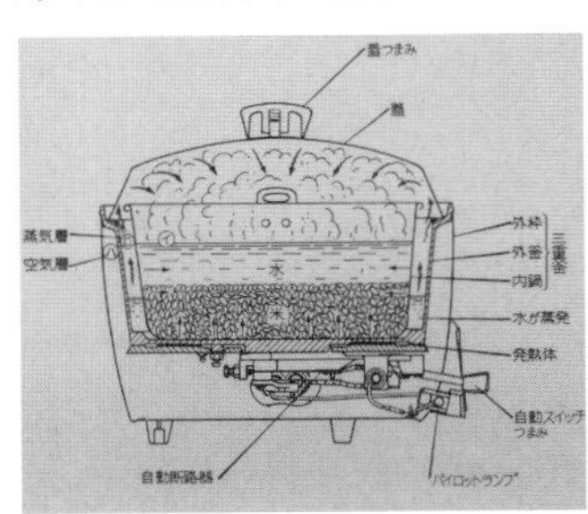

図1　三重釜の構造
芯も、焦げもない美味しい米を炊くには、100℃の温度を20分保つことだとわかり、3年間の研究の末にたどり着いたのが三重釜の構造。外釜にコップ一杯の水（約20分で蒸発）を入れ、水の蒸発をタイマー代わりとした

keyword

03

暖まる・涼む

日本では、古くから夏向きの家がつくられてきた。しかし、暑さと寒さのどちらが人間の生命により危険をもたらすかといえば、寒さのほうではないか。近代以前は、寒さ対策といえば、囲炉裏を除けば、火鉢や行火（あんか）、懐炉など携帯できるものが一般的であった。建物や部屋を暖めるというよりは、人間を暖めるところに主眼があった。炬燵は室町時代から存在していたが、当初は炉の上に櫓を組み、布団をかけたものであった。江戸時代には火鉢を熱源とした置炬燵が広まり、現在の炬燵の原型となったが、これも携帯型暖房機器のひとつと考えられるであろう。明治時代に入っても、暖房の中心は依然として、火鉢であり炬燵であった。

ところが第2次世界大戦後、生活様式が洋風化するにともない、住宅の断熱性や気密性が向上し、ストーブで部屋全体を暖めることが普及し始めた。ストーブの燃料は、初期は薪などであったが、灯油やガスが主流となり、石油やガスファンヒーターなども普及している。

近年、住宅の暖房設備として、床暖房設備が普及している。床暖房の古い例としては、古代ローマのハイポコーストや韓国のオンドルなどがある。床暖房は床からの直接的な熱伝導と熱放射により人体や壁、家具等を暖めるものであり、通常の空気を介した暖房に比べ、上下の温度分布が均一になる等の利点がある。

酷暑に見舞われることが多い近年、ルームエアコン使用の励行と水分補給の重要性が強調されている。涼をとる方法としては、日射遮蔽と通風が二大ポイントである。伝統的な日本の住宅における日射遮蔽の主要な方法としては、深い庇、すだれなどが一般的であり、通風の工夫としては軸組工法に基づく大きな開口部や通気輪道の確保、越屋根の設置による重力換気の促進などの方法がある。人為的に涼をとる方法としては長らく扇風機が用いられている。ルームエアコンの普及により近年はその販売量が減少しているが、最近は節電、省エネルギー、エコロジー意識の高まりから、扇風機の効能が見直されている。

家庭用ルームエアコンの普及の歴史をたどる。日本では1952年に日立が窓型ルームクーラーを発売したのが最初で、1965年には、JIS規格により名称は「ルームエアコン」に統一された。現在では室外機と室内ユニットが分離したものが一般的である。1980年以降、大幅な技術開発がなされ、現在ではエネルギー性能向上もさることながら、静穏化、除・加湿機能、換気機能、自動清掃機能などを付加したさまざまな高機能エアコンが販売されている。

事例❶……床に熱をためる

床に蓄熱することが、最適な暖房方式のひとつである。

足下から放射熱でじわりと人の身体を暖めるので、エアコンのように温度ムラも、また乾燥しすぎることもなく、極めて快適である。

この方式としてよく知られるのが、朝鮮半島のオンドルである。もともとは、朝夕の食事の支度で使った廃熱を床に蓄えて、終日部屋を暖めるものであった。日本は大陸の最新文化をさまざまに取り入れてきたが、オンドル技術は定着しなかった。一説には、日本は地震国で、土の床にクラックが入ることで一酸化炭素中毒のリスクがあったためだともいう。戦後、吉村順三や奥村昭雄による温風床暖房システムの開発、清家清の自邸（1954）における温水床暖房システムの採用などがきっかけとなり、現在、床暖房方式は広く普及するに至る。

エネルギー消費量を抑えることを目指すパッシブ住宅に目を転じると、床へどう熱をためるかが大きなテーマとなっている。太陽の熱を床に蓄熱し、それをどう室内に循環させるかがポイントである。

その例をふたつあげる。

まず、温室利用型。温室で暖めた空気を、岩を敷き詰めた床下へと誘導し蓄熱させ、床からの放射によって暖房するものである。

つぎに、床下空間利用型。家全体が二重構造で壁の空気層の空気を自然循環させ、保温効果を得ると同時に、南側のサンルームで集めた熱を床下空間に蓄熱する仕組みである。（編集部）

図1　オンドルの仕組み（今和次郎）
調理場から出る煙を部屋の床に通し、部屋をあたためる

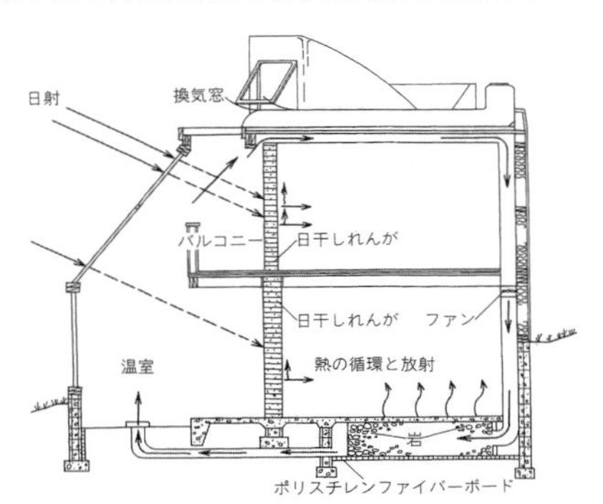

図2　温室利用型（バルコム邸）

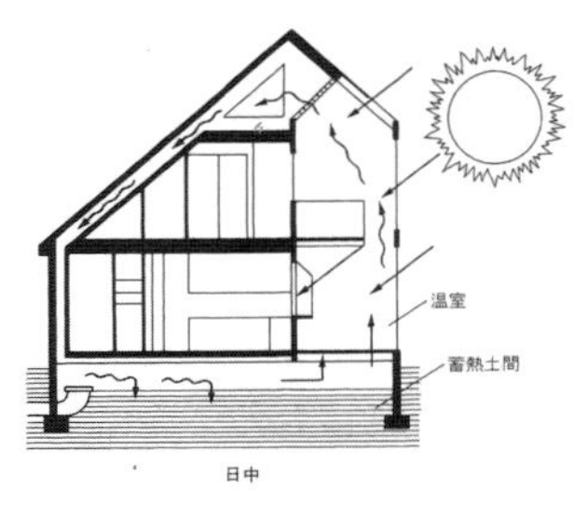

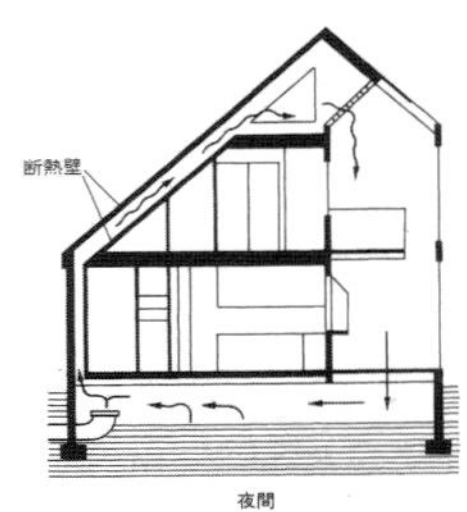

図3　床下空間利用型（ダブルエンベロープハウス）

事例❷……煙突効果による通風を利用する

吉田兼好の『徒然草』には、「家の住まいようは夏をむねとすべし」という有名な言葉がある。当然、扇風機も、エアコンもない時代である。夏の暑さを念頭に、自然環境に則して、通風を最大限利用した建築的工夫の大切さを説いたものであろう。

私たちは、温度、湿度の数値をただ下げるばかりではなく、室内に気流を入れることで体の表面からの放射を促進することによっても涼しさを感じることができる。それをうまく実現できれば、機械設備による人工環境では得られないすがすがしさを得られるばかりでなく、省エネルギーの観点からも望ましい。

室内環境を快適にするために通風利用するには、平面・断面計画の工夫がいる。まず、風の通り道を考えて開口部を設ける必要があるが、断面計画上は、風の流入部をなるべく低い位置に、流出部は高い位置がよい。さらに、風が弱いときでも、通風を室内に導くために「煙突効果」を利用すれば効果は上がる。

煙突効果とは、煙突のはたらきをいい表す言葉である。それは、周囲より温度の高い空気の柱（＝煙突）があると、その空気の密度差で浮力が発生し、高温空気は上昇し、周囲の低温空気は煙突の下の開口から引き込まれて燃焼を助ける。これと同様に、建物の吹抜け部分が「煙突」となって浮力が生じ、外気を吸い込むのである。

ここで紹介するのは、住まいの中心に吹抜けを設けた例である。風の流入部は温度の低い地下に、その排出口はトップライトに設け、両者の設置高さの違いは7mで温度差換気を生み出している。日中の外気温は30℃に達するが、風の弱い高原の夏を涼しく過ごせる。

また、夜間の無風状態においても上下の温度差は4～6℃と大きく、温度差換気だけで4～6回／hの換気回数を確保している。

（編集部）

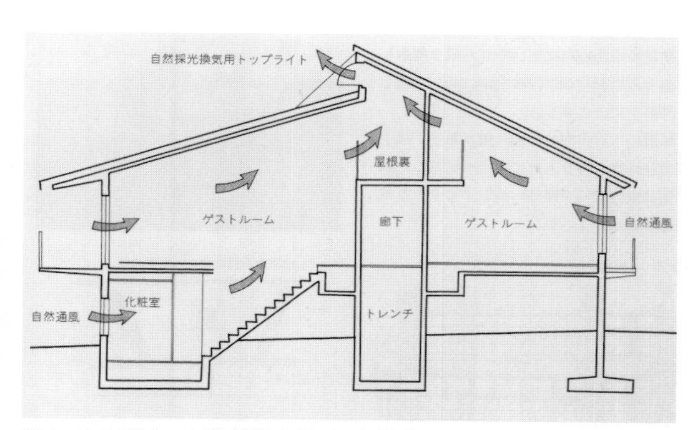

図１　吹抜けをもつ山荘（飯綱山荘／日建設計）

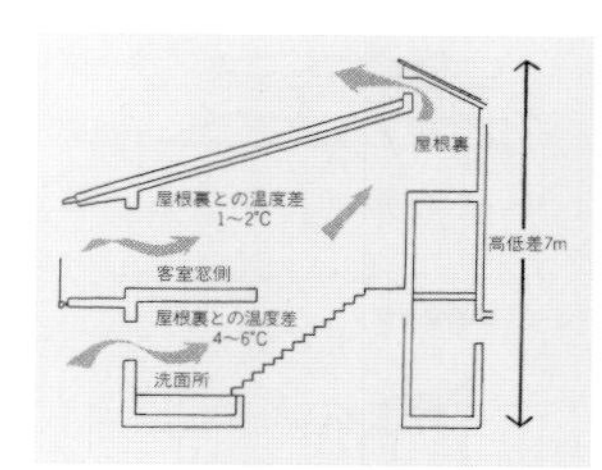

図２　夜間換気時の上下温度差

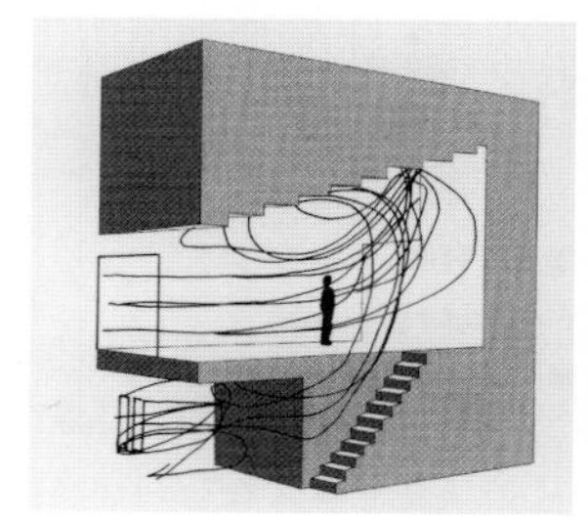

図３　自然通風の気流シミュレーション

スターハウス（赤羽台団地）に見る設備の昔と未来

ふつう団地というと「南面平行」配置をまず思い浮かべることだろう。南側にベランダのついた四角の箱が等間隔で並ぶものだ。だが、それとは異なる、3つの方位に手を伸ばした「Y字」のように見える住棟が「スターハウス」である。プランをよく見ると、南側のベランダ側にはふたつの居室が、北側には浴室、トイレ、キッチンなどの水まわりがまとめられている。実は、これは真ん中の三角形の階段室に3つのプランをたくみに連結したものなのだ。広さは、おおよそ42㎡。一見、無機質な四角い箱が立ち並ぶ中で、このスターハウスがアクセントになって、赤羽台団地に変化を与えていた。

写1　スターハウス外観
ここに、保存再現住戸と「Open Smart UR」スタートアップモデルがある

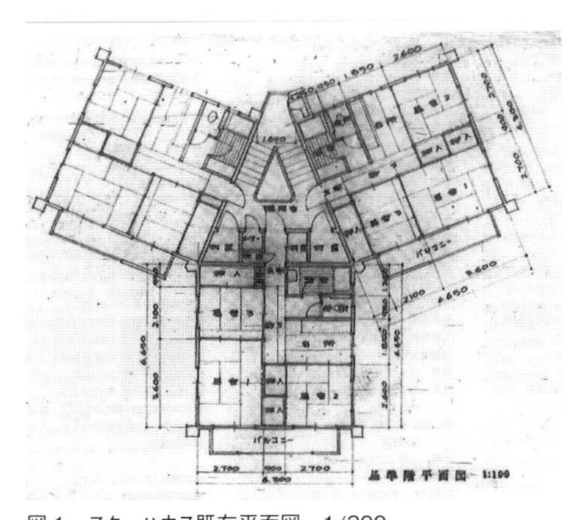

図1　スターハウス既存平面図　1/300

赤羽台団地が建て直されるなかで、奇跡的にこのスターハウスは残されることとなった。3年前、団地と隣接した敷地に開講した東洋大学の新学部「情報連携学部 INIAD」の学部長をつとめる坂村健が、都市再生機構（UR）と手を結び、ここを舞台に「Open Smart UR」をはじめている。5年計画で、AIとIoTを活用して、団地に住むためのさまざまな生活上のサービスを提供するプラットフォームをつくる試みである。

そのプロジェクトの一環として、1住戸には、1963年の住居開始時のしつらえを再現した「保存再現住戸」、もう1住戸は、坂村らが提案するネットワーク環境を織り込んだ「Open Smart UR」スタートアップモデルをつくった。坂村健らに案内されて、このふたつの住戸を訪問した。

写２　外部と内部と截然に分ける鉄の扉

写３　玄関部分の配電盤と電話台

◉保存再生住戸

赤羽台団地があった土地には、もともと陸軍被服廠があった。敗戦後、米軍に接収されていたが、1959年に返還された。そこが団地となったわけだが、入居がはじまった1962年はちょうど最初の東京五輪の２年前にあたる。1955年には、GNPが戦前の水準に回復したが、それを超えて経済成長の高みを目指した動きがはじまっていた。東京五輪の1964年前後は、日本経済成長の象徴ともいえる東海道新幹線が開通し、当時の流行歌「上を向いて歩こう」を口ずさみながら歩くと、掘り返された穴に落ちかねないといわれるほど、東京中が工事現場と化していた。また、河川の上を追いかぶさるように首都高速道路が建設され、東京のあらたな風景をかたちづくりつつあったのもそのころだ。

そんな中、団地生活は、日本人の憧れの的だった。機能的なキッチン、水洗トイレ、内風呂。いまからみると、広さにして約42㎡と、夫婦と子どもからなる家族にとって十分とはいえないが、その中に輝ける未来があった。ちょっと驚くかもしれないが、東京都心部に先んじて、水洗トイレが実現したのは団地だったのである。

訪れた「保存再生住戸」のしつらいは、資料をもとに可能な限り当時に近づけ、電気炊飯器、白黒テレビをはじめとした機器類も、当時に近いもの探し出したという。

まず、鉄扉の玄関に足を踏み入れる。下駄箱の上には黒電話が置いてある。当時の団地では、電話は玄関先に置かれた。固定電話が学生の下宿アパートにまで引かれるようになるのは、1970年代の後半以降で、それまでは、近所の電話を「呼び出し電話」として登録することもふつうにあった。玄関の入口の上部には、分電盤がある。家庭内に家電機器・設備類が本格的に入っていく中で、分電盤から各所に配電されるようになる。坂村は分電盤を「電脳住宅のルーツ」に数える。外から電気、電話線が住戸の中に引き込まれたとき、玄関部分がまずそのインターフェスとなったのである。

玄関で靴を脱いで部屋に入る。右側に、浴室＋洗面室、トイレがある。浴槽はFRP製に代わるまで長らく木製だった。浴槽へ跨いで入るには少々高すぎるように見える。トイレは洋式である。当時、圧倒的に和式便座が中心だった。日本での洋式トイレの普及は、団地がその先鞭をつけた。キッチンには、当時と同様なステンレスの流し台が置かれている。シンク部分が真ん中、コンロと作業台が左右にくるタイプで、これは日本で最初にステンレス流し台が導入された晴海団地高層アパート（1958）と同じ、浜口ミホの発案によるタイプである。少し小さめの冷蔵庫とスリムな電気炊飯器がその上に乗っている。

写４　ステンレスのキッチン
冷蔵庫とその上には電気炊飯器。団地では他に先駆けて家電製品が普及していた

写５　木製の浴槽
各戸煙突方式だった

写６　居間
畳の部屋にちゃぶ台、テレビが置いてある

写７　洋式トイレ

３つの居室はすべて畳敷きなのに目が行く。畳の生活のうえに洋風の生活がもちこまれたかたちだ。キッチンから続く居室には、ちゃぶ台が置かれ、台の上にはブラウン管の白黒テレビがある。サッシはアルミ製ではなくスチール製で、その内側には障子があるので、和の設えだ。南側バルコニーに面したふたつの居室は、障子で緩やかに仕切られるが、そこは続き間として使える。当然、個室としての独立性は弱い。そこに、扇風機が置いてある。住宅にクーラーが一般化するのはその後のことである。

◉「Open Smart UR」スタートアップモデル

約42㎡の3DKタイプの間取りを、大胆に1LDKタイプへとリノベーションしている。元になる考え方は、「さまざまなサービス・ハブとしての住宅」（HaaS：Housing as a Service）。URとの共同研究で、IoTやAIを利用して、住むためのサービス提供をするプラットフォームづくりを目指す。

かつてなら酒屋、米屋の御用聞きも来ることもあり、そば屋に出前も頼めた。しかし、いま地域の連携が崩れ、商店街と住民を結びつきも弱くなっている。若い人なら、スマートフォンを使い料理を頼み、タクシーを呼ぶこともできる。だが、当然、すべての人がスマートフォンを使いこなせるわけではなく、中には、高齢化し情報環境にも疎く、地域から孤立を深める人もいる。団地にはおおよそ2000住戸もあるのである。そこで、情報ネットワークを使って地域の生活インフラを再構築しようというわけである。

部屋に入ると、すぐに目につくのが大きな「ホームモニター」。ここが、生活情報にアクセスする入口となる。食事、タクシーの手配、クリーニングなどのメニューアイコンがある。地元の人、地元商店街、さらに区議たちの協力を得て、店情報、地域情報と居住者たちをつなぐ計画だ。来年度以降、実際のリアルな店舗を登録した実証実験も予定されている。

さらに、モニター画面を切り替えると、部屋の温度、湿度、気圧、CO_2濃度などが表示される。AIやIoTを取り入れた住戸には、センサーがさまざまに張り巡らされているのだ。イメージセンサー、体温を検知し、不審火を監視するサーモセンサー、温度・湿度・気圧・照度をモニターする環境センサー、そして音響センサーなどなど。住戸内には、44ものセンサーが設置されている。ちなみに、センサーは人に遮られることのない天井に設置されている。既存天井は、高さ2,300mmしかなかったが、バリアフリーとするため床を下げ、その分で天井の周囲に回り縁をつくることで圧迫感を減らしている。

これらの数値を利用して、快適な室内環境を維持することは、この住戸ならお手の物である。さらに、ここで特定の個人が1年、2年と住み続ければ、その間のデータが蓄積されることで、室内環境も、その人の特性、好みにより合ったものに近づく。個人のコンピューター・リテラシーが向上し、自分でプログラムがつくれれば、自分にあったものにする（カスタマイズ）ことも可能だという。

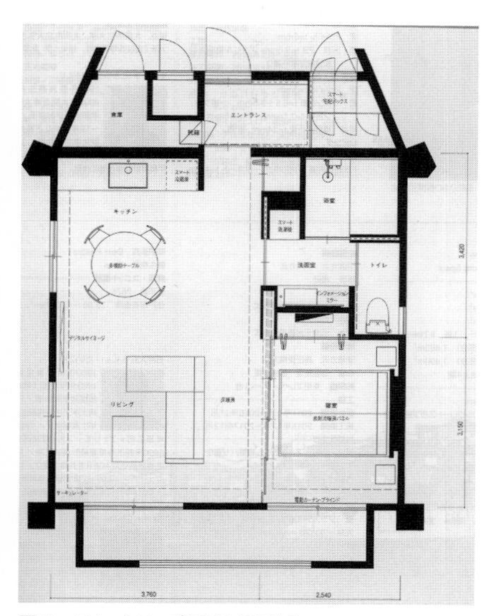

図2　スタートアップモデル平面図　1/150

ところで、AIやIoTに関して、センサーやカメラを通して、外部から監視されているのではないかという疑いが根強くあるにちがいない。

いま、まちなかに数多くのカメラが日本でも設置されている。私たちは安全を手に入れる代わりに、社会の監視化も強めているのも確かだ。その状況が、さらに各住戸の内部にも及ぶよう

写 8　ふたつの居間をつなげたリビング・キッチン

写 9　リビング・キッチンの中央に設置されたモニタ

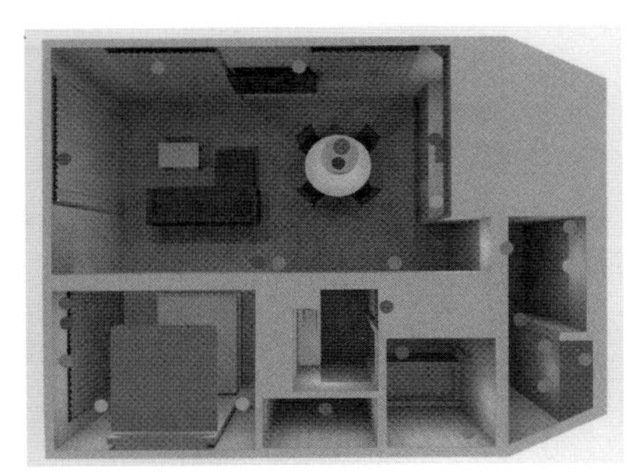

写 10　部屋の各所にセンサが設置されている

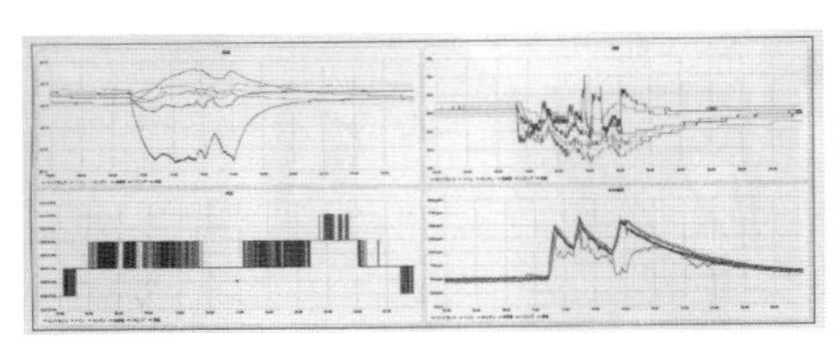

写 11　センサからのデータをグラフによって視覚化

写 12　ロッカー
スマートフォンで開け閉めできる

にも見える。

坂村は、「AI は同居人と考えたらどうか」とあえて提案する。少子高齢社会に向かう中、フェース・ツー・フェースですべての人を支えることはできない。人ではなく、AI が人を助けたとしてもいいのではないか。「カメラの先にいるのは人ではなく AI であれば、それは見守りではないか」という。

AI が、私たちの住まいの中に本格的に入るのはまもなく。私たちは、AI とどう付き合っていくか、その可能性と限界を知ったうえでの判断が求められている。　　　（編集部）

写 13　冷蔵庫
収納状況が扉に表示される

column

震災応急仮設プレハブ住宅

—求められる住むための質向上—

2011年の東日本大震災では、ピーク時55万人の被災者を救済するために、参議院で2か月で3万戸の仮設住宅建設が宣言された。1947年の災害救助法第23条によって制定された応急仮設住宅制度に従って、岩手、宮城、福島の3県で5万戸が必要戸数として建設された。その建設の仕組みは、国土交通省からプレハブ建築協会と住宅生産団体連合会へ協力要請がなされた後、県が中心的な役割を担った。県は被災前から「災害時における応急仮設住宅の建設に関する協定」を結んでいたプレハブ建築協会に必要な住戸数を発注し、それがほぼ独占的に供給した。また建設用地は県が市町村と協力して選定した。建設費用は災害救助法に基づいて、一戸あたりおよそ240万円が設定されて厚生労働省から支払われたが、追加工事も重なって実際にはその3倍以上の費用がかかったという。

東日本大震災では被災者の数が多かったために、県はハウジングメーカーや地元工務店にも建設を依頼した。そこで明らかになったのは、仮設住宅の住宅としての基本性能の考え方の問題である。仮設住宅は、一時的な居住の安定を図る目的で2年の耐用期間で想定されていた。その標準仕様は、災害救助法では一戸あたりの規模は約9坪を基準にしており（当時プレハブ建築協会では1DKが6坪、2DKが9坪、3Kが12坪で工事を行った）、土台や構造の材料や断熱仕様はあくまでも応急の建設のためのもので、東日本大震災のように寒冷地で湿度も高い場所に建設された事例では、夏季にはかび、冬季には結露の問題が発生し、高齢者対策も加わったために追加工事が必要だった。また居住面積や収納、玄関スペースの不足、畳などの備品の不足のほかに、プレハブ協会による「規格建築」とハウジングメーカーや地元工務店による「応急建築」では、防音性能や断熱性能などの快適性能の差、鉄骨造と木造の空間的な質の差も表面化した。また、使用が終わったあとに再利用する仕様でつくられていないので解体費がかかり、資源が無駄になることもあった。

日本ではプレファブは倉庫から発達し、戦後は深刻な住宅不足を解決する策としてデザインや技術の開発がなされて工業生産住宅としての地位を確立し、現在はハウスメーカーによって住宅生産の18%を占める。しかし上記のような地域的要求への対応や、大規模災害では復興にかかる期間が予測不能なことが明らかになっている現在、新たな応急仮設住宅のコンセプトが必要であろう。それには業態を超えて協力し、プレハブの技術を活かした生産の仕組みや、居住環境としての快適で地域性を満たした仕様の計画、転用や仮設を本設に転換する構法技術などの開発を行うことが望まれる。（黒石いずみ）

表1　仮設住宅1戸あたりの建設費用

	標準額（建物のみ）	当初見込み		2012年3月時点		今後見込まれる追加費用
岩手	238万7,000円	断熱材 土地造成 水道管・電気敷設 浄化槽・受水槽 など	約530万円	断熱材追加 窓ガラスの二重化 トイレの暖房便座化 バリアフリー拡充 物干し台の雨よけ 砂利の舗装 など	約568万円	風呂追いだき +約40万円 物置設置 +約10万円 解体 +約100万円 (8割の住宅で発生)
宮城			約550万円		約664万円	
福島			約520万円		約574万円	

（時事通信：厚生労働省と岩手、宮城、福島各県への取材より）

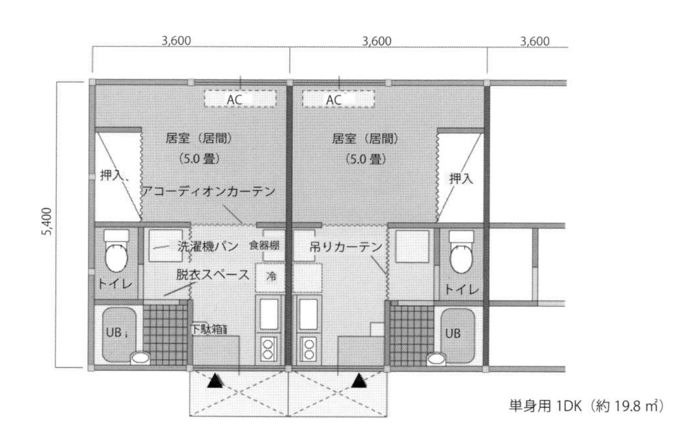

単身用 1DK（約 19.8 ㎡）

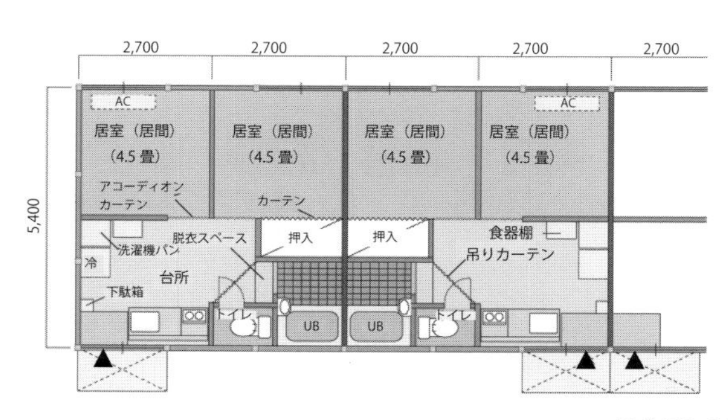

小家族用 2〜3 人用（約 29.7 ㎡）

図1　仮設住宅の標準プラン（プレハブ建築協会）

5 情報と住む

住宅を借りる、住宅を購入する、住む地域を選ぶ。いずれも金銭的、時間的にも莫大なコストのかかる行為である。住宅は、一生のうちもっとも高価な買い物であるといっても過言ではない。一度住まいを選択すれば、その住まいや地域に長期間拘束される。それゆえ、住む前にも後にも、住むための「情報」をいかに収集し、読み解き、判断するかが重要となる。ただし、住むことと情報の関係は、情報の受動的な受信だけにかぎられない。情報を能動的に発信することも、住むことと情報の関係を形づくっている。　（南後由和・山崎泰寛）

keyword **01**……**見る・検索する**

keyword **02**……**読む・行く**

keyword **03**……**学ぶ**

keyword **04**……**編集する・建てる**

◉受動から能動へ

本章は、「住む」に関する情報へのアクセスの態度として、「見る」「検索する」「読む」「行く」「学ぶ」「編集する」「建てる」という項目を立てた。順を追って、情報と住み手の関係が受動から能動へと変化する構成である（**図1**）。情報へのアクセスの態度を指標とすることで、情報が、住むことを実践する主体の振舞いの問題でもあることを示している。

「見る」情報は、住むことに関する情報へのアクセスとして、上記の項目の中で、もっとも受動的な態度によって得られる情報である。テレビは、スイッチを入れれば、向こうから情報が一方通行的に流れてくる。テレビは、なにか別の作業をしながら視聴ができる「ながら」のメディアでもある。広告は、看板、電柱、電車など街の風景や、郵便ポスト、新聞、雑誌、ウェブページなどの至るところに紛れており、不意に目に入ってくるメディアである（**写1**）。

写1　駅にある住宅情報誌のラック。無料配布されている（都営三田線・神保町駅）（撮影：南後由和）

「検索する」情報は、ユーザーがインターネット上の検索エンジンに、関心のあるキーワードや項目を入力する行為によって瞬時に得られる情報である。検索によって、見たくもなかったネガティヴな情報に触れてしまう機会も多々ある。とはいえ、調べたいキーワードを自ら入力するという点で、「見る」よりも、情報へのアクセスの能動度合いが一段階増す。

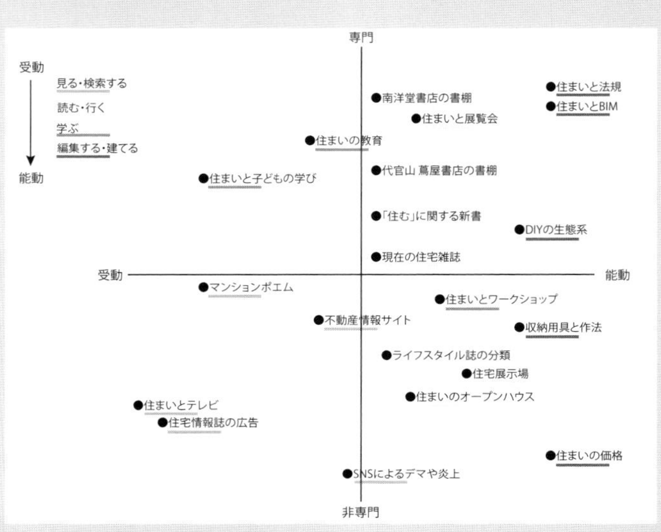

図1　住むための情報・事例マトリクス

「読む」情報は、基本的に有料なものが多く、本や雑誌を購入・賃借し、ページをめくりながら文字列を追う行為によって得られる情報である。「読む」行為は、「検索する」行為によって得た断片的な情報を、ある程度まとめて理解しようとするものでもある。ゆえに「見る」情報よりも能動的な態度といえる。

「行く」情報は、わざわざ特定の場所に足を運ぶという点で、「読む」情報よりも、さらに能動的な態度による情報へのアクセスといえる。インターネット・ショッピングでも手軽に本を買って読むことのできる現代において、書店は本を販売している場所である以上に、わざわざ本を探しに買いに行く場所だと理解できる。つまり、「検索する」情報は、できるだけ時間を短縮して必要な情報へとアクセスする対象であるのに対して、「行く」情報は、時間を使ってでもその場所にしかない情報を求めてアクセスする対象である。この時間感覚や場所感覚の違いも、「行く」情報をより能動的な態度として位置づけるゆえんである。

「学ぶ」情報は、座学のように、発信者から受信者へと情報が受け渡される一方的な関係を想像しがちである。しかし、住まいを軸に据えるとその関係性は必ずしも固定的ではない。ワークショップのように、単なる情報の授受にとどまらない、情報生成のるつぼとして学びの場が形成されることもある。また学校教育であっても、情報の受け手が住まいの担い手として成長し情報発信源となったり、つくり手のような積極性を獲得したりする場面もある。

「編集する」情報は、複数の情報の組合せや、新鮮な解釈によって生み出される。住み手自身が住まいを操作することによって生まれる情報でもあることから、ここでは、ときに「術」としてスキル化される収納を取り上げたい。収納は、既存の物品の配置をやりくりする空間的な編集作業である。

「建てる」情報は、収納のような空間的やりくりをさらに拡張して、望む暮らしを目指したブリコラージュ（日曜大工）として理解できる。そのための情報と材料を提供するDIY（Do It Yourself）産業の業態やインパクトは変容している。テクノロジーの劇的な進化を背景に、いわばDesign It Yourselfと置き換え可能なほどにこだわりをもってアウトプットできるようになった。リノベーションの小さなアイデアをメニュー化して顧客に提供するモクチン企画[※1]の試みも、情報と建築の物理的な接点を開拓する試みだ。

DIYの最新形にFabLab[※2]のようなデジタル化を据えるとするな

※1：モクチン企画
戦後の木賃アパートを都市のリソースととらえ、リノベーションを通じて再生するためのアイデアを「レシピ」として公開するなどさまざまなプロジェクトを実施している。代表は建築家の連勇太朗。

※2：FabLab
ものづくりのために市民に開かれた工房をつなぐ世界的なネットワーク。デジタル、アナログを問わず多様な工作機械を擁し、ものづくりのデータやノウハウを共有する文化的プラットフォームである。

らば、その実現は図面のデータ化が支えている。そこで、住宅を構成するデータの集約体として3次元データを用いるBIM[※3]（Building Information Modeling）を最後に取り上げ、住み手が能動的に住宅のデータを活用する可能性を例示した。

※3：BIM
建築物の情報をバーチャルな3次元空間にデジタルモデルとして構築する設計手法。情報共有にすぐれており、設計と施工、メンテナンスに必要な情報の一貫性を高めるとともに、具体的な空間イメージを想起しやすいためクライアントにもメリットが大きい。

◉情報の個人化・オープン化・共有化

データとの付き合い方も変化を迎えている。インターネットやSNSの普及にともない、情報の送受信が双方向になると同時に、情報の発信源がますます「個人化」するようになった。SNSは、趣味やライフスタイルの志向を互いにマッチングするツールとして機能している。同時代に台頭するようになったシェアハウスは、あらかじめ趣味やライフスタイルの志向のフィルタリングをかけた個人同士が集まることを促すSNSの普及と深く関係している。

Airbnb[※4]に代表される、情報の送り手と受け手による対等な関係の通信方式であるP2P[※5]サービスも、旅行代理店やホテルなどを介さず、個人のホストと個人のゲストが直接コミュニケーションをはかることを可能にするウェブプラットフォームである。

※4：Airbnb（エアビーアンドビー）
泊まる場所を探す旅行者と、空き家・空き部屋を貸したい人をつなぐオンラインサービス。

※5：P2P（Peer to Peer）
複数のパソコンを対等に接続するネットワーク手法。

情報の個人化に加え、これまで行政の内部に閉じられていた情報を公開し、人々の間で共有し、2次利用可能なものにするオープンデータという、情報の「オープン化」も進展した。日本では、2010年代以降、税金、医療・福祉、防災、観光などに関するデータが、各省庁や自治体のウェブサイトにオープンデータとして公開されるようになった。たとえば、イギリスのOpen Knowledge Foundation[※6]が開発したオープンソースプログラム「Where Does My Money Go?」をもとに開発されている「税金はどこへ行った？」が、自治体ごとの市民税の使途を計算してウェブ上に公開するプロジェクトとして展開されている（**図2**）。税金の使途という、生活インフラの充実度を測る指標のひとつが可視化され、さまざまな自治体と比較できるようになった。

※6：Open Knowledge Foundation
各国政府が提供するデータがどれほどオープンであるのかを、技術的、法的に評価するNPO団体。

また、住宅を設計、購入するという決断は、その費用はもちろん、その後長年その場所に住み続けるという点でそれ相応の覚悟がいる。入居後に、騒音などの住環境で悩まされるリスクを回避するため、周辺環境の情報を入念に調べることは一般化している。

◉生命リスクを回避するための情報

住宅が自然的脅威や人為的危害から身を保護し、生命を健やかに

保つ空間装置である以上、住むための情報は、時と場合によっては生命を左右する。「住む」ための情報には、リスクを軽減・回避するためにアクセスする情報という側面がある。

1995年の阪神・淡路大震災や2011年の東日本大震災などの大規模な自然災害の経験を経て、官民問わずに緊急時の生命リスクを軽減するための情報が提供されている。

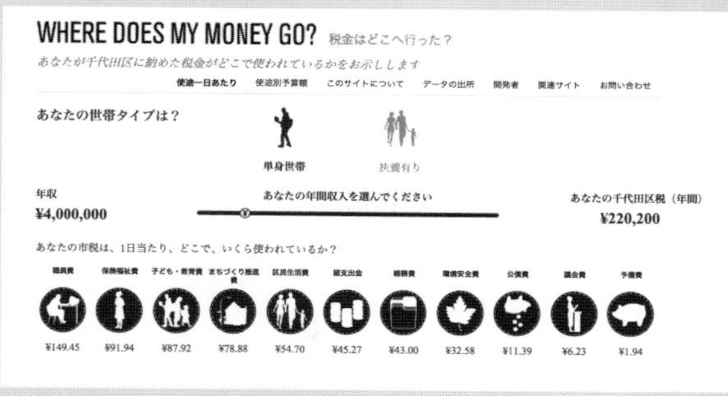

図２　税金はどこへ行った?（東京都千代田区）ウェブサイト
（http://chiyoda.spending.jp）

建築設計の手法を活かした情報提供のひとつに、「逃げ地図」をあげることができるだろう（**写２、図３**）。「逃げ地図」とは、過去の津波到達地点の情報をもとに、任意の地点から安全圏への避難時間を地図上に表現するビジュアルシミュレーションである。避難地点に到達するまでの時間を色彩によって可視化する取組みとして興味深い。もともとは日建設計ボランティア部の発案で、復興期のまちづくりにおける合意形成に活用することを目指してきたが、予防措置を講ずるためのワークショップとしても注目を集めている。

写２　逃げ地図ワークショップ

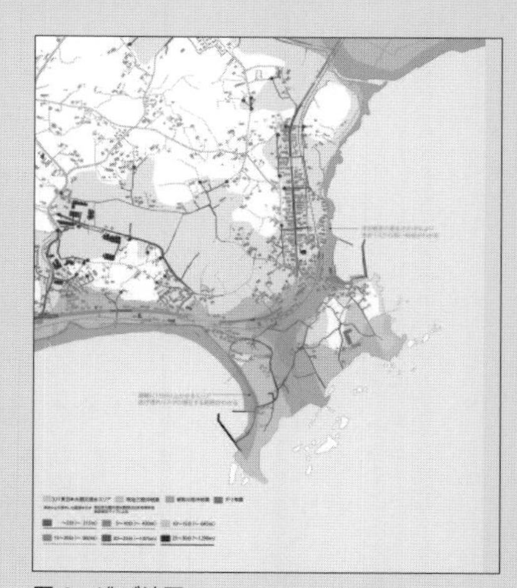

図３　逃げ地図

SNSは、マスメディアでは担保できない、ローカルな情報を瞬時に伝達、共有できるというメリットがある一方で、それらの情報の真否が定かではなく、マスメディアよりは相対的に信頼度が劣るというデメリットがある。そのため、ときにデマの流布や炎上につながり、人々を混乱に陥れることもある。

インターネットやSNS上に限らず、正しく、役に立つ情報ばかりが流通しているわけではない。流通しているのは、ある部分は拡張され、そうでない部分は縮小された２次的な情報である。情報を批判的に読み解き、真偽を見極めるための情報リテラシーが求められる局面が増えている。そして、読み解いた情報のクリエイティブな活用方法を生み出すことが、能動性における次なる課題である。一見ばらばらな情報を組み合わせ、コンテンツとして編み直すリテラシーもまた、情報自体のクオリティとともに追求されてしかるべきだろう。（南後由和・山崎泰寛）

写３　モクチンレシピ

keyword

01

見る・検索する

◉「見る」情報

テレビは、携帯電話やスマートフォンなどのパーソナルなメディアとは異なり、家族など複数人で一緒に視聴することに適したメディアである。そのため、「住む」に関するテレビ番組は「大改造!! 劇的ビフォーアフター」や「渡辺篤史の建もの探訪」など、家族に関するものや、旅や観光と連動したものが多いことに気づく。

広告は、商品としての住宅を販売するメディアといえる。広告には、人生で一番高い買い物といっても過言ではない住宅をめぐる理想や夢が投影されているとともに、物件の詳細、価格、ローンなどの現実的な情報が詰め込まれている。イメージ写真と一体となった「マンションポエム」は、まさに理想や夢の過剰な演出装置といえる。

住宅情報誌は、読物などの誌面も充実しているが、さまざまな住宅広告がまとめて冊子化されたようなメディアである。住宅情報誌が不動産情報サイトの浸透を背景に無料化し、購読料ではなく不動産会社からの広告費によって収益をあげるフリーマガジンへと変化したことも、住宅情報誌と広告の境界がより曖昧になったことを示している。

◉「検索する」情報

1990年代後半以降、インターネットや携帯電話が普及し、不動産情報サイトの利用が定着するようになった。不動産の探し方は、「とりあえず不動産屋に行く」ことから「あらかじめインターネットで検索する」へと変わった。メディア環境の変化は、不動産の探し方という行動様式をも変化させた。

不動産情報サイトは、売買よりも賃貸のほうが、利用機会・契約頻度が多いため、数・種類ともに充実している。価格、間取り、最寄駅からの距離、構造・設備などの検索項目は、不動産を探すうえで、ユーザーがなにを欲しているか、なにを優先順位としているかを示している。

情報には、ポジティヴな側面も、ネガティヴな側面もある。インターネットやSNS上では、デマや炎上のように、ネガティヴな情報のほうが速い速度で広範囲に拡散する。2005年の耐震強度偽装問題や2015年の杭打ちデータ改ざん問題は、対岸の火事にとどまることはなかった。私たちの住まいも同様のリスクに晒されていないかと、多くの人たちの関心を集め、不安心理を煽った。住まいに関する情報は、場合によっては生死にも直結する切実な問題をはらんでいる。

（南後由和）

事例❶……住まいとテレビ

テレビの設置場所が住宅設計の悩みのタネであるだけでなく、住まいとテレビは切っても切り離せない関係にある。

テレビが家庭内に普及する以前、映像は街頭テレビや映画館でしか経験できなかった。その後家庭用テレビの画面は大型化する一方で、スマートフォンなどで個別に視聴するケースも一般化してきた。定額配信サービスも拡大し、映像コンテンツの受け取り方は多様化している。都市空間のレベルで見れば、それはデジタルサイネージやプロジェクションマッピングということになるだろう。それらは、かつての街頭テレビがもたらしたイベント性や観客同士の一体感を、別の形でリバイバルしている。映像において、住まいはどのようにコンテンツ化してきたのだろうか。

建築がテーマになるテレビ番組には、暮らしを訪ね歩く番組、古建築や近代建築の芸術的側面に注目する番組、凝った間取りや内装を紹介する物件案内番組などがあるが、2000年代以降もっともインパクトがあったのは「大改造!! 劇的ビフォーアフター」だろう。問題を抱えた住宅のリフォームを、「匠（たくみ）」と称する建築家が解決するドキュメンタリー調の番組である。プロデューサーの井口毅によれば、番組の主眼は「建築が変わることでその家族が再生するというドラマ」である※1。興味深いのは、高い視聴率をマークするテーマは狭小住宅であるということ。制約が大きく、視聴者が感情移入しやすいという。ほかに「渡辺篤史の建もの探訪」は30年以上親しまれている。

バラエティー色の強い地上波と一線を画すのが、BSで放送中の「世界の窓」だ。同番組は、「窓」を、物理的、精神的、そして社会的な内外の接点ととらえ、「人びとが窓に込める愛着」（番組公式サイト）を紹介している。単に住まいを構成する部分としてではなく、世界各地の文化を窓に象徴させた点が興味深い。

（山崎泰寛）

写1　テレビ普及の宣伝にメーカーが設置した街頭テレビに集まる人々。1953年、新橋駅広場にて

表1　主な住まいのテレビ番組

タイトル	放送局	放送時期
渡辺篤史の建もの探訪	テレビ朝日系列	1989年～現在
大改造!! 劇的ビフォーアフター	テレビ朝日系列	2002年～2016年（現在は不定期）
世界の窓	BS-TBS	2007年～現在
住人十色	毎日放送他	2008年～現在
突撃！隣のスゴイ家	BSテレ東	2018年～現在

※1：井口毅「建築を通して家族の再生を描く――大改造!! 劇的ビフォーアフター――」（『建築雑誌』2015年7月号、22-23、日本建築学会）
※2：森内大輔「建築の時間的奥行きを引き出すプロジェクションマッピング」（『建築雑誌』2015年7月号、20-21、日本建築学会）

事例❷……住宅情報誌の広告

1976年に創刊した『月刊 住宅情報』(日本リクルートセンター住宅情報事業部)は、1979年に週刊誌となった。間取り図を掲載し、「駅から○分」という表示を1分＝80 mとする業界基準を広めた点が画期的であった。

1970年代は、郊外の戸建住宅が「現代住宅双六」(『朝日新聞』1973年1月3日朝刊)のゴールとされ、住宅情報誌の多くを占めるようになった。一方で、都内のワンルームマンションの広告も一定数見られ、その購入はサラリーマンの資産運用の理想とされた。

1980年代は、70年代より誕生したニュータウン開発が、民間

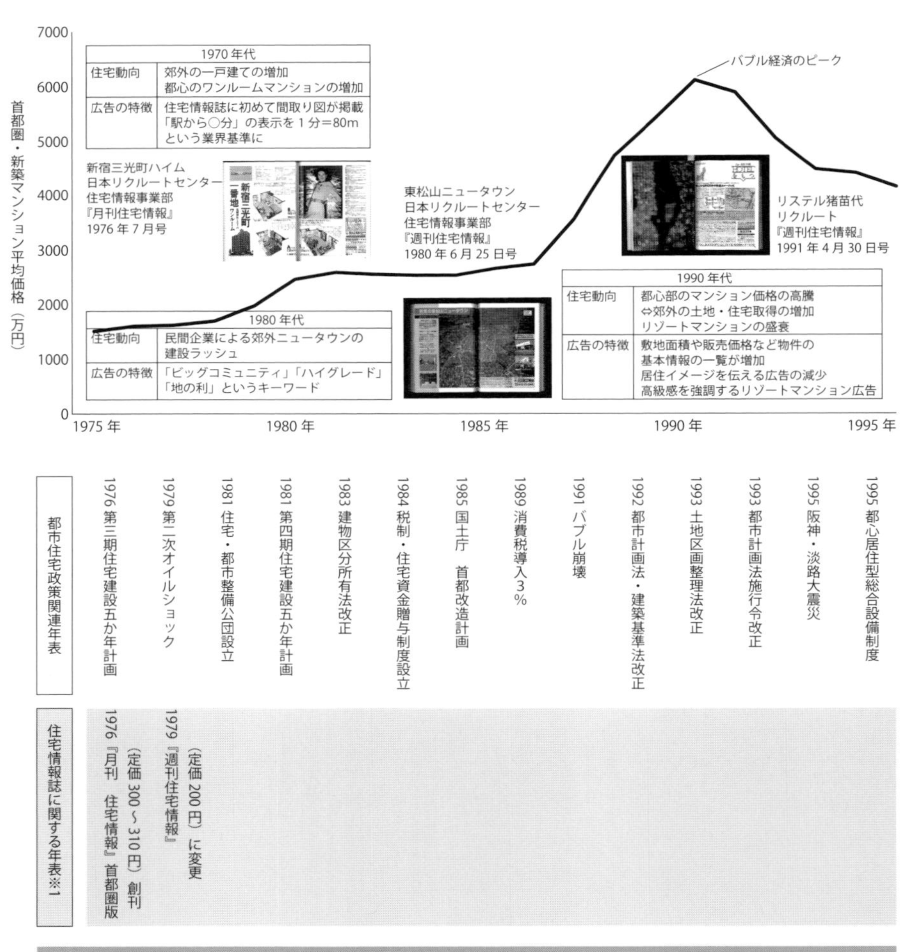

※1：新築分譲の住宅情報誌のみを扱う。

図1　住宅情報誌をめぐる年表（1975～2015年）

企業の参入により加速し、開発前の広大な敷地を上空から撮られた写真が多く掲載された。

1990 年代前半は、居住イメージを伝えるような都心や郊外の住宅広告はわずかであった一方、「高級感」「特別感」を謳った地方のリゾートマンションの広告が多く、バブル景気の影響が感じられる。

1990 年代後半と 2000 年代は、外観写真を用いて「高さ」を強調し、花木の写真を合成することで、「自然豊か」な居住環境を謳う、都心の超高層マンション広告が多く見られた。

2010 年代は、湾岸エリアの超高層マンションが建設ラッシュとなり、広告には海辺との近接を謳うために上空写真が多用される一方、東日本大震災の影響で震災リスクに関する言及も目立つ。　（寺出朋子）

The Tower Grandia
リクルート
『週刊住宅情報』
2001 年 10 月 3 日号

1990 年代後半・2000 年代	
住宅動向	度重なる建築規制の緩和 都心部のタワーマンション建設数の増加
広告の特徴	CG 技術の発展 居住イメージを強調する傾向へ

ザ・パークハウス 晴海タワーズ
リクルート『SUUMO 新築マンション 首都圏版』
2012 年 4 月 30 日号

2010 年代	
住宅動向	都心部のマンションはより 高層化・大規模化へ
広告の特徴	超高層マンション広告の飽和 震災リスクに関する表現の増加 「免震」「駅前・駅直結」 というキーワード

1996 年　2000 年　2005 年　2010 年　2015 年

1997 敷地規模型総合設計制度
1997 建築基準法改正
1997 消費税 5%
2000 特例容積率適用区域制度
2000 マンション管理適正化法
2002 都市再生特別措置法
2005 アスベスト問題
2006 中心市街地活性化法改正
2006 建築基準法改正（耐震偽装）
2007 都市再生特別措置法改正
2008 リーマンショック
2008 長期優良住宅法
2011 東日本大震災

1996『住宅情報 On The Net』開始
1999『ISIZE 住宅情報』に変更
1999『住宅情報』エリア版（定価 380 ～ 390 円）創刊
2001『都心に住む』（現：都心に住む by SUUMO）（定価 300 円）創刊
2002『住宅情報』を『住宅情報 STYLE』（定価 280 円）に変更・『住宅情報タウンズ』（無料）首都圏にて創刊
2004『ISIZE 住宅情報』を『住宅情報ナビ』へ変更・『ハウジングナビ』開始
2005『住宅情報マンションズ』（無料）首都圏にて創刊
2007『住宅情報ナビ』総合サイト化
2007『住宅情報マンションズ』首都圏エリア版（無料）創刊
2009『SUUMO』にブランド統合
2010『SUUMO 新築マンション』首都圏版（無料）に変更
2010 スマートフォン版 SUUMO・SUUMO 公式ツイッター・Facebook『SUUMO 公式ファンページ』開始

1996 年 15 万部　1999 年 9 万 3 千部　2002 年 6 万 4 千部　2004 年 5 万 4 千部　2005 年 10 万部　2007 年 14 万 2 千部　2017 年 4 万 3 千部

事例❸……マンションポエム

「マンションポエム」とは、おもに高級分譲マンションの広告で使用されるキャッチコピー※1のことで、過剰ともいえる情緒的・抽象的な表現に特徴がある（**写1**）。ポエム作家ならぬ広告制作者の目的は、購入検討の初期段階にある生活者への興味喚起である。物件に興味をもってもらい、資料請求へとつなげることが狙いだ※2。

そんなポエムで表現されるのは「いかに他物件よりも優れているか」というヒエラルキーである（**図1**）。すぐれた立地や眺望など、その物件の所有で得られる「高いステータス」に彼らは夢を見るのだ。

今後は、自律走行車の普及・配送サービスの向上などから、移動の労力は低減するだろう。すると例えば、自然環境のよい「駅遠」物件を好んで選ぶ人も多く出てくるかもしれない。そのように物件の価値が、ステータス（優位性）からバリエーション（多様性）にシフトした将来、ポエムはその役割を終えるのではないだろうか。（星野雄）

写1　「マンションポエム」のイメージ
※ポエム（コピー）は筆者が作成
※画像はgetty imagesより引用

「マンションポエム」にて用いられる単語のパターンを類型化
※2016年12月時点で発売された東京近郊の分譲マンションのホームページよりキャッチコピーを抜粋し分析

	「立地」の価値	「時間」の価値
なにを（仕事内容）	●環境のよさ 展望の○○/眺めを誇り/四季を感じ/美しい緑の○○ ●利便性のよさ ○○駅近に/○○の中心で ●街としての格 ○○の地に/憧れの○○/品格の○○	●未来に向けて 未来を紡ぐ/永く暮らす/時を愉しむ/次の世紀へ ●過去を振り返って 歴史を継ぎ/趣深い佇まい/悠久の地で/伝統の地○○で/○○余年の歳月が/千年の丘

↓

	句読点	英語	難解な漢字
どう伝えるか（表現）	「、」や「。」といった句読点を多用する傾向	GLOBAL/BEAUTIFUL/VISION/SYMBOL/FIRST LUXURY/SCENE	邸宅/棲む/楼/蒼き/歓び/清麗/豊潤/静謐/愉しむ/纏う/煌めき/陵丘

図1　「マンションポエム」での訴求内容と表現の傾向

※1：写真家の大山顕が命名した。
※2：（初期段階を終えて）具体的に購入決定を行う段階では、ポエム（情緒/抽象）で夢を見るどころではなく、現実的な価格や設備などのスペック（機能/具体）がなによりも重視されるであろう。

事例❹……不動産情報サイト

「SUUMO」をはじめ、多様な物件を網羅的に掲載する住宅情報サイトが誕生した時期は、1990年代後半である。2000年代以降は、賃貸物件を中心に、テーマ性を重視した住宅情報サイトも増加するようになった。

「東京R不動産」は、数字に還元される量的なスペックとは一線を画し、「レトロな味わい」「倉庫っぽい」などの質的な特徴をピクトグラムで表現し、検索

表1　不動産情報サイトのカテゴリー別事例

カテゴリー	新築・中古・賃貸／マンション・アパート・一戸建て	リノベーションデザイナーズ	シェアハウス
サイト名	SUUMO	東京R不動産	ひつじ不動産
物件の種類	賃貸・売買	賃貸・売買	賃貸
開設年	1996年 『住宅情報 On The Net』開始 1999年 ISIZEに変更 2009年 『SUUMO』にブランド統合 2010年	2004年	2007年
運営主体	株式会社リクルート住まいカンパニー	株式会社スピーク	株式会社ひつじインキュベーション・スクエア
物件の掲載範囲	全国	東京	全国
検索言語	日本語	日本語	日本語
検索ボックス ※検索ボックスはすべてPC版	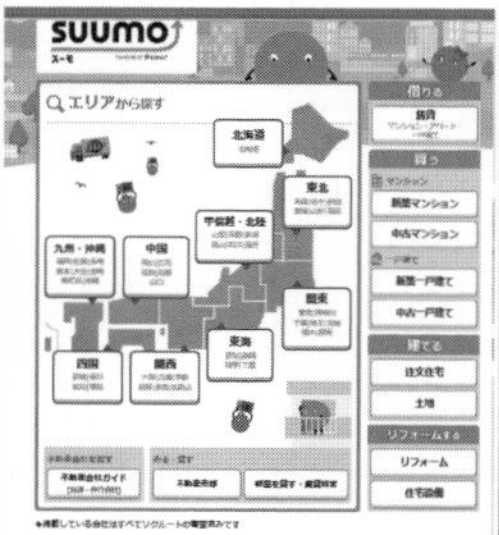		
参考ウェブサイト	http://suumo.jp/	https://www.realtokyoestate.co.jp/	https://www.hituji.jp/

項目に盛り込んだ。また「東京R不動産」はリノベーション物件、「ひつじ不動産」はシェアハウスの流通に貢献した。

「Airbnb」は、滞在場所、期間、人数のみを入力する検索ボックスによって、ユーザーと物件をマッチングさせるシンプルな仕組みを特徴とする。

総務省による「全国移住ナビ」は、地方で深刻となっている空き家増加の問題解決策として開設され、仕事や周辺環境に関する検索をもとに移住先を選択できるシステムをもつ。そのほか、高齢化を背景に、福岡の「すまいあん」などのように、自立・要支援・要介護・認知症という入居条件の検索項目を有し、有料老人ホーム・高齢者住宅に特化した住宅情報サイトも登場するようになった。（寺出朋子）

表 1　不動産情報サイトのカテゴリー別事例（続き）

カテゴリー	シェアハウス・ゲストハウスマッチング	高齢者住宅老人ホーム	地方移住
サイト名	Airbnb	すまいあん	全国移住ナビ
物件の種類	賃貸・民泊	賃貸・有料老人ホーム	賃貸・売買
開設年	2008 年	2009 年	2015 年
運営主体	Airbnb, Inc	NPO 法人高齢者住宅情報センター	総務省
物件の掲載範囲	世界 191 か国	福岡	全国
検索言語	26 言語（日本語含む）	日本語	日本語
検索ボックス ※検索ボックスはすべて PC 版	 ユニークな宿泊先や体験を予約しましょう。 エリア どこでも チェックイン　チェックアウト yyyy/mm/dd　yyyy/mm/dd ゲスト 人数 探す	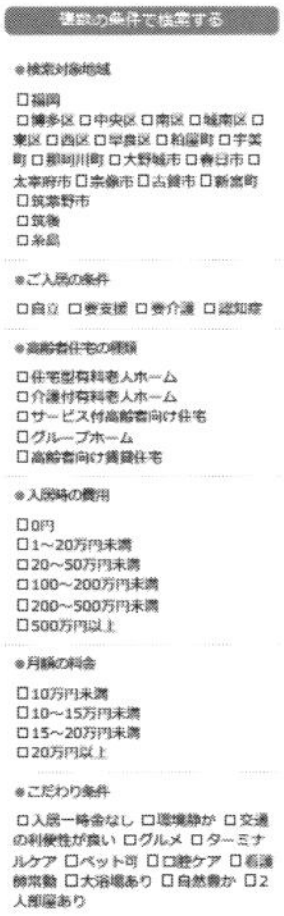	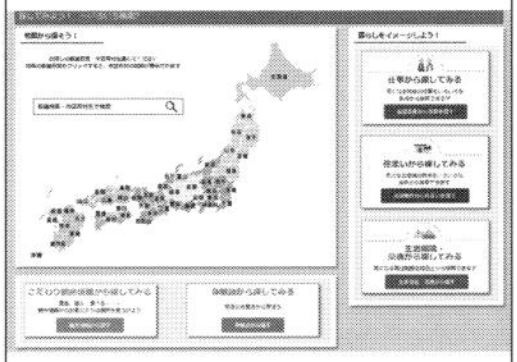
参考ウェブサイト	https://www.airbnb.jp/	http://sumaian.org/wp/	https://www.iju-navi.soumu.go.jp/ijunavi/

事例❺……SNSによるデマや炎上

新国立競技場や豊洲市場。WEB領域で増幅された群衆の声（**図1**）が、大規模建築の建設・移転の見直しに影響を与えた。ただ、それらの声はポジティヴなものに限らず、デマや炎上といった現象も多く見られたのはなぜか。理由のひとつめは、「建築の仮想敵化」である。SNSでは（匿名であればあるほど）批判的な声のほうが発信しやすく、それは敵に仕立てた「大きな存在」に向けられる。大規模建築は、建築物としての“実態”と、その裏にある“権力”のふたつの大きさを想起しやすいことから、格好のターゲットになったのではないか。ふたつめは、Twitterのリツイートなどの「SNSの簡便な引用機能」である。この便利さは、自分に都合のいい情報を、深く咀嚼せずに拡散する危険性をはらんでいる。私たちは今後、大量かつ即時的に情報が流れるタイムライン上で、真偽のわからない投稿を目にすることもあるだろう。私たちは「仮想敵」に付け焼刃の「引用機能」で対抗するのではなく、確かな知性で情報を取捨選択していく必要がある。（星野雄）

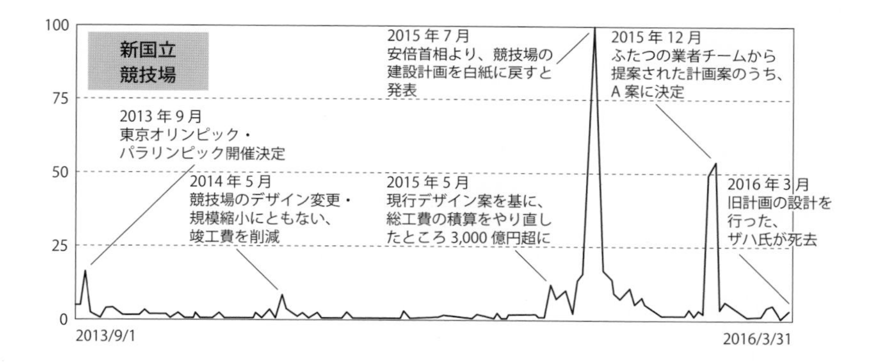

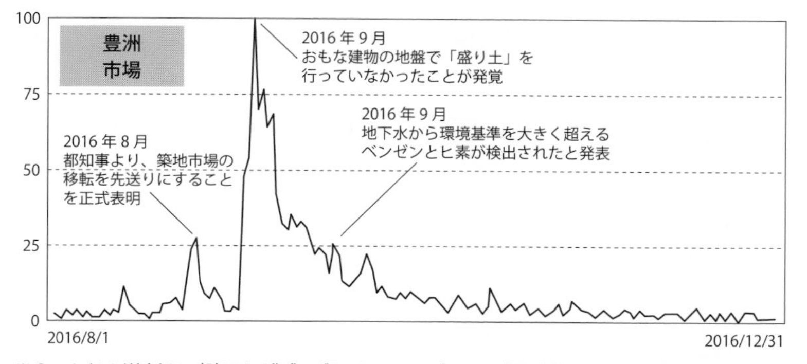

※ Googleトレンドをもとに一部加工して作成。グラフのスコアは、各ワードの期間内検索ボリュームの最大値を100としている。

図1　「新国立競技場」と「豊洲市場」の検索ボリュームの時系列推移

keyword

02

読む・行く

◉「読む」情報

「住む」に関する新書は、複数ある新書の系統の中で、ノンフィクション系と呼ばれるジャンルに属する。新書は、「知のコンビニ化」などと揶揄されることもあるが、当該テーマやジャンルの入門書的位置づけとして身近な書籍となっている。

専門誌と一般誌の境界は、書き手の違いによって形成される。専門誌は、建築家・建築史家・研究者などの専門家が書き手の中心であり、一般誌は、書き手がそれらの専門家というよりはライターなどが中心である。一般誌で専門家が登場する場合、インタビューやコラムなどで登場するケースが多い。

一般誌であるライフスタイル誌に関しては、日本雑誌広告協会の分類によると、雑誌のジャンルのもっとも大きな区分として、男性誌か女性誌かという性別による区分がある。雑誌上では、ライフスタイルが男女で分断されている。

◉「行く」情報

書店の新刊棚には、社会動向を反映した建築界の潮流が表れる。Eコマース※1市場が拡大して以降、書店は「検索期待値」というよりも、当該書店の選書や品揃えによる、本との偶発的な出会いを期待する「遭遇期待値」が高められた場となった。近年は、南洋堂書店※2と代官山蔦屋書店ともに、外国人観光客が増加傾向にあり、外国人観光客が日本の建築に関する情報を収集する場ともなっている。

「住む」に関する展示は、建築を模型や図面などのメディアに変換した展示のタイプと、建築の実物を展示するタイプに分かれる。前者は、博物館、美術館、ギャラリーなどの展覧会である。後者は、オープンハウス、モデルルームなどである。基本的に、前者は文化、教養、芸術としての「住む」に関する情報にふれる場であり、後者は住宅購入に関する情報を入手する場である。

住宅購入の際、その判断材料として、実物の住宅を見学することや他社の住宅との比較ができる場が求められる。そのような場の代表例である住宅展示場は、原寸大の展覧会であるとともに、実物の住宅が理想や夢のライフスタイルとともに演出された広告装置でもある。後者は、テレビ局や新聞社の系列会社が、住宅展示場の運営に参入している理由となっている。

（南後由和）

※1：Eコマース
Electric Commerce
電子商取引。インターネットなどを利用して行うさまざまの商取引をいう。

※2：南洋堂書店
東京・神保町にある建築専門書店。

事例❶……「住む」に関する新書

出版点数トップ5の新書レーベル別に、「住む」に関連するタイトル数（サブタイトル含む）を、①家・住宅〜⑩環境・エネルギーの項目ごとに分類した表を作成した（表1）。創刊から2016年12月までに刊行した新書が調査対象である。

トップ5の新書レーベル全体では、「住む」に関連するタイトル数は約6.2%を占める。ちくま新書が、もっとも割合が高い。レーベル別の特徴を見ていくと、岩波新書は、⑦都市・地域・コミュニティや⑨震災・復興の比率が他のレーベルに比べて高い。中公新書は、②生活・ライフスタイルでは生活史、⑥建築では建築史、⑦都市・地域・コミュニティでは都市史などの歴史や、④教育・福祉では少子高齢化に関するものが多い。講談社現代新書は、⑦都市・地域・コミュニティのなかでも都市に加え、⑧交通では鉄道も多く扱う。ちくま新書は、医療を含む④教育・福祉や⑦都市・地域・コミュニティの中でも地域や地方。文春新書は、数は少ないが、マンションの管理や廃墟化、東日本大震災や原発問題など、タイムリーなテーマを扱う傾向にある。

（寺出朋子・南後由和・野﨑敬乃）

表1　「住む」に関する新書タイトル数の分類

	全体数	「住む」に関するタイトル数／全体に占める割合（%）	①家・住宅	②生活・ライフスタイル	③家族・家庭	④教育・福祉	⑤家計・年金	⑥建築	⑦都市・地域・コミュニティ	⑧交通	⑨震災・復興	⑩環境・エネルギー
岩波新書（1938年創刊）	3,141	208（6.6%）	7	32	27	22	11	9	52	4	25	19
中公新書（1962年創刊）	2,414	138（5.7%）	7	33	11	23	1	13	37	6	2	5
講談社現代新書（1964年創刊）	2,405	118（4.9%）	8	25	17	18	7	6	19	9	4	5
ちくま新書（1994年創刊）	1,229	145（11.8%）	7	28	9	38	6	6	27	5	12	7
文春新書（1998年創刊）	1,111	26（2.3%）	6	2	3	3	3	1	4	0	2	2
計	10,300	635（6.2%）	35	120	67	104	28	35	139	24	45	38

表2　分類項目別のキーワード一覧

①家・住宅	②生活・ライフスタイル	③家族・家庭	④教育・福祉	⑤家計・年金
住／住む／住宅／居住 移住／家／家具 インテリア／間取り マンション／台所／食卓 宅／室／邸	生活／暮らし／暮らす ライフスタイル／整理 収納／食／DIY 眠り／睡眠／寝	家族／家庭 パラサイトシングル／夫婦 親／子／子ども	介護／福祉／ケア／少子化 高齢化／高齢者／医療／教育 育児／人口減少 生活保護／居住福祉	家計／年金／貧困／格差 教育格差
⑥建築	**⑦都市・地域・コミュニティ**	**⑧交通**	**⑨震災・復興**	**⑩環境・エネルギー**
建築／建物	都市／まち／街／町／地域 地方／郊外／まちづくり 商店街／町内会 コミュニティ／自治体 部落／集落／町人／町衆／住民	交通／車／自転車／電車 バス／モノレール／シティ 道路／駅／モビリティ 移動／鉄道／地下鉄	復興／震災／原発／被災 風評被害／地震／3.11	環境／エネルギー／資源 公害／水道

※新書のタイトルには、レーベル別の特徴がある。岩波新書は、「○○と○○」や「都市」「自動車」「原発」など単語ひとつの簡潔なタイトル、ちくま新書は、「○○を問い直す」、文春新書は、「○○が壊れる」「○○が危ない」などアジテーション風のタイトルが多い。

事例❷……現在の住宅雑誌

建築は、それが建つ敷地から離れられないために、その場に赴けなければ写真や図面で建築を追体験することになる。逆に、土地から動かない建築は被写体として格好の素材であり、それらの写真は複製され、建築のイメージを世界中に流通させることができた。裏返せば、写真に収められた建築は世界規模で影響力をもちえたのである。

写真と図面、そしてテキストが束になった建築メディアの最古参が『新建築』である。1925年の創刊の辞に、発行人・吉岡保五郎はこんな言葉を残している。曰く、この雑誌の使命は「建築界の全般に跨るのであるが、当面の任務としては、主として住宅の研究紹介」であった。吉岡の思いは、何度も組まれた住宅の特集を経て、60年後の1985年に『新建築 住宅特集』として実を結ぶことになる。

20世紀末から2000年代にかけて建築専門誌はタイトル数を減らし続けたが、住宅建築を主戦場とする雑誌は消えなかったし、住まいに関連した雑誌はむしろ増えているともいえる。さらに、インディペンデントな雑誌メディアも登場してきた。その中でも名古屋発の『棲』[※1]（2009～19年）は、住宅から暮らしをカバーする編集内容に加えて、東京一極集中に対するオルタナティブとしても興味深かった。（山崎泰寛）

表1　2020年現在刊行されている主な住宅雑誌

タイトル	出版社	創刊	
①モダンリビング	ハースト婦人画報社	1951年	隔月刊
②住宅建築	建築資料研究所	1975年	隔月刊
③新建築 住宅特集	新建築社	1985年	月刊
④ I'm home	商店建築社	1999年	隔月刊
⑤ LiVES	第一プログレス	2001年	隔月刊
⑥住む。	泰文館	2002年	季刊

①

②

③

④

⑤

⑥

※1：http://jiyukukan.net/

事例❸……ライフスタイル誌の分類

ライフスタイル誌とは、日本雑誌広告協会の区分においても多岐のジャンルにわたる、包摂範囲の広い、曖昧な形象である。それをあえて分類するならば、男性の趣味に紐づく「ライフデザイン誌」と女性の家事に紐づく「生活実用情報誌」のふたつに分けることができる。

表1　生活実用情報誌の分布

性別	大区分	ジャンル	カテゴリ	雑誌名	創刊年
女性	ライフカルチャー	生活実用情報誌	ハウスホールド全般	家の光	1925
				ESSE（エッセ）	1981
				Como（コモ）	1990
				サンキュ！	1996
				Mart（マート）	2004
				PHP くらしラク～る♪	2009
				暮らし上手	2010
				CHANTO	2014
			生活情報全般	暮しの手帖	1948
				関西ファミリーウォーカー	2004
				かぞくのじかん	2007
			食（料理・レシピ）	栄養と料理	1935
				きょうの料理	1958
				3分クッキング	1974
				オレンジページ	1985
				レタスクラブ	1987
				オレンジページ COOKING	1991
				うかたま	2006
				栗原はるみ haru_mi	2006
				きょうの料理ビギナーズ	2007
				おかずラックラク！	2009
				上沼恵美子のおしゃべりクッキング	2010
				クックパッド magazine!	2015
			手づくり	ミセスのスタイルブック	1978
				COTTON TIME（コットンタイム）	1994
				ゴスロリ	2003
				四季彩ペインティング	2003
				ビーズ Friend	2004
				Deco&Deco	2008
				ペイントフレンド	2009
				すてきにハンドメイド	2010
				favori（ファヴォリ）	2015
			住（インテリア・エクステリア・雑貨）	モダンリビング	1979
				フローリスト	1984
				私のカントリー	1991
				ELLE DECOR	1992
				家具コレクション	2002
				エクステリア&ガーデン	2004
				Come home!	2005
				SUSU ―素住―	2009
				Bon Chic（ボンシック）	2009

※一般社団法人日本雑誌広告協会「雑誌ジャンルおよびカテゴリ区分一覧」（2016年8月9日更新）をもとに作成。

例えば、『BRUTUS』（マガジンハウス）や『Pen』（CCCメディアハウス）はライフデザイン誌であり、暮らしにまつわるモノやコトを写真や文章で紹介する。一方、生活実用情報誌には、『オレンジページ』（オレンジページ）や『ESSE』（扶桑社）などがあり、家事や家計の工夫、レシピ、年金問題、夫とのつき合い方が中心的なトピックである（**表1**）。**図1**が示すように、発行部数が多い雑誌をジャンルごとに分類すると、生活実用情報誌はもっとも高いシェアを占めている。とりわけ、生活実用情報誌を構成する5つのカテゴリのうち、「ハウスホールド全般」と「食（料理・レシピ）」に分類される雑誌が上位となっている。生活実用情報誌の多くは、スーパーのレジ付近でも売られている。そのシェアの高さには、家庭で家事に従事する主婦という古典的な女性像との結びつきを見てとれる。（野﨑敬乃）

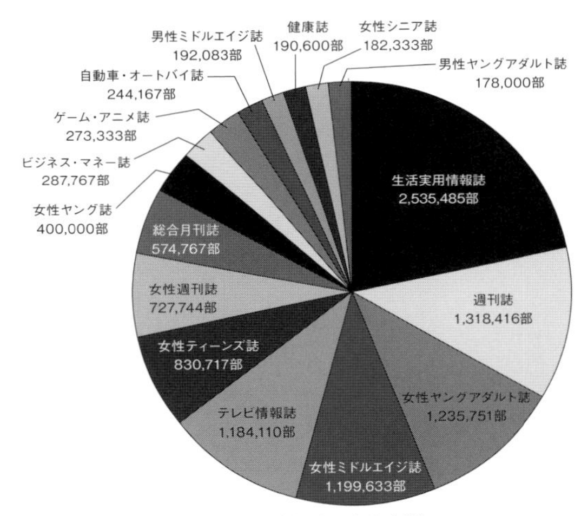

図1　日本の雑誌発行部数上位50誌における生活実用情報誌の占有率※1
日本の雑誌を発行部数が多い順に50位まで集計し、ジャンルごとに発行部数を合計した。全体のうち約22%を生活実用情報誌が占めている

表2　発行部数上位50誌に入る生活実用情報誌

順位（50位中）	雑誌名（出版社）	発行部数（部）
2	家の光（家の光協会）	524,200
9	ESSE（扶桑社）	353,667
10	オレンジページ（オレンジページ）	338,917
11	サンキュ！（ベネッセコーポレーション）	322,400
12	きょうの料理（NHK出版）	301,767
31	栗原はるみ　haru_mi（扶桑社）	201,000
47	Mart（光文社）	166,600
49	レタスクラブ（KADOKAWA）	164,867
50	すてきにハンドメイド（NHK出版）	162,067
計		2,535,485

※1：図1、表2ともに一般社団法人日本雑誌協会「印刷部数公表」（部数算定期間2016年4月～6月）をもとに作成。

【参考文献】
一般社団法人 日本雑誌広告協会「雑誌ジャンル・カテゴリ区分」（2016年8月9日更新）
一般社団法人 日本雑誌協会「印刷部数公表」（部数算定期間2016年4月～6月）

事例❹……南洋堂書店の書棚

南洋堂書店は、東京の神保町にある建築専門書店である。1910年に創業し、1960年代から建築専門書店となった。おもな顧客層は、建築実務家4割、大学などの教育関係者4割、学生2割。新刊が売れにくい時代に入り、南洋堂書店は、大型書店には真似できない品揃えにすべく、2000年代から古書販売に力を入れるようになった。建築の専門性をより強化し、ニッチ度を高めることによって、顧客の要望に応えるためである。

住宅系の本は、2階に上って左側の書棚にある。8列目の棚から1列目の棚へ（右から左へ）、旧から新へとゆるやかな時系列をなし、新刊・古書・住宅関連の雑誌バックナンバーが同列に並んでいる。書棚の概要は、8列目〜7列目は、おもに数寄屋や民家、大正・昭和の集合住宅、シェア、コミュニティ・デザイン。6列目は、住宅作家、海外の住宅、実務マニュアル。5列目は、設計詳細図集、設計例集。4列目は、リノベーション・DIY、エコ・省エネ・サステナビリティ。3列目は、窓・階段、ディテール・寸法、トイレ・キッチン。2列目は、照明、インテリア、ライフスタイルとなっている。施主向けのヴィジュアル・リソース本より、設計者向けの専門書が多いのが特徴である。（南後由和）

1-1	2-1	3-1	4-1	5-1	6-1	7-1	8-1
1-2	2-2	3-2	4-2	5-2	6-2	7-2	8-2
1-3	2-3	3-3	4-3	5-3	6-3	7-3	8-3
1-4	2-4	3-4	4-4	5-4	6-4	7-4	8-4
1-5	2-5	3-5	4-5	5-5	6-5	7-5	8-5
1-6	2-6	3-6	4-6	5-6	6-6	7-6	8-6

1-1 『a + u』バックナンバー
1-2 木材、材料
1-3 『ディテール』『ディテール・ジャパン』バックナンバー、木材、木造空間
1-4 『商店建築』バックナンバー
1-5 店舗、美容室
1-6 洋書写真集、リビング、『デザイン大系』

2-1 『a + u』バックナンバー
2-2 ペットと暮らす、スタイルのある家、海外ドラマ、ライフスタイル
2-3 『ディテール』バックナンバー、屋根、天井
2-4 キッチン、照明、『コンフォルト』バックナンバー
2-5 インテリア、家具、海外インテリア
2-6 洋書写真集

3-1 『a + u』バックナンバー
3-2 『○○の解剖図鑑』シリーズ、『7inch Project』
3-3 窓、階段、ディテール、寸法
3-4 トイレ、キッチン、バス、集合住宅図集
3-5 集合住宅洋書、マイホーム、ローン
3-6 『宮脇檀の住宅』のみ

4-1 『a + u』バックナンバー
4-2 『建築知識』「世界で一番やさしい○○」シリーズ
4-3 リノベーション、リフォーム、DIY
4-4 エコロジー、環境、改正省エネ基準、断熱
4-5 ソーラー、自然換気、サステナブル
4-6 建築設計資料集成、現代住宅設計モデル集

5-1 『a + u』バックナンバー
5-2 『建築知識』などの実用書
5-3 住宅設計詳細図集
5-4 『住宅特集』バックナンバー、センスを磨く
5-5 『住宅建築』バックナンバー、住宅建築設計例集
5-6 『住宅』第1集〜12集、『Architect's Working Details』

6-1 『a + u』バックナンバー
6-2 実務マニュアル、○○の住宅をデザインする方法
6-3 伊礼智、宮脇檀の大型本、美しい住宅をつくる本
6-4 ヨーロッパ、バウハウス、オランダ、『住宅特集』バックナンバー
6-5 茶室、『住宅建築』バックナンバー
6-6 今和次郎全集

7-1 古書、『a + u』バックナンバー
7-2 シェア、コミュニティ・デザイン、文庫本、昭和住宅
7-3 集合住宅読物、日本の現代住宅
7-4 今和次郎、西山卯三、家政学
7-5 工務店の歴史、茶室
7-6 町家、町家再生、民家再生

8-1 西山卯三全集
8-2 文豪の家、作家の家、藤森照信、現代住宅発見
8-3 都市住宅マニュアル、同潤会
8-4 日本人の住まい、住居史
8-5 数寄屋造り、『日本の民家』第8巻
8-6 平山忠治『日本の民家』のみ

図1　南洋堂書店 住宅系の書棚レイアウト（2階に上って左側）

調査日時：2016年11月18日、インタビュー協力：南洋堂書店 関口奈央子

事例❺……代官山 蔦屋書店の書棚

代官山 蔦屋書店は、本を通したライフスタイルの提案をコンセプトとしており、各ジャンルの相談に応じる専門のコンシェルジュが常駐している。2011年に開業した同店は、カフェで新刊本の「座り読み」ができる時間消費型の書店である。プレミアエイジと呼ばれる50代以上をメインターゲットにしているが、30、40代の顧客も多く、場所柄、クリエイターや子連れ客の利用もある。おもな顧客層は、建築実務家4割、その他クリエイティブ職4割、学生2割。

店内は、国内外の雑誌が置かれているマガジンストリートを「幹」として、各フロア＝専門書店の「枝」が広がるという構成になっている。「住む」に関する本は、2号館1階の建築・デザインフロアの書棚にある。プロダクトデザイン、広告、ファッションなどの隣接するジャンルと一体となったフロア構成になっている点が特徴であり、建築系の顧客のみを想定した棚づくりにはなっていない（**図1**）。

建築・デザインフロアの書棚では、デザインに関する本が5割、建築が3割、インテリアが2割を占める。建築棚は、建築家の作品集や論集だけでなく、ライフスタイル・収納、家づくり・間取り、リノベーション・DIY、植物・インドアグリーンにも大きな面積が割かれている。「住む」に関する本を、home（インテリア）とhouse（住宅・建築）に分けるならば、顧客はhome関連の本への関心が高い。中には、コンシェルジュに、家具の選択や家をつくるうえでの相談をする顧客もいる。

ヴィジュアル・リソースとなる本や大型の洋書など、モノとしての存在感がある本が多い点も特徴である。また、ガイドブックも充実しており、外国人や、専門外ながらも建築に文化的な関心を寄せる客層にも適した棚の構成になっている。（南後由和）

写1　代官山 蔦屋書店2号館1階建築・デザインフロアの内観

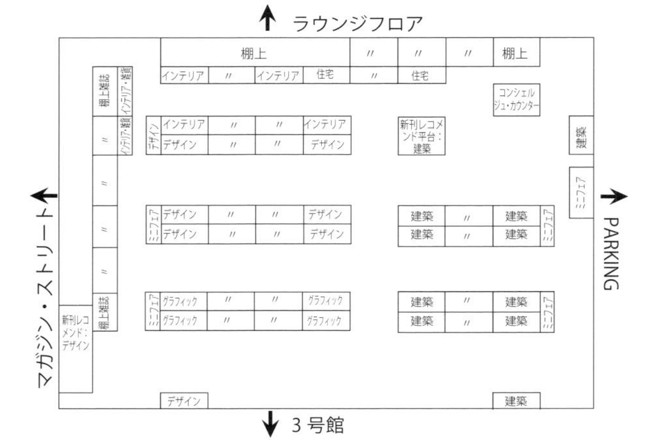

図1　代官山 蔦屋書店2号館1階 建築・デザインフロアの書棚レイアウト（ラウンジフロアは除く）

調査日時：2016年12月27日、インタビュー協力：代官山蔦屋書店 建築・デザインフロア コンシェルジュ 三條陽平

事例❻……住まいのオープンハウス

建築業界にはオープンハウスという慣習がある。設計者が自らの責任において、引き渡し前の住宅をお披露目するオープンハウスは、専門家が研鑽の場として住宅を見学し、新たな設計活動に活かすために開かれる。また、不動産業者が顧客を見本用住宅や販売中の建売住宅に案内する営業活動もオープンハウスと呼ばれる。

ここではオープンハウスのバリエーションとして、3つの事例をあげよう。ひとつは「住宅遺産トラスト」の活動である。日本の住宅では、相続税や維持費の高騰によって取り壊しを余儀なくされる例が後を絶たない。そこで「住宅遺産トラスト」と「住宅遺産トラスト関西」では、地域において愛すべき建築が失われる前に、その魅力を伝え、住み手を探し、維持管理を助ける活動を続けている。

ふたつめは「住み開き」である。2008年にアーティストのアサダワタル[※1]が始めた活動で、住人が趣味や仕事を兼ねながら、私的領域を少しだけオープンにする試みである。住宅が公共的な存在であることを思い出させるオープンハウスでもある。

最後に都市規模で建築を公開する「生きた建築ミュージアム大阪」を紹介する。大阪都心部に現存する近代建築を期間限定で一般公開するものである。商業ビルや公共建築が中心だが、商人の住まいも公開対象に含まれる。ロンドンなどのオープン・アーキテクチャーに触発されて始まったエコミュージアム[※2]的な試みであり、行政を巻き込んだ一大オープンハウスといえる。

（山崎泰寛）

写1

写2

写1～2　2018年度の栗原邸一般公開時の様子とギャラリートーク（主催：栗原邸保存研究会、住宅遺産トラスト 関西）

写3　「生きた建築ミュージアム大阪2018」の大阪中央公会堂公開の様子

※1：アサダワタル（1979～）大阪生まれ、アーティスト、文筆家、品川区立障害児者総合支援施設コミュニティアートディレクター。「住み開き」の提唱者としても知られる。

※2：エコミュージアム　ある地域の環境全体を博物館に見立てて行われる活動。エコロジーとミュージアムからつくられた造語。

事例❼……住まいと展覧会

建築展は、建築家の実績を見せる作品展や、特定の主題を設定して作品を集めるテーマ展として開かれる。住まいに絞れば、職業団体や各種のマッチングサービスが、市民向けに相談会の形で催すことも多い。設備メーカーや不動産業者、学術団体などが自前のギャラリーを有し、広報活動の最前線に位置づける取組みにも蓄積がある。

いずれにしても、建築は土地と建物が不可分であるために、実物を展示できないという制約を抱えている。ゆえに展覧会は模型や図面、スケッチ、写真、映像、モックアップといった情報の集積地として構成されることが多く、ときに難解な印象を観客に与える。作品の文化的・社会的な背景を押し出した展覧会は、そういった批判に対する有効な答えのひとつだろう。

一方で海外での展覧会に目を転じると、例えばヴェネチア・ビエンナーレの日本館の展示は国際的にも高い評価を受けているが、実は住まいをテーマにしているものが多い。展覧会は作品が評価される場でもあり、日本の住まいに注がれるまなざしを示してもいるだろう。

（山崎泰寛）

表1　近年のヴェネチア・ビエンナーレ日本館のテーマ

開催年	名称	コミッショナー／キュレーター	おもな展示物・テーマ
2004年	OTAKU: 人格＝空間＝都市	森川嘉一郎	オタク文化
2006年	藤森建築と路上観察	藤森照信	住宅
2008年	EXTREME NATURE	五十嵐太郎	温室
2010年	TOKYO METABOLIZING	北山恒	住宅による都市の更新
2012年	ここに、建築は、可能か	伊東豊雄	集会所
2014年	現代建築の倉	太田佳代子	70年代の建築群
2016年	en[縁]：アート・オブ・ネクサス	山名善之	若手建築家による現代の住宅
2018年	建築の民族誌	貝島桃代	フィールドワークとドローイング
2020年	エレメントの軌跡	門脇耕三	住宅生産

写1　2012年の展示風景

写2　2016年の展示風景

写3　2018年の展示風景

事例❽……住宅展示場

1960年代から70年代にかけて住宅の工業製品化とプレハブ化が進展し、ハウスメーカーが多数出現するようになったことを背景に、住宅展示場の需要が高まった。日本で最初期の住宅展示場に、1966年の朝日放送主催で大阪市大淀区（現・北区）にオープンした「ABCモダン住宅展」がある※1。以降、新聞・テレビのマスコミ各社が住宅展示場事業に参入するようになった。

ハウスメーカー側は、テレビCMや新聞広告に実物展示をかけ合わせることで、訴求力のある宣伝やアンケートによるマーケティングを展開するとともに、来場者への対面での営業によって売上げを伸ばした。来場者は、実物を見学・体験し、他社と比較することをおもな利用目的としている。

表1は、おもな住宅展示場・運営主体別の分類表である。中でも専門・デベロッパー系の業務内容は、土地の選定、展示場用地の開発から複雑な行政との認可手続き、展示場開設に向けた住宅メーカーの誘致、展示場の造成計画から管理運営、エリアマーケティングや集客プロモーションなどからなる。そのほか、住宅展示場は、駐車場と同じように、土地の暫定利活用として建設される場合がある。鉄道・インフラ系は、線路や道路の付け替えで生じた土地の有効活用として住宅展示場を建設している。（南後由和）

表1　住宅展示場・運営主体の類型

マスコミ系	専門・デベロッパー系	鉄道・インフラ系	財団法人系
・朝日新聞住宅総合展示場 ・ABCハウジング（朝日放送） ・神戸新聞ハウジングセンター ・サンフジ企画（産経新聞） ・tvkハウジング（テレビ神奈川） ・TBSハウジング（TBS） ・ナゴヤハウジングセンター（中日新聞） ・日経社ハビタ21（日経新聞）など	・アドバンス開発（大阪） ・アルス（仙台） ・エイトノットアンドカンパニー（東京） ・SBSマイホームセンター（静岡） ・ファジー・アド・オフィス ・福岡地所 ・ライダース・パブリシティ（東京）など	・JR東日本ライフサービス ・首都高速道路サービスなど	・大阪住宅センター ・住宅生産振興財団など

出典：住宅展示場協議会ウェブサイト　http://www.jutenkyo.com

※1：住宅展示場の起源は、1964年の名古屋市名城西公園のプレハブ住宅展とされることもある。

【参考文献】
金川久子・田中勝・三宅醇「住宅取得における住宅展示場の利用実態——南関東5県のケーススタディ」（『日本建築学会学術講演梗概集』F-1、pp.1211-1212、2002）
山田真揮・宇杉和夫「住まいミュージアムとしての総合住宅展示場に関する研究——埼玉県・神奈川県の比較」（『日本建築学会学術講演梗概集』E-2、pp.385-386、2003）

keyword

03

学ぶ

◉「学ぶ」情報

人は生涯にわたって住むことを学ぶ。家庭では習慣としてしつけられ、就学後は住まい環境の向上に自覚的な人間像を教わる。そして、高等教育〜成人後は教養のひとつとして、住まいは生き延びるための手段となる。学びの対象として住まいを考えるとき、教師のように教える者と、子どものように教わる者はひとつの場を共有し、また両者は容易にその立場を逆転させてしまう。だからこの節にあげる事例は、教える者と教わる者の両方を議論の俎上にのせることになる。

日本における住まい教育の課題のひとつが、学校段階ごとに教育のコンテンツが分割されており、必ずしも連続したカリキュラムとなっていないことにある。また、建築にかかわる多様な教授内容が科目ごとに解体されてしまっている。逆説的にいえば、住まいの諸相は、むしろ分野横断型の授業で格好の題材となっている。

そこでこの節では、学校教育や就学児前教育において楽しみながら住まいを知るというスタートラインから始まり、科目の中で住まい教育を施す学校教育の事例と、社会人も対象とした設計・まちづくりワークショップや建築の形態模写ワークショップを扱っている。

ワークショップとは、身体的な共同作業をともなう合意形成の方法論だといえる。木下勇は、参加者が頭も体も使う「身体性」、役割分担を果たす「協働性」、目標に向かって集団で成果を積み重ねる「創造性」、参加者が情報を公平に分かち合う「共有性」、問題解決までの紆余曲折を積極的に評価する「過程、プロセス重視」の5つをワークショップの特徴としてあげている※1。教える者と教わる者それぞれが、住まいを軸にした学びの場を共有するために、能動的なワークショップの方法論はますます重視されるだろう。

住み手として情報を得るという点では、教育は受動的な場となりがちである。ゆえにこの節では住み手としてだけではなく、つくり手として住まいを考え、実際に手を動かす教育を紹介した。受動的な住まい教育の先に、つくり手として積極的に住まいを改変する未来があってもよいだろう。住まいは老若男女を問わずに人々が経験する、もっとも身近な建築なのだから。

（山崎泰寛）

※1：木下勇『ワークショップ 住民主体のまちづくりへの方法論』学芸出版社、2007

事例❶……住まいとワークショップ

ワークショップとは、身体的な共同作業をともなう合意形成の方法論だといえる。日本では1970年代のローレンス・ハルプリンによる実践を導入して以降、おもにまちづくりや公共空間の計画・設計プロセスに包含されてきた。ここでは、建築に親しむふたつの事例を紹介したい。

1. けんちく体操※1

建築の形態や構造、印象などを全身で表現する「建築物を模写する体操」である。建築史家の米山勇と高橋英久が発案し、田中元子、大西正紀らも加わり実践されている。老若男女を問わず建築物になりきる身体表現は、建築教育の手法としても高く評価されている。江戸東京たてもの園を皮切りに、2014年には南アフリカ共和国でもワークショップが開かれた。

2. 鶴ヶ島プロジェクト※2

建築家の藤村龍至氏が中心となり実施された、埼玉県鶴ヶ島市の公共施設再編を想定した設計演習課題。行政の公開情報を基に学生が将来にわたり維持可能な規模を算定して新しい公共施設の案を提示する。スイスの法律に倣い提案する模型の縮尺を1/500に統一し、地元住民を招き住民投票を繰り返すプロセスは、住民をユーザーからプランナーの立場に移す試みでもあった。のちに市の公共施設管理計画策定の際に手法が参照され、環境教育施設が建設された。

（山崎泰寛）

写1　2012年にドイツ・バウハウス大学で実施されたけんちく体操
左上：ロンシャンの教会（ル・コルビュジエ）、右上：グッゲンハイム美術館（ライト）、左下：ゲーテアヌムⅡ（シュタイナー）、右下：タージ・マハール

写2　鶴ヶ島プロジェクトの「パブリック・ミーティング」

※1：http://kenchiku-taiso.com　※2：https://www.facebook.com/tsurupro2013/

【参考文献】
米山勇＋高橋英久＋田中元子＋大西正紀『けんちく体操』エクスナレッジ、2011
藤村龍至「鶴ヶ島プロジェクト 模型が議論を前向きに蓄積する」（『建築雑誌』2014年4月号、Vol.129、No.1657、pp.38-39）

事例❷……住まいの教育

学校教育の中で住まいを学ぶ機会は、主に小・中・高等学校の家庭科にある。そのねらいは、家庭生活の質的向上と住み手としてのリテラシー教育にあるため、住まいの理解は住み方の方法論として捉えられやすい。

東京都内の中学校教員からは、「単に『家の中での住まい方』の学習に終わるのではなく、人間の生活のいれ物である住まいは社会とさまざまな形でつながっているのだということ」を目指しながらも、思うように授業を組立てられない悩みが語られている[※1]。

では、「住まい方」の理解にとどまらず、住まいを創造的につくり変えるような建築的営みはいかに教育されうるのだろうか。

ここでは学校教育の中の図画工作に注目し、東京都内の小学校で教鞭を執る玉置一仁による「ビーンズハウス」という実践を紹介したい。ビーンズハウスは工作の授業のひとつで、2粒の豆を人間に見立てて、豆の居場所をつくることを目的とする。玉置の実践でユニークなのは、子ども本人の居場所ではなく、豆という客観的な対象のために工作をする点だ。これは他者への想像力をもちつつ創作を行うという意味で、建築の本質を突いた教育だと言える。

図画工作は「表現及び鑑賞の活動を通して、感性を働かせながら、つくりだす喜びを味わうようにする」[※2]ことを目標に掲げている。「住まい方」の理解と「住む場所」の創造が総合的に習得されれば、初等教育における住まい教育は、建築教育へと昇華するのではないだろうか。

（山崎泰寛）

写1

写2

写3

写4

写1～4
玉置によれば、「住んでいる人がいて初めて、家という意味が出てくる感じがします」。豆に自分自身を投影することで想像力がふくらむ

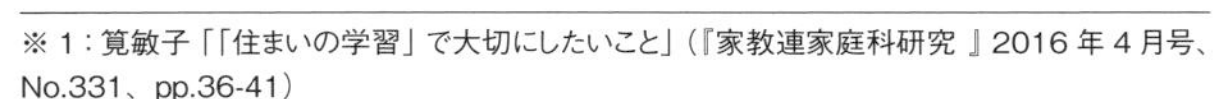

※1：覚敏子「「住まいの学習」で大切にしたいこと」（『家教連家庭科研究』2016年4月号、No.331、pp.36-41）
※2：学習指導要領 図画工作科

事例❸……住まいと子どもの学び

住まいの学びの場は学校教育に限らない。住まいの学び方のバリエーションとして、ワークショップを捉えてみよう。

日本建築学会では、ワークショップ「親と子の都市と建築講座」の企画と運営、学校教育との連携に取り組んでいる。2013年度には「子ども教育支援建築会議」を立ち上げ、現在も精力的に活動が続けられている。実測から知る身体と空間の寸法の関係、温熱環境の体感と調査、地図からまちの歴史を見出す、下町のまち歩き、竹を用いた製作ワークショップといったプログラムは100以上に及び、建築教育の入口に位置づけ可能な取り組みである※1。

民間では、美術館や企業、学校などをつなぐNPO法人CANVASの活動も注目されている。創造・表現に関する数多くの子ども向けワークショップが展開されており、建築も随時テーマになっている※2。

建築家による子どもワークショップとして注目されるのが「伊東豊雄子ども建築塾」だ。美術館での建築ワークショップを何度か経験した伊東が、小学校4～6年生の子どもを毎年20人募集し、1年間建築を学ぶ場として立ち上げた。前期は「いえ」、後期は「まち」をテーマにして、各10回の授業を行っている。

（山崎泰寛）

写1

写2

写3

写1～3　日本建築学会子ども教育支援建築会議では、2015年度以降、藁を用いた建築をつくるワークショップを開いている

※1：https://www.facebook.com/rakurakukenchiku　※2：http://canvas.ws　※3：http://itojuku.or.jp

【参考文献】
日本建築学会編『楽々建築・楽々都市ー“すまい・まち・地球”自分との関係を見つけるワークショップ』技報堂出版、2011年3月
伊東豊雄、村松伸、太田浩史、田口純子『伊東豊雄子ども建築塾』LIXIL出版、2014

keyword

04

編集する・建てる

◉「編集する」情報

すでに存在する情報を組み合わせて新しい価値観を提示すること。また、いままでにない視点で解釈された、新しい情報を提供すること。どちらも編集行為の醍醐味である。

住まいを例に考えるとき、既存の要素の組合せ（編集）がもっともシビアに求められる場面のひとつが収納だろう。躯体に手を入れることなく容積をコントロールするという点では建物を編集する行為であるし、所有物の物量のバランスを決めていくという点では生活を編集する行為にあたる。荷物が部屋にあふれ出したワンルームマンションは、内部空間そのものが収納のための大きなコンテナと化した状態でもある。収納しながら生きているというわけだ。ここでは収納のための装置に注目して、その傾向を紹介している。

◉「建てる」情報

建築をつくる行為のための情報は、住み手としても、つくり手としても、もっとも能動的に収集される対象である。建物の立地のよさや品質の高さは、どれだけの予算を割くかによって大きく左右されるし、総工費の使いみちのバランスは住み手がもっとも重視するポイントを如実に示す。いわば、住み手の哲学が表れるのである。

また、建物の形や色、大きさは法律という社会的なルールが規定する場合も多い。日本の建築基準法が、最低の基準を示すことによって「国民の生命、健康及び財産の保護を図り、もって公共の福祉の増進に資する」ために定められたことを思い出せば、法規はルールにとどまらず倫理でもある。

さらに、予算や法規のように一見発想を制限するかのような条件を逆手に取って、創造のための手段とする場合も少なくない。予算が厳しければ住み手自らが手を動かすものだが、その需要に応えるDIYビジネスのありようは、ホームセンターのような消費のための巨大な売り場から、FabLabのような創造のためのコンパクトな工房に至るまで、規模を問わず大きな変貌を遂げている。

図面そのものを3Dデータ化し、部分ごとに価格などの付帯情報を張りつけたBIMも、住むことをめぐる情報のあり方を劇的に変えている。住み手にとっては、完全に情報化された図面はメンテナンスを継続する手がかりになるし、つくり手からすれば、時間的なコストを圧縮し、両者にコレクティビテイな関係を構築するからである。（山崎泰寛）

事例❶……収納用具と作法

収納とは、本来的には「中に入れてしまっておくこと」をさす。しかし、収納用具とその作法は、近世から現代にかけて所有する衣服やモノの増加、インテリアに対する志向の変化に応じて変容してきた。その変容の中でキーワードとなるのが「透明化」である。ここでは、衣服の収納を例にあげる。

1980年代後半には、いくつもの収納ケースの中から必要な洋服がどこに入っているか一目でわかるように、検索可能性を高めた収納ケースの透明化が起きた。収納の作法は、「しまう」より「探す」や「見える」が優先されるようになった。続いて2000年前後には、収納ケースを押入れやクローゼットに「しまう」や「隠す」という概念の透明化が生じ、収納ケース自体もインテリアの一部となった。「見える」が「見せる」へと変化したのである。近年では、機能的かつデザイン性の高い収納ケースが注目を集める一方で、そもそも収納ケースを使用せず、ブティックの陳列のように棚に衣服を「並べる」作法やハンガーラックにかけたそのままの状態を保つ作法など、「見せる」収納の傾向が高まっている。（野﨑敬乃）

表1　収納用具と作法の変遷

	時代	作法	収納用具	図版	出典	解説
1	江戸時代	しまう	長持（ながもち）		https://www.fuchu.or.jp/~kagu/museum/mingu/nagamochi.htm	衣類や寝具の収納に使う長方形の木箱。蓋が付いている。棹を通してふたりで運ぶ。当時の代表的な嫁入り道具のひとつでもあった。
2	明治・大正時代	しまう、隠す	箪笥（たんす）		http://hokuto.moo.jp/sagyou-kiri.html	木製の箱に引き出しや扉がついている。運ぶことを前提としていない。長持に引き続き、嫁入り道具として取り扱われてきた。
3	昭和	しまう、かける、隠す	洋服箪笥		http://www.rafuju.jp/index.cgi?id=28640 http://www.closet-tsuhan.com/about.html	たたんで収納できる和服だけではなく、コートやスーツなどの洋服が一般に所有されるようになると、シワにならないよう吊るして収納できる洋服箪笥（衣装箪笥）の形態が生まれた。これは、日本におけるクローゼットの原型である。

	時代	作法	収納用具	図版	出典	解説
4	1980年代中頃	しまう、隠す	家庭用プラスチック収納ケース「フィッツ」シリーズ：天馬		https://www.tenmacorp.co.jp/housewares/category/strage.html	部屋に備えつけられた押入れやクローゼットの中で、衣服を「しまう」や「隠す」ことを重視し、中身が見えないように色つきのプラスチックが用いられていた。
5	1980年代後半	しまう、探す、見える	クリア収納ケース：アイリスオーヤマ		http://www.irisohyama.co.jp/story/05.html	「しまう」から「探す」へ。所有する衣服の量の増加とともに、検索可能性が求められ、中身が「見える」収納の価値観が形成された。
6	2000年代	しまう、見せる	ポリプロピレン収納ケース：無印良品		http://www.muji.com/jp/ https://ryohin-keikaku.jp/corporate/history/2001.html	「見える」から「見せる」へ。半透明の素材であるために生活感を出しすぎない収納が暮らしにとけこみ、インテリアの一部として考えられるようになった。
7	2010年代	見せる、並べる	バンカーズボックス：フェローズ		http://fellowes-direct.com/fs/fellowes/c/bankersbox	アメリカのフェローズによる段ボール製の収納ボックスは、1917年から続くロングヒット商品である。簡単に組み立てられて、耐久性も備えもつ商品は、この時代の収納志向にマッチし、日本において人気商品のひとつとなった。
8	2010年代	並べる、かける	ハンガーラック、棚		https://folk-media.com/62093	もはや「しまう」や「隠す」ことをせず、ハンガーラックにかけた洋服そのものを「見せる」ことで、これまで収納されていたものはまるでインテリアのような存在感を放っている。

事例❷……DIYの生態系

DIYとは、Do It Yourselfの略であり、日本ドゥ・イット・ユアセルフ協会によれば「住まいと暮らしをよりよいものにするため自らの手で快適な生活空間を創造すること」と定義される。第2次世界大戦中のロンドンにおける復興運動が起源とされ、1960年代にはアメリカに渡り、思想や運動としてのDIYはホームセンタービジネスとともに産業化した。

日本では、60年代に「日曜大工」という言葉が注目を集め、自宅の家具や本棚をつくる行為が趣味のひとつとして浸透していた。70年代に入ると、郊外ではホームセンター数が増加し、都市部では「東急ハンズ」が開業するなど、豊かな生活を自らの手でつくることを重視する志向の高まりとともにDIYの概念が一般に広がった。近年では、3Dプリンターやレーザーカッターなどの個人で所有することが難しい機材をシェアできる場「FabLab」や、イメージや道具をオンライン上で入手できるサイト「toolbox」、初心者でも参加しやすいコミュニティ「DIY女子部」が登場するなど、DIYの対象や担い手の幅が広がりを見せている。（野﨑敬乃）

Yourself

(1955〜)

(1976〜)

もともとはDIYと呼称されてこなかった
手芸・裁縫、日曜大工など

toolbox (2010〜)

モクチンレシピ MOKU-CHIN RECIPE (2012〜)

道具の販売やDIYの方法を公開するウェブサイト

via digital

analog　digital

by digital

コミュニティ（2011〜）

DIY FACTORY
DIYを習えるスクール
（2014〜）

FabLab Japan
機材を使用できる場（2011〜）

Makers' Base
シェア工房（2013〜）

FERMENT
食とものづくりのスタジオ
（2014〜）

with Others

図1　DIYの分布

【参考文献】
日本ドゥ・イット・ユアセルフ協会『社団法人日本ドゥ・イット・ユアセルフ協会30年の歩み』日本ドゥ・イット・ユアセルフ協会、2010
松村秀一『ひらかれる建築──「民主化」の作法』ちくま新書、2016

事例❸……住まいの価格

さまざまな法規をクリアした設計ができたとしても、住み手にとって建築を規定するもっともシビアな条件は価格だろう。住宅の価格は、裏返せば住み手が住宅を取得するために支払える限度額の反映である。

現在、大手ハウスメーカー7社の総販売戸数は、新設住宅総着戸数の2割に迫り、一棟あたりの平均単価はおよそ3,361万円である（表1）。一方、首都圏の住宅価格は、建売住宅は年収の5.9倍、マンションは7.2倍もの倍率になる（**図1**）。特にマンションは倍率の上昇が著しく、1998年の4.7倍から徐々に上がり続けており、2017年時点で、過去20年間でもっとも高い倍率をマークしている。住宅の価格は依然として家計に重くのしかかっている。

戦後の日本における住宅産業の発展は、住まいをめぐる政策が「持ち家政策」として展開してきたことと無縁ではない。住宅不足の解消を目的とした1950年の「住宅金融公庫法」以来、人々が就業や結婚を達成する時期が標準的なライフイベントとして設定され、そのコースに沿う者に対して貸付が実行されていった。住宅の取得は、人生のありようと渾然一体となって金融システムに組み込まれたことで、「人生最大の買い物」として社会的に浸透したのである。

（山崎泰寛）

表1　大手住宅メーカーの販売戸数と単価

	総販売戸数（戸）	1棟単価（万円）
大和ハウス工業	54,925	3,430
積水ハウス	43,388	3,729
旭化成ホームズ	17,661	3,254
積水化学工業	1,3620	3,060
パナホーム	12,556	3,549
ミサワホーム	11,208	2,728
住友林業	9,941	3,780

参考：2016年度の新設住宅着工戸数は974,137戸。
住宅新分、2017年6月1日より筆者作成。

参考：完成工事原価の内訳

材料費	23.8%
外注費	62.9%
経費	13.3%
（人件費）	(6.7%)
（運搬費）	(3.2%)
（その他）	(3.4%)

積水ハウス2016年度有価証券取引報告書内「完成工事原価報告書」より筆者作成
原価率をみると、仮に積水ハウスの場合、公表されている完成工事原価（材料費＋外注費＋経費）の総額（7,460億1,500万円）を総販売戸数（48,388戸）で割った1棟あたりの工事
原価は1,542万円となる。表1より同社の平均単価を3,729万円だとすると、工事原価はおよそ4割だと推定できる。

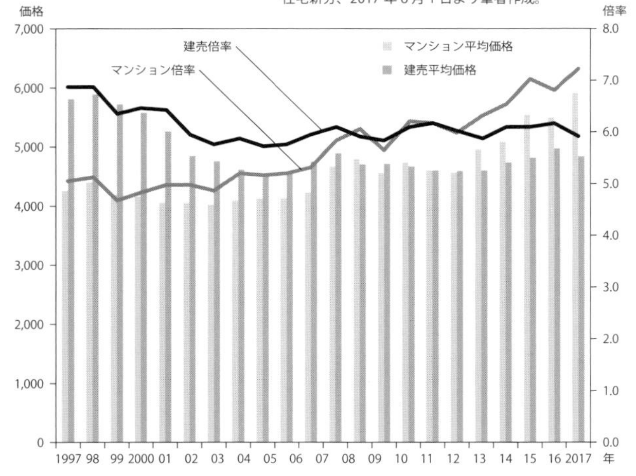

図1　首都圏における年収と住宅の倍率

出典：住宅経済データ集2018年（平成30年）度版、住宅産業新聞社

事例❹……住まいと法規

日本の住宅建築は、世界でも類を見ない創造性を備えているといわれている。自らが所有権をもつ敷地の中であれば、比較的自由に設計を行うことができるのは事実だろう。おもに建築物自体を規制する単体規定と、都市レベルで制限する集団規定に従って設計されている。しかし、景観条例を軸にした東京都国立市マンション問題（1999～2017）のように、条例や法律の解釈や運用をめぐって関係者間に軋轢が生じる例は枚挙にいとまがない。

一方で、建築に関連する法規を創造的に解釈した建築論から住まいが設計される例も少なくない。例えば吉村靖孝は法規が導く形態を収集・分析し、都市に隠されたコードを見出した（**図1**）。アトリエ・ワンは、用途や立地条件が絡み合う建築物を発見するメソッドを編み出し、大都市東京の複雑さと楽しさを見事に描き出し、住宅の表現を更新し続けている。

しかし、法規や制度が住宅建築の表現を進化させてきたのは近年のことだけではない。例えば第２次世界大戦直後の資材統制と建築面積を制限する「臨時建築制限令」は、合理性と機能性の追求を信条とする建築家にとってみれば、むしろ創造性を引き出す設計条件ともいえた。彼らが絞り出した知恵は戦後の小住宅ブームを牽引し、最小限住宅（増沢洵、1952）を嚆矢とするクリエイティブな名作住宅が次々と生み出されたのである。

（山崎泰寛）

写１　東京・渋谷に建つアパート

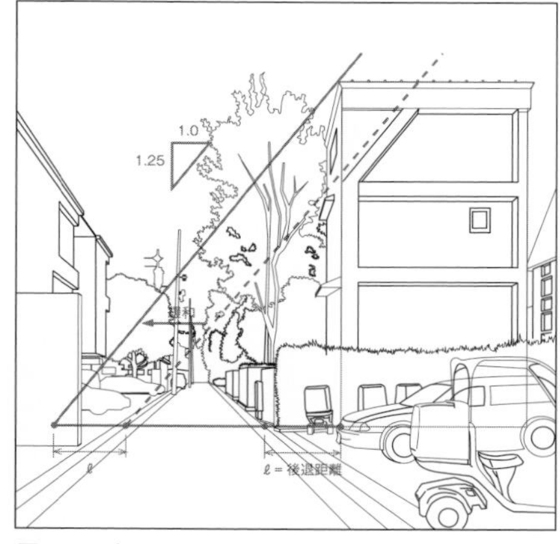

図１　同左の図解

写１＋図１
吉村靖孝は、「セットバック・ゲットバック」と名づける。
1987年に斜線制限の緩和される以前に建てられた建物だが、セットバック（後退）距離が十分に大きかったので、改築によって緩和部分を継ぎ足すことができたと、読み解く。（『超合法建築図鑑』彰国社）
図で見ると、点線部分が竣工時で、改築部分が緩和された斜線の中にきれいに納まっている。

事例❺……住まいとBIM

BIMとは、ビルディング・インフォメーション・モデリング、つまり建築物のパーツや素材の情報をもとに、3Dモデルをデータ上に組み上げる設計手法だ。同一データ内にあらゆる情報を集約するために、完成した3Dモデルは建築についての巨大なデータベースとなる。住まいの設計では、同じ平面を反復するマンションや、プレファブリケーションを基本とする住宅メーカーといった規模感の大きな分野で展開されてきた。

そのBIMが、一品生産の住宅でも注目されている。2016年に東京都内で竣工した「都市の中の住宅」では、3Dモデルを介して3人の設計者によって設計が進められた。BIM上でスタディを進めることが、打合せや模型製作のコストの大幅な削減につながり、設計に費やす時間が増えた。構造や設備の干渉チェックもスムーズだったという。設計内容がログ化され、可視化されることで、設計者はクライアントとの意思疎通を透明化できる。ひとつのBIMデータを複数人で遠隔操作できるため、設計者の働き方に変化を促すものになりうるはずである。

（山崎泰寛）

図1　3Dモデリングによって設計された「都市の中の住宅」（設計：伊庭野大輔＋藤井亮介＋沼野井諭、2016）

column

終の住まいとしての墓
―問われる人生の仕舞い方―

イギリスの戦後社会福祉政策のスローガン「ゆりかごから墓場まで」は、戦争で疲弊した国民に最低限の生活を保障し、安定した社会の復興を意図する仕組みを表すものだった。1970年代になると財政赤字のために健康保険制度が立ちいかなくなり新自由主義に転換するが、その政策理念や制度は日本やその他の多くの国々に影響を与えた。その結果、歴史的な家制度が存続していた間は、それも相まって日本の人々はあまり深刻に人生の終わり方を悩むことなく来たのではないだろうか。だが、20世紀末からの社会福祉制度の縮小や家族制度の崩壊や少子高齢化は、人々と家や住まい、墓との関係も流動化させ、われわれは自分がどこでどう死ぬか、その後どこに祀られて子孫たちとの関わりを保てるのかという人生の仕舞い方までもが危うくなっている。

国立社会保障・人口問題研究所の将来推計で分析された人口動態調査は、死亡の場所の割合が戦後一貫して自宅から病院へと移動してきたことを示している。国は少子高齢化に備えて在宅医療を充実させ、自宅で亡くなる人々の割合を増やそうとしているが、家族の解体が進む中、孤独な最後の時間を覚悟しなくてはいけない状況だ。家族の変貌は墓のあり方にも影響を与えている。

宗教学者の島薗進は家単位の墓が普及したのは明治以降だが、日本では遺骨や位牌、墓標といった物を通して死者とつながる文化が昔から強かった。80年代以降に葬祭仏教への疑問が表出して地方の寺院の維持が困難になり、葬送の形式が多様化したが、地域のつながりが弱まり近親者だけを大事な人と認識するようになり、死者との絆はよりいっそう強くなっていると述べる。それは鈴木岩弓らによる「我が国の葬送墓制の現代的変化に関する実証的研究」の調査で、現在は先祖代々のお墓ではなく夫婦、あるいは家族だけの墓を求める人の割合が多くなっている事にも現れている。それに対して小谷みどりは、現在は家の墓ではなくあの世での住まいとしての家族墓へと意識が変化しているという。そしてその家族墓さえも維持が困難になって改葬の件数が増え続けている状況では、われわれは墓についてのこだわりや考えを改め、行政は「ゆりかごから死ぬ前まで」しか福祉の範疇としてこなかった制度を改めて、墓場も福祉の対象として合葬墓を確保すべきだと指摘する。

建築の議論では、墓は主にモニュメントのデザインとして取り上げられてきた。しかし高齢化と多死の時代を迎えて、墓を人の居場所ひいては生き方を考える究極の問題として扱う視点も必要なのではないだろうか。　（黒石いずみ）

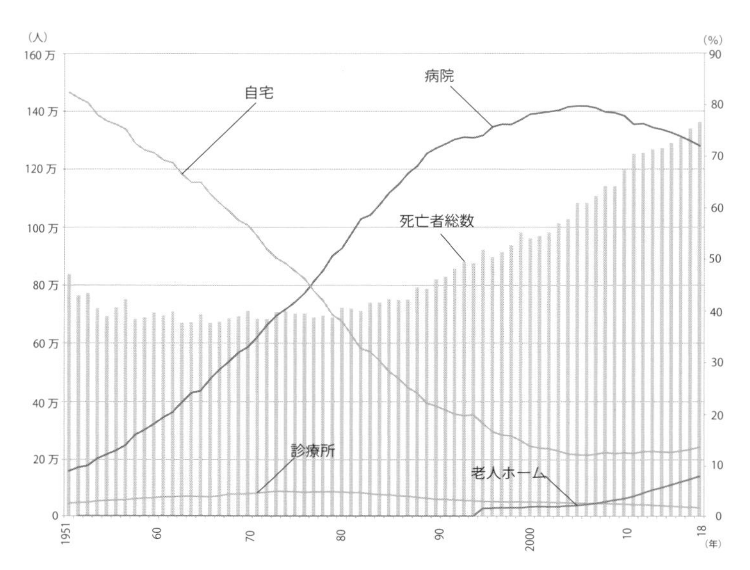

図1　人はどこでなくなっているか（厚生労働省「人口動態調査」）
1976～77年の間で、病院と自宅の順位が入れ替わる。（病院　1976年305,798人、77年315,398人、自宅　1976年325,310人、77年303,416人）

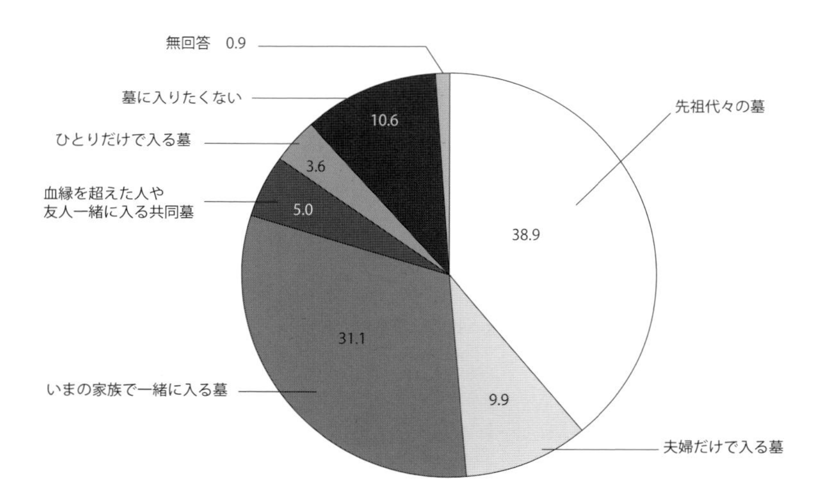

図2　どのような形態の墓（納骨堂を含む）に入りたいか
（鈴木岩弓ら「わが国の葬送墓制の現代的変化に関する実証的研究」（科研費研究）2011）
2011年に20～80代までの全国2,000人を対象とした「お墓に関する意識調査」をまとめたもの

おわりに——対談　住みつづけるために

対談　住みつづけるために

篠原聡子×黒石いずみ

◉「災間」を生きるということ

篠原　いろいろな住まいの形式が出てきて「住む」と「泊まる」の境界も曖昧になったきたように思います。「住む」と「泊まる」の違いを考えると、それは時間の長い短いにかかわることで、住むという行為にとっては、継続性が重要です。もちろん、人は転居することもあるし、移動の自由が近代の特徴です。日本の場合には、安定的、継続的に住みたいと思いながら、そうはいかない一番大きな原因が、自然災害です。日本人は、地震や台風を含めて、「災間」（災いと災いの間）を生きている感じがあって、常に災害に対して住まいはどうあるべきかを、日常的に考えておかなければなりません。

黒石　確かに災間を生きていることが、日本的な感性、例えば、『方丈記』などで表現されるもののあわれなど、日本人の感性の根っこにあると思います。人生ははかなく、生命はもろいものだという、末世に対する感覚がその災害の多さゆえに昔から定着しているのかもしれません。とはいえ、実際に古い木造の住宅が日本の各地には多く残っています。その中の地域の中心的な役割を果たす人の家は、しっかりした大黒柱や大きな梁で建てられた千年を経ているものもあります。

かつては、はかなさばかりでなく、地域の芯になる場所としての家もありました。ちゃんとどこかでぐっと踏みとどまっている、そういう家を媒介とした地域のバランスがあったのに、いまはそれがくずれてきていると感じますね。「災間」を生きているのだけど、それをもとに戻すことができなくなっているというか、一度倒れると、ダルマ人形のようには起き上がれない。ひどい災害があれば、村長のところに逃げ込もうとか、だれか頼れる人のところに行って食べ物を分けてもらおう、というようなことはなかなかむずかしい。いまは、そういう時代だと思います。

篠原　「生きるための家」を『建築雑誌』（日本建築学会、2015年1月号）で特集したときに、黒石さんが書かれたことを踏まえて言うと、日本では、災間を生きてきたわけだけど、その拠り所となったコミュニティ、人間の組織があったことと、それぞれの地域には、地場産業があり、つくる力も手元にあったから、たとえ震災で家が倒れても、自分たちの手で建て始められたということがありました。建築家の香山壽夫先生が私のシェアハウス（SHAREyaraicho）を見に来てくれて、戦後間もなくのときに、ぱたぱたっと手元にある材料を寄せ集めてつくられた仮設的な感じもあり、生きる力があるといってくれたことがありました。もちろん実際にはぱたぱたつくったわけではありませんが、手を入れ続けているという意味では仮設的かもしれません。

写1　大船渡・綾里白浜地区の現在のすがた

いまの時代、コミュニティの中で、地元の産業と結びついて、自分たちでつくり出す力が失われているので、東北の震災エリアにとって、昭和三陸津波のときよりも、今回の震災は、さらに深刻だったのではないかと思いました。

黒石　いままで津波の被害に人々はどうやって対応してきたかを考える必要がありますね。確かに千年に一度の地震とはいえ、三陸沿岸部は1,200年前の貞観から度重なる津波がありました。かつての被災地だったところを、何か所か見て回りました。

昭和三陸津波で被災して移転したところは、今回はすべて災害を免れているわけではありませんが、被害の少なかったところを見て感動しました。大船渡には、昭和三陸津波の後に高台移転した綾里白浜地区という場所があります。昭和三陸津波の復興の際、村長のリーダーシップで、村全部で高台へ移ったところです。津波が来て、防潮堤を乗り越えてきてもかまわないように、かなりの広い場所を水田にして緩衝地帯としています。その上の高台の丘に沿って村をつくっています。逃げ道となるルートもあり、津波が上ってきても、逃げることができるという、防災・避難計画も実現しています。海に近い漁業に便利な場所をあえて水田にして、漁業者もみな丘の上に住んでいます。村丸ごとで移転しているので、もともとある仕事や生活のネットワークは壊れていません。仕事の便利さか安全かの判断は現在も意見の分かれる部分だと思いますが、生命を重視することを優先したのはすぐれた判断だったと思います。いまだにそこに住み継いでいて、今回の震災でもそこは完璧にセーフでした。

◉災間を生きる術をどう取り戻すか

篠原　今回、大震災の復旧では、仮設住宅は、国や県がつくるべきもので、地元や地域のコミュニティがイニシアチブをとれないように見えました。

黒石　かつて、村ごとの高台移転が可能だったもうひとつ大きな理由は、国に財源や権限が不足して、地域の自助努力に依存した部分が大きかったからでもあります。ところが、今回、災害の規模が甚大だっただけでなく、福島の原発事故という未経験の災害が併発したので、国レベルから地域行政に至るトップダウンの体系的な対応が求められました。しかし従来の縦割りの行政の仕組みから急に転換することはむずかしく、結果的に被災した当事者の声が反映されにくくなったのです。とくに、そのことは急速に大量の供給が必要だった仮設住宅や土木にかかわる分野では顕著でした。

篠原　建物のつくられ方の変化ということも大きいですね。在来木造でも使われるのは工場生産の部品化された材料。アルミサッシはもちろん、壁、床の材料が大規模な工場でつくられて現場へもち込まれました。

岩手県住田町（P.074参照）の村長は、今回、あえて地場産の木材を使って木造仮設住宅をつくったのはすごいと思いました。山に行けば木があるし、それで家を建てられる。ところが、仮設住宅にはルールがあって、この木造仮設住宅はその仕様に合わない。そのときの村長がすごいのは、地場の木で仮設住宅をとりあえずつくってしまい、あとで仮設住宅として認めさせました。これは、地元に根づいた対策、コミュニティ単位の防災に対しての大きな提案だろうと思いました。

黒石　住田町の場合、住まいという器だけでなく、住まいを介して地域の資源を活用する仕組みやいろいろな職場も生まれています。地元の林業が元気になり、プレカットや合板の工場も出来ている。自然の資源と仕事場と住まいをつくることが一体になっているのは重要なことだと思いますね。

関東大震災のあと、今和次郎がバラックの調査を行い、被災者の仮の住まいを調べるのと同時に、人々がそこでどう生き延びようとしているかに注目しています。例えば仮設住宅では、雨風を防ぐだけでなく、その前で何かを売るとか、そこで商売を始めていました。住まいと生計の手段、タツキというか、そこには生活をたゆまず続けていくという意思が示されています。職住近接ができなくなったということは、コミュニティの中での住まいの位置を弱くしているし、被災から立ち上がるモチベーションが弱くなります。

篠原　職住が分離されたことの弱さがあると思います。純粋に住居だけになったときに住み続けることへのモチベーションが低くなり、結果として行政による仮設住宅ができるのを待つという受け身のスタンスにつながるのではないでしょうか？　それに対して、住田町の仮設住宅の事例は、災間を生きる術を産業としても住民自らが取り戻そうとしている試みに見えます。

黒石　震災直後、各地の仮設住宅を見て回りました。遠野の仮設には、長い研究成果が活かされ、住戸間に共有の触れ合い空間が設けられていました。見に行ったときの雰囲気は、背中を見せちゃうと触れ合えないけれど、表同士、向き合えば、みんなで仲よく洗濯を干したり、お茶を飲んだりできるといういい環境がつくり出されているのを感じました。

　当初、避難所から仮設住宅への移動に際して、岩手県は集落単位を大事にする大前提がまずあったのに対し、宮城県は、高齢者や身体

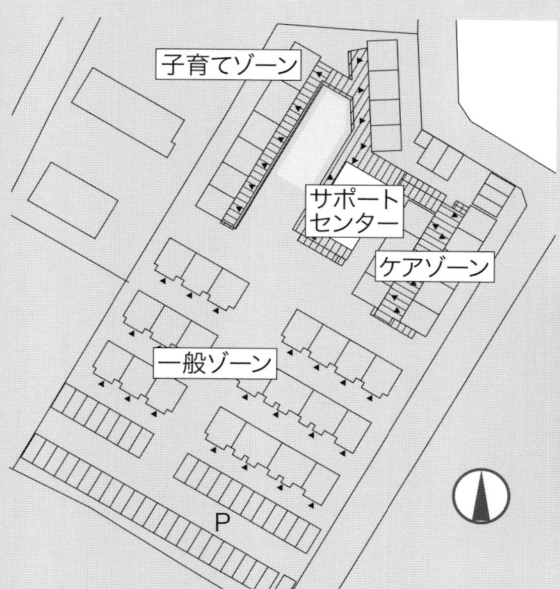

図1　遠野市仮設住宅　希望の郷「絆」配置
ケアゾーンは対面式、子育てゾーンを設けている

写2　子育てゾーンのウッドデッキより見る

図２　釜石市大町復興住宅１号　２階平面　1/600
ぐるりっとまわる縁側で４つの住棟を結ぶ

図３　縁側の使われ方をパースで検討

的に弱い人を優先したといわれます。しかし、避難所から仮設住宅、復興公営住宅へと移動する際に、コミュニティが解体して孤立化する人が増えたため、その見直しが行われたそうです。しかし、危急のときにコミュニティを優先するか個々の人の身体的安全を優先するかという判断は、とてもむずかしいですよね。

もともと、被災地エリアには、「結（ゆい）」というコミュニティがあったといわれます。冠婚葬祭だけでなく普段の暮らしから仕事や地域の祭礼、日常的なインフラの維持運営に至るまでの相互扶助の仕組みですが、そういうつながりが生きているところは、助け合ったり、皆の意見をまとめたりすることも可能です。それがないとバラバラですよね。

篠原　確かに、集落の中の村長さんなら、移り住んだ仮設住宅群の中でもその人間関係を引き継ぐ。だから、そういう人間関係が、緊急時の資源（社会関係資本）としてはたらき、暮らしの秩序をつくるということですね。

黒石　逆に言えば、相互扶助の仕組みがない地域で災害が起きたときに、だれがだれを助けるか、だれとのつながりを拠り所にするかも問題になると思います。

今回の高台移転の問題では、病院や郵便局、公共サービスがいっしょに高台に移動せずに、住宅だけ高台に移動し、結果的に住まいと公共施設のつながりを分断したことでしょう。公共施設やサービスと住宅のつながりはもともと、生活には欠かせないものなので、やはりそこは分断してはいけなかったと思う。

篠原　建築家の千葉学さんの設計した釜石市大町復興住宅では、住宅の内と外のつなぎの空間がうまく計画されています。公共施設と住宅のつなぎが重要であるように、住戸と住戸、住戸と廊下などの共用部のつながりも、住人の孤立を防ぐために鍵となる部分です。大町では、各住戸前の通路に幅をもたせて路地状につくり、ある程度、プライバシーに配慮しながらも、玄関から直接、リビングへアクセスするかたちをとって生活感が通路に出るように計画されています。

また、この計画はかなり難航したプロジェクトでした。設計コンペの後、何度か入札でやっても、予算を超えてしまい不調になった。そこで、設計施工で、その後できたものを市が買い取るという仕組み（建物提案型復興住宅買取事業）でつくっています。

◉建替えとコミュニティ

篠原　同潤会江戸川アパートの建替え計画は話がもち上がってから実際に始動するまで、30年以上経っていたと聞いています。しかし、アトラス江戸川アパートメントへの建替えは結果として成功していると思います。

その背景には、全住戸で移ろうという、この集合住宅のコミュニティに対する思いのある人たちが、これを継続させよう思い続けたところが大きいと思います。もちろん、旭化成ホームズが事業者として居住者たちと一対一の対応が取れたことが大きいですが。もうひとつは、集合住宅居住に対するリテラシーの高い人たちがそもそもいたということです。住み続けられるように、仕組みもつくられました。建設費の負担ができない人の住戸は、主として単身者用の小規模な住戸に住んでいた人たちですが、共同所有の空間として住戸をつくり、彼らは自分の権利部分を現金でもらい、それを家賃として支払う。結果、その人たちが死ぬまで住めることになったのには、驚きました。

黒石　同潤会の計画理念は、もともと欧米のセツルメントや田園都市計画の思想の影響を受けています。セツルメントは、元来は無産者や恵まれない人々とともに暮らしてみんなで助け合おうというものでしたが、実際は、ある程度の収入のある人々によって組織され、その投資や援助によって成り立っていました。その思想から発展した田園都市に住む人々も、新しい生活の理想をもった人々だったといえます。例えば単身女性のアパートにはメードがいるなど、その生活を支える人がまわりにいることで成立していました。

日本の同潤会も、たぶん同じような側面もあったことでしょう。同潤会の大塚女子アパートには、食堂があって食事が出てきたわけですから、イギリスの田園都市につくられた単身女性用の集合住宅をモデルとしているわけです。

篠原　同潤会には、もともと都市的な感性をもつ人が集まりましたが、建築空間がコミュニティの継続を助けたと思います。ファミリーだけでなく単身住戸も混ざっていたので若い人たちがここを出ても、また戻ってくるということもあり、ジェネレーションがばらけて、結果としてコミュニティが引き継がれていったのだと思うんです。一方、公団の赤羽台団地の場合には、単身者住戸はあったけれど、単身者棟と家族棟の間にあまり行き来はなかったし、圧倒的に家族棟のほうが多かった。建替え前に私たちが調査したときには、単身者棟の居住者は、赤羽台団地からは孤立している人多いような状況でした。家族用住居も立地がよく、そのまま住み続けた人が多かった。中には、郊外に家を買ったり、別荘をもっていたりする人もいたのですが、引っ越さずに赤羽台団地に住み続け、その結果、一斉に高齢化してしまったということろもあります。

黒石　日本の戦後の郊外住宅地開発も、同じような年齢層と階層の人々が同時に居住することになったために、同時に高齢化し、住宅地全体が一気に衰退化する現象が、各地で起きています。都市再生機構（以下、UR）や公営住宅などの集合住宅の建替えをどう行うかは、この世代の均質性にどう対応するかという問題と大きく関連していますね。

◉計画するコミュニティ

黒石 今回の被災で、被災者のための住宅の問題だけでなく、そもそもの公営集合住宅についての考え方を、時代に合わせて見直す必要があることが明らかになったと思います。同潤会の住宅も関東大震災後の被災者住宅として元来は計画されました。災害や都市化によって故郷を離れて移動する人が増え、結果的に地縁をもたないうえに、経済的にも行政から支援を受けなければならない人たちが孤立するアパートが今後は増えていくのではないかと思います。こういう集合住宅も、住人の高齢化が進めば、更新の方法が問題になると思います。建物の計画だけではなく、公営住宅という仕組みとそこに形成される社会、その周辺の社会との関係の問題です。つまり発想を変えて、従来の公営住宅の理念に縛られるのではなく、生活の状況に応じて、同じ集団の別のユニットに移るとか、退去せずに所有する形態に変えて、居住の継続を守ることが可能になるという変更も必要ではないでしょうか。現代の状況に合わせて、その住民コミュニティを中心に公営住宅の理念を計画し直さなければならないと思います。人々の生存のためのコミュニティ形成の方法を基本とした公営住宅計画をデザインしていかなければならない時代になっているのではないでしょうか。

篠原 住の継続性を担保するには、分譲と賃貸を柔軟に混ぜることも必要だし、実際に、分譲マンション、賃貸マンション、サービス付き高齢者向け住宅などを意図的に混ぜて、それらを連携させる共有空間をつくるという計画も近年見受けられます。多世代を計画的に混ぜたプランですが、それがうまくいっているかどうかは、いま私たちの研究室で調査しています。実際には、そこで交流があるというのはあまりなくて、時間帯によっては高齢者の人が来て、お茶を飲んでいたり、中間の時間は、子連れのお母さんたちが来て、夜になると、お酒を飲む人たちが多く集まってきます。その様子は、縞状になっていて、利用者層がはっきり分かれているわけです。もちろん、共有する空間があるのは意味があるとは思いますが。

黒石 シンガポールの集合住宅がそんな感じです。

篠原 意図的にまぜたものが、どういうプロセスで、コミュニティとなるか。また、デベロッパーがやったものが、はたしてコミュニティといえるようなものになるのか。問題の共有というか、そのコミュニティに対する当事者意識がどのように形成されるのかは、なかなかに簡単ではありませんし、とても個別的でもあります。

年表

赤羽台団地＆時代背景

1962年に竣工し、入居が開始された赤羽台団地は、当時、日本住宅公団の中でも、先進的な都市型の団地として建設された。そこでの暮らしの変遷を、自治会の活動や周辺環境、社会の変化とともに年表にした。

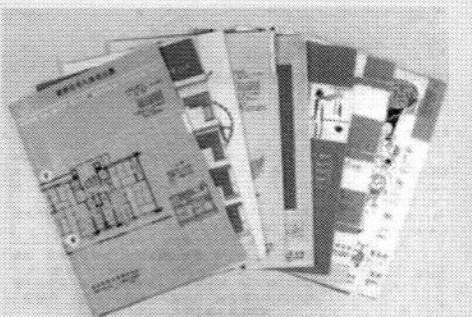

賃貸住宅入居者公募冊子

公団応募の

赤羽にできる　マンモス団地　来秋までに三千戸　小・中学校もつくる

赤羽台団地建設を伝える記事
S 36 年 4 月 19 日　毎日新聞社

公団抽選会の

年	赤羽台団地	自治会	団地周辺	時代背景
1955 S30	日本住宅公団設立		赤羽一番街商店街完成	東芝から電気釜が発売 TVサザエさん放送開始 ノイローゼ
1956	桐ヶ丘都営団地建設開始		第一回赤羽馬鹿祭り開催	ホッピング流行 太陽族が現れる もはや戦後ではない
1957			赤羽小学校講堂完成	ソ連が世界初の人工衛星「スプートニク」打上げ成功 パートタイム
1958			滝野川信金赤羽店開店 赤羽駅南口開設	アメリカ人口衛星「エクスプローラ一号」打上げ成功 東京タワー完成 団地族
1959	軍跡地を住宅公団に払い下げ		赤羽小学校プール完成 赤羽線六両編成で運転	テレビでカラー放送開始 皇太子結婚パレード カミナリ族
1960	赤羽台団地建設開始		赤商連結成	インスタント時代へ突入 だっこちゃん人形流行 三種の神器
1961			赤羽公民館を改築し赤羽会館落成 すずらん通り商店街が振興組合に	ソ連が世界初有人人口衛星打上げ（ガガーリン少佐） 地球は青かった
1962	西小学校・赤羽台中学校開校 赤羽台団地入居・管理開始		赤羽西口商連結成	「おそ松くん」流行　キューバ危機 あたり前田のクラッカー
1963	西小学童保育発足 赤羽台団地全体完成	自治会発足※1・幼児教室開校 赤羽一番街商店街完成	赤羽駅に乗換え中央跨線橋完成	ケネディ米大統領暗殺 鉄腕アトム放送開始 流通革命
1964	東小学校開校 赤羽台保育園発足	第一回団地祭	赤羽図書館開室 北区人口のピーク	ひょっこりひょうたん島 東京オリンピック 東京サバク
1965 S40	都営桐ヶ丘団地完成・入居	第一回幼児教室卒園式	「荒川放水路」（新荒川）を荒川と改称 通称だった隅田川が行政名称に	モンキーダンス流行 ベトナム反戦運動 期待される人間像
1966		第一次空家家賃値上げ	桐ヶ丘の北区体育館完成	4機の旅客機墜落　ビートルズ来日 びっくりしたなぁ、もう
1967		牛乳の共同購入開始（自治会牛乳） 幼児さくらんぼの会※2	赤羽駅東口駅舎完成	ミニスカート流行 核家族
1968	高架水槽完成・井水から都水道へ切替え 空家家賃値上げ・共益費値上げ	牛乳集配所 50号棟東側階段下に完成	赤羽公園完成 赤羽台三、四丁目できる	三億円事件 新宿で「全学連」デモ　東大紛争 とめてくれるなおっかさん
1969			ダイエー赤羽店開店 西口再開発プラン生まれる	東大安田講堂で学生と機動隊攻防 米アポロ十一号月面着陸 Oh!モーレツ
1970	共益費値上げ 家賃一斉値上げ	火事発生、一世帯全焼十世帯浸水 「欅の会」発足※3		よど号ハイジャック事件 大阪万博開催 ウーマンリブ
1971		家賃値上げ反対特別対策委員会発足 老人部発足 公団住宅家賃値上げ反対全国自治協連絡会加入	荒川大橋改築	ボーリング大人気 ニクソン・ショック 脱サラ
1972		牛乳センター完成	「赤羽都電終点」なくなる	沖縄返還　らんらんかんかん 札幌オリンピック 省エネ
1973	自転車置き場設置	第四回全国統一署名カンパ・ワッペン運動 家賃値上げ反対署名・カンパ活動		かぐや姫「神田川」 石油ショック ユックリズム
1974	新入居者に傾斜家賃制度適用 団地内に銀行店舗など増築	住宅問題特別対策委員会発足 住宅変更運動 全国連絡会が全国自治協に	西友ストア2号店開店 （現在の西友建物）	田中内閣総辞職 わが巨人軍は永久に不滅です
1975 S50	共益費値上げ			山陽新幹線開業　百円ライター 完全失業者百万人突破 クリーン
1976	公団住宅大量空家発生 第二次空家家賃値上げ 都営桐ヶ丘赤羽台団地完成			田中角栄逮捕　およげたいやきくん ジャンボ宝くじ発売 灰色高官
1977		公団家賃値上げ反対・プール家賃計画の中止 全国統一署名・カンパ運動	八幡神社下に新幹線工事反対のやぐら立つ	平均寿命が世界一に 普通の女の子に戻りたい
1978	家賃一斉値上げ		サンシャイン60開館	ピンクレディー旋風 窓際族
1979		第一回家賃裁判 第一〜二回口頭弁論 学童保育室移動		ソニーウォークマン発売 激〇〇
19				自動車生産台数世界一位 ナウい

図４　年表でみる赤羽台団地と時代背景

※１自治会　公団側は望んでいなかったが住民の自発的働きにより発足された
※２さくらんぼの会　自治会幼児教室第一回生16名の子供達と先生、母親の集まり
※３欅の会　団地内老人クラブ、老人の親睦会のようなものを望む声に応えて結成された

完成当時の赤羽台団地

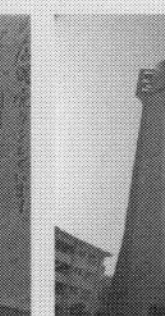
自治会、牛乳の共同購入運動

高架水槽完成

防災訓練

「定期借家契約付き賃貸住宅」が大ヒット
赤羽台（第1号）の平均応募倍率33・40倍を記録

家賃値上げ反対運動

団地内に増設された銀行

157号線赤羽台トンネル完成

定期借家実施

年				
1981		…家賃値上げ		
1982		全国公住宅居住者総決起大会 再値上げ反対全国統一行動 第十二〜十五回口頭弁論		東北新幹線開業 五百円硬貨発行 ネクラ・ネアカ
1983	家賃一斉値上げ	第十六回口頭弁論		東京ディズニーランド開園 いいとも
1984	昭和30年代団地の建替方針発表	集会所料金値上げ問題	西口再開発第一期アピレ工事開始 新幹線赤羽台トンネル工事と全踏切り撤去を国鉄が発表	新札発行 怪人二十一面相 グリコ・森永事件 教官！
1985 S60			埼京線（通勤新線）開業	いじめ問題深刻化 男女雇用機会均等法成立 イッキーイッキー
1986		保育部が閉鎖し児童部になる	西口アピレ開店 昭和電鉄跡地に赤羽台公園	ファミコン大ブーム ダイアナフィーバー 新人類
1987	公団が三十年代建設団地立替に着手	自治会誕生二十五周年 幼児教室閉鎖		国鉄民営化JR発足 懲りない○○
1988				瀬戸大橋開通 東京ドーム完成 青函トンネル開通 今夜はここまでに
1989 H01	赤羽台トンネル築造工事開始 家賃一斉値上げ			ベルリンの壁崩壊 消費税スタート オバタリアン
1990	トンネル本体工事竣工		赤羽駅付近高架化工事事業開始	バブル崩壊 日本人初宇宙飛行士 ちびまる子ちゃん
1991		リサイクル特別対策委員会発足	地下鉄南北線開通営業開始 赤羽岩淵駅開業	雲仙普賢岳火砕流 若貴ブーム …じゃあ〜りませんか
1992		道路交通特別対策委員会閉鎖		毛利衛「エンデバー」で宇宙へ きんさんぎんさん
1993	団地建替計画検討調査			皇太子結婚 Jリーグ開幕 Jリーグ
1994	団地建替計画基礎調査		赤羽駅乗車客一日十七万四千人	関西国際空港開港 地下鉄サリン事件 イチロー効果
1995	補助157号線のトンネル工事完了 空家募集中止		イトーヨーカドー開店 西口再開発事業第二期完成	阪神・淡路大震災 Windows95発売 無党派
1996	樹木保存等計画検討調査	家賃住宅特別対策委員会・児童部閉鎖 建替特別対策委員会発足 第一回リサイクルフェスタ開催	高架化工事で京浜東北線南行移動	0-157 アトランタオリンピック 自分で自分を褒めたい
1997	周辺市街地整備等検討調査			英皇太子妃ダイアナ事故死 たまごっち 失楽園
1998 H10	地区計画検討調査		京浜東北線高架開通 赤羽駅付近全面高架化工事事業完成	冬季長野オリンピック 浜の大魔神
1999	都市基盤整備公団発足			初の脳死判定による心臓・肝臓移植 ブッチホン
2000	地区建替事業着手 第一期居住者説明会			二千円札発行 携帯電話普及率五〇% おっはー
2001	第三期地区周辺再開発検討		北区民事務所高架下に開設	米中枢部に同時多発テロ iPod発売開始 聖域なき革命
2002	商業施設等検討	生活事業部閉鎖		サッカーワールドカップ タマちゃん
2003	活性化検討委員会スタート		高架下アルカードオープン 北赤羽駅周辺開発完成	自衛隊イラク派遣 SARS集団発生 毒まんじゅう
2004	定期借家（平成20年3月末まで） 独立行政法人都市再生機構発足			アテネオリンピック チョー気持ちいい
2005	赤羽台東小学校廃校			愛知万博開催 構造強度偽装問題 アスベスト問題 小泉劇場
2006	第一期一ブロック戻り入居			フィギュアスケート荒川静香が五輪金メダル イナバウアー
2007				新潟県中越沖地震 Windows vista発売

赤羽台団地の場合には、当初、公団は、家賃値上げ反対運動をやるから自治会を認めなかった。だから、住民は、自治会室をもてなかった。そこで住民は知恵を絞り、北区に頼んで、牛乳センターをつくってもらい、そこが自治会の拠点になりました。栄養価の高い牛乳を子どもたちに飲ませるために住民たちが結束したのです。それが基点となり、自治会の活動が繰り広げられることになります。その継続には、牛乳センターという場所も重要でした。

今回、建替えのとき、URは、その自治会をすごくうまく使った。私たちが団地の建替えコンペで選定されたときに、すでに、モデル住戸がありました。URは、自治会の人と事前に打ち合わせを済ませていたのです。赤羽は一斉入居でしたので、一度に高齢化しています。2011年の調査では、65歳以上が7割以上を占めますが、自治会には立上げメンバーもいて、建替え協議にはよく機能しました。

黒石　気仙沼や各地の被災地の復興公営住宅は、被災地復興予算で短期間に大規模に各地に建てられましたが、いま話してきたような公営住宅の制度的な問題やコミュニティとしての問題が、現在明確に現れてきています。

社会福祉協議会や生活支援の組織が、被災者公営住宅の住人の支援に努力しています。しかし居住者の1割、2割しかお茶会には参加してこないとか、内部のコミュニティ形成も容易ではありません。被災した地域は元から少子高齢化が進んでいましたが、災害後はそれが加速し、復興公営住宅の高齢者率はやはり高いです。復興支援予算が終わって、住宅の家賃も通常の額に徐々に戻りつつあります。しかし被災者の高齢者の方々は、子世帯から独立している人も多く、年金だけでその家賃を払うことはとても困難です。行政は被災者支援から高齢者福祉への移行という、災害の多い少子高齢化する日本で当然予測された変化を、なんとかソフトランディングする仕組みを考えなくてはいけない段階にいると思います。

住宅を取り巻くケアのネットワークを活用して、なんとか生き延びる手立てはないのだろうか。地域社会の相互扶助の仕組みを活かして、周辺の自治会とのつながりを活性化しようという試みが、復興公営住宅のまわりでは徐々に起きています。復興公営住宅は建物もまったく異なる形なので、とかく地域から孤立しがちですが、そこにみんなが入り込んでいって、共有施設で、住民も参加できるような活動をしたり、お祭りを一緒にやったり、子どもが遊んだりすれば、管理が厳しくて鍵がかかったままになりがちな共有施設が、温かな交流の場所になっていきます。ケアとは、病気の際のサポートだけでなく、周辺の人たちの関係もケアなんだろうと。つまり、それが「地域包括ケア」のケアだと思います。

篠原　それは、ほんとに同感です。

地域包括ケアとは、医療、福祉だけじゃない、日常的な人のつながりがないと暮らせないと思います。人工的に瞬時につくられた集合空間がどのように横のつながりをもつ生活空間になるかは、常に一番、集合住宅の計画にかかわる人間として重いテーマです。

赤羽台団地は、団地自体がひとつの地域、集落のボリュームをもっていて、計画的につくられたものが、どう生活空間になるかという、一種の社会実験でもあったように思います、公団としても。

編集部　赤羽台団地は、建て替えたことで、そのための第二ラウンドに入ったわけですね。

篠原　若い人たちがそれなりに入ってきていますが、建替えが終わって完成記念のイベントに呼ばれたとき、その会の過半の人たちは、みなかなりのご高齢でした。なにしろ70代で若手だから。一方で、外部から入居してきた若い人たちの中にもこうした活動やその根底にあるこの場所への愛着をなんとか引き継ごうとしている人たちもいました。

黒石　いまの話を聞くと、地方のお祭りのことを考えてしまいます。祭りを担う若手がどんどんいなくなる。そうすると、地域の高齢者が踏ん張って地域を守ろうとします。それを見て、いわゆる「通いの住人」である就労者が参加したりして、祭りを手助けに来るわけです。

◉集まって楽しむ仕掛けとしてのコミュニティ

篠原　金沢の社会福祉法人佛子園が運営している西圓寺（デイケア施設）は、そこに通う高齢者と地元の住民とをうまくつなげた施設になっていました。もともとコミュニティの核だった、空き寺を改修してデイケアセンターしているんですが、そこに温泉から駄菓子屋まであって、地元の人も通ってくる。

もともとお寺だったところだから、なんとなく居心地がいいというか、あんまり施設という感じがなくて、仏様のあったところにはカラオケ装置が置いてあったりします。お寺のネットワークをうまく再利用しているともいえるでしょう。

写３　シンガポールの公共住宅（HDB）の共用スペース

黒石　それはお寺だけのことでなく、地域の神社もネットワーク資源になりますね。

被災地で、ちょっと高いところに神社が残っており、微地形を活かした配置が防災の意識に裏づけられていたことが研究者によって指摘されています。神社はもともと学校を兼ねていたし、困ったときはみんなの避難所ともなりました。そういう場所が集落ごとにあって、いわば社会基盤としてのはたらきをしていた。かつて人間の生と死を結ぶ場所が、地域のシェルターともなりました。

篠原　宗教がネットワークの「のり」みたいなものになっているのは確かです。

シンガポールの公共住宅、住宅開発庁（HDB：Housing and development Board）の供給したものを見ておもしろかったのは、集合住宅になったとたんに、地域色、宗教色などいろんなものが脱色される感じがしますが、ムスリム教徒の人たちはお祈りはするし、中国系なら、正月に紙のお金を焼いたりする習慣も残っていたところです。

建築的には、多民族な文化的背景が脱色されたHDBの中にも、民族のネットワークは生きています。それを支えるひとつの建築装置がピロティ。ムスリムは結婚式、中国系は葬式でピロティを使います。もちろん、日常の居場所にもなっていますが。

編集部　シンガポールは政策で国が住宅を用意して、多くの国民をそこに住まわせています。そういった中で、コミュニティは継続しているのか、それとも、できたのか？　どちらなのですか？

篠原　継続というよりは、その中で、同郷の人たちが集まって新たにコミュニティをつくっているという感じですかね。

黒石　私たちが曖昧に使っている精神的な助け合いのつながりや場所といった意味のコミュニティとは概念が違うかもしれないですね。

篠原　集合住宅という無機質なところと思いきや、冗長的な空間のなかに、宗教的なネットワークが再構築されているところがおもしろいと思いました。

編集部　信仰なき者にとって、つながるきっかけはあるのでしょうか。

篠原　それは、ピロティ、ホーカー（屋台）センターなどの建築的な仕掛けが役割を果たしていると思います。

黒石　やはり発想を変える必要があると思うんですよね。例えば、地域包括ケアのセンターに行くと、そこにおいしいものがあったり楽しいことがあれば、人は自然に惹きつけられます。そこで、友だちづきあいが始まったりします。コミュニティという概念をもう少し広げて、あらかじめ、当たり前に歴史的なつながりや地域から与えられて、その人の振舞いや価値観に規範を与えるものではなくて、食べたりする喜びや、生活のニーズがあるところに、自ずと生まれてくるものと考えることはできないでしょうか？　昔のように、地域で災害の時に米や種を分け合うという、実際的な助け合いのかたちではないかもしれないけれど、楽しいときはみんな来る、そしてだれかがお菓子をもってくるというようなつながりというのはあるかもしれません。

篠原　とりあえずここに集まれる集会所をつくるというのじゃない。ホーカーセンターという屋台の集合したフードコートのような場所をつくって、みんな食べに来たら、というノリです。楽しいところをつくったら、みんな仲よくなれるんじゃないのかという、同潤会でもそうですよね、多目的室と室名は書かれているところは、実質は社交場だった。

黒石　まったく同感です。デイホームでも、高齢者がどういうふうに幸せを感じるかというと、日々、おしゃれをして、他者と交流して、楽しくトランプをやったり、他の人のためにお茶を入れてあげたりして、役に立つことだといわれます。楽しいことをして自己表現したり、お互いにほめ合ったりすることで元気になるといわれます。コミュニティとは助け合うというよりも楽しみ合うことから始まるものと考えることはできないでしょうか。

篠原　ドイツの「マルチジェネレーションハウス」という政策は、主要な部分はカフェで、保護者のいない子どものためのグループホームについていることもあるし、老人ホームについていることもあります。いわば、コミュニティカフェのようなもの。年間５万ユーロまで人を雇うために助成するという制度です。子育て世代、高齢者が同じ場所を共有する。私たちが訪問したのは、天井も高く、大きな開口部のある快適な空間で、いろんな人がいて、居心地がいいですが、それだけでなく積極的に話しかけてくれるスタッフが雇われているわけです。政府がそうした運営にかかわるお金を出しているのもおもしろいと思いました。

写４　ドイツのあるまちにあるマルチジェネレーションハウス

黒石　建物に対してではなく、楽しいことをつくり出す人に、お金を出している。すばらしいですね。

篠原　それは、楽しいことを共有するための仕掛け、ですね。

黒石　祭りだって、そういう役割をもっていました。コミュニティになぜ踏みとどまっていられるかというと、祭りで地域のつながりを再確認すると同時に、仲間と楽しい時間を共有できるからだとみなさんがいわれます。

篠原　私たちの研究室では、東京の分譲集合住宅の調査を長年やっています。都心の70戸ぐらいの集合住宅で、中庭で毎年1回バーベキューパーティをやるのですが、年1回のバーベキューパーティのために、1年間かけて数回のミーティングをします。バーベキューパーティという小さな祭りが人を結びつけているんだと、実感しました。

黒石　そのために、住民たちは、草も刈るし、さまざまな整備もする。それは、住民が自分たちのつながりを維持するための主体的な関与ですよね。

篠原　それをどう建築が引き出すか、それこそが建築家としては重要と思っていますが。

◉「住む」ことは権利

編集部　かつて人はコミュニティという制約の中でしか生きられない時代があったけれど、これからコミュニティ的なものを社会の中にどのように復活させ、位置づけることができるのでしょうか。

黒石　山形でいま、40代くらいの若い夫婦で、がんばっている人たちに話を聞きました。一度、イヤになって故郷を出たけれど、そのうち帰ってきたくなり、仕事を見つけて、地元で再びがんばっているといいます。いま、高校生ぐらいの子たちが卒業したら地元を出るかどうか迷っているのですが、この親世代の夫婦の考えは明快でした。いったん外に出ればここのよさがわかるから、そうしたら戻ってこい、またもし戻ってこなければそれでもいいというのです。コミュニティを守るというよりはまず出ろと。コミュニティを継続するためにも、断絶を恐れないし、外部とのつながりを切り開いたほうがいいという考え方です。

篠原　継続をあまりにも目的にしてしまうと、拘束になるということでしょうか？

黒石　彼らは、自分でなんとか生きていけと子どもたちを突き放しているわけではありません。田舎を出て失敗しても、そのときは戻ってこいと、そのときはみんなでやり直せばいいという懐の大きさもあります。それが、地域の世代継承をうまく進める秘訣かもしれません。

最後に、セーフティネットにふれたいと思います。落ちこぼれたとき、失敗したとき、お金が尽きたとき、身体をこわしたとき、私たちはどうするのでしょうか。家を借りるお金もなく、まさに路頭に迷うような状況はだれにでもありえますが、それをどうとらえるかという問題です。

篠原　それを自己責任として個人が背負うことなのか。国の役割はなにか、ということですね。

黒石　もともと、セーフティネットは人間の生存権に根差すものです。日本では人権意識が弱すぎますが、「住むこと」は基本的人権です。

篠原　アムステルダムの都市計画局の方にこの間レクチャーを受けました。社会住宅の家賃は700ユーロが上限で、入ったらずっといられる。でも、もういっぱいになって、入れるところがないから、自分の息子は20年待ちだといっていました。結果、どんどん郊外に住むことになる。逆にいうと、住む権利意識が強いんでしょうね。いったん入ったら、そんなに簡単に動かせないのも問題ですが、「住むことは権利」という意識はとても強い。

黒石　アムステルダムは実験的な集合住宅がすごいですね。デザインもおもしろい。

編集部　社会実験ですね。日本ではなかなかできない。

篠原　オランダの場合、その背景には海面上昇という自然の脅威があるわけですが、だからこそ住むことの現在といつも格闘しているように見えます。もちろん、災間を生きている私たちも同様で、社会として、これに立ち向かわなければならないのだろうと思います。

ヨーロッパでは、その意識は高く、特にオランダでは、社会住宅の割合が高い。しかし住む権利を保障しようとする社会住宅は、常に政府の財政に負荷をかけます。それでもオランダでは、さまざまな方向転換をしながら、今でも試行錯誤を続け、社会実験としての集合住宅を使っているのはすごいと思います。

黒石　去年、数か月にわたってデルフト工科大学でお世話になって、住宅政策や計画デザインの分野の方々と交流しました。そこで感じたことは、おっしゃるとおり、埋立てを繰り返す不安定な地盤に立っているために、いつも住まいを確保する緊張感があることです。実際にオランダ各地の住宅は、地下水のレベルがいつも問題になっています。

それに加えて、大戦での経験から歴史的蓄積や社会の健全な環境を、国民全体で維持していこうという意識も強いと感じました。

今回の対談の中で、住宅デザインや計画が多くの困難な選択に基づいてきたことや、災害の多発する環境では、既存の概念や価値観の転換の必要があることも指摘されました。人権としての住まいやセーフティネットの役割の問題も、行政の限界や自己責任の議論としてではなく、不安定さと多様さを前提とした社会で、どう人の命を守り、社会を維持する責任を個々がどう担うかという、共同責任の議論、あるいは制度の持続的改変の問題として行うべきではないでしょうか。日本には、社会の拠り所として住まいが多様な役割をもっていた場所や時代があります。戦後完成されてきた住まいのあり方や仕組みを、改めて人を中心に見直そうとする、現在のさまざまな試みや手がかりを大事にしていきたいですね。

篠原　住むことに対する共同責任の議論や、持続可能にする制度のあり方などが、そろそろ抽象論を超えて、具体的な議論や動きに展開していってほしいと思います。それに対して、この事典を通して具体的なイメージを提供できたらと思いました。ありがとうございました。■

年表——近代の「住む」を読む

西暦（和暦）	日本の動き	住宅・住宅地・建築関係事業等（ハード）	住宅・都市・建築学・政策（ソフト）	世界の動きほか
フェーズ１　明治維新→近代化→日清・日露戦争→第１次世界大戦→「大正デモクラシー」（都市文化）				
1868（明治元）年	5　江戸城開城 10　明治に改元	9　神戸に外国人居留地設置 築地ホテル（清水喜助）		
1869（明治2）年			版籍奉還、諸藩領地を返還（中央集権化へ）	
1870（明治3）年			北海道に屯田兵入植	
1871（明治4）年			廃藩置県（中集権化の達成）	3　（仏）パリ・コミューン成立
1872（明治5）年	3　初の全国戸籍調査（総人口3,311万人）	4　銀座大火→銀座レンガ街計画（ウォートルス設計）開始 10　新橋と横浜間鉄道開業 11　官営　富岡製糸工場開業		
1873（明治6）年	7　地租改正（現物貢租を金納、土地の私有制確立）	10　銀座レンガ街第1期完成（1878年全体完成）	7　工部省工学寮工学校造家学科（後の東京大学建築学科）設立	
1876（明治9）年		6　国道、県道、里道の3道制定		
1877（明治10）年	2　西南戦争勃発	6　銀座レンガ街第2期完成、事業打ち切り	1　工部省工学寮工学校を工部大学校と改称、造家学科に、J.コンドルを招聘	
1879（明治12）年	4　廃藩・沖縄県設置（琉球処分）			
1881（明治14）年	10　松方正義、参議件大蔵卿に（松方財政）			
1883（明治16）年		7　鹿鳴館（コンドル設計）		
1884（明治17）年	10　秩父事件 松方デフレによる不景気と凶作で農民騒擾が頻発。			
1886（明治19）年		5　ドイツ人建築家ベックマン、日比谷官庁集中計画	4　造家学会（後の日本建築学会）設立	
1888（明治21）年	4　市制・町村制公布（自治体としての市町村制度の確立）		東京市区改正条例公布	
1889（明治22）年	2　大日本帝國憲法発布 10　富山県魚津で米騒動、翌年各地で波及			5　（仏）パリ万国博開催、エッフェル塔建設
1890（明治223）年	10　教育勅語発布 足尾銅山鉱毒が問題となりはじめる			
1891（明治24）年	12　田中正造、足尾鉱毒事件質問書提出			
1894（明治27）年	8　日清戦争起きる			
1895（明治28）年	4　日清戦争の講和条約（下関条約）、朝鮮独立承認、遼東半島・台湾割譲（台湾総督府設置） 4　三国干渉			
1898（明治31）年	4　片山潜・横山源之助ら、貧民研究会結成			（英）エベネザー・ハワード『明日　真の改革への平和な道』
1899（明治32）年			横山源之助『日本之下層社会』	

西暦（和暦）	日本の動き	住宅・住宅地・建築関係事業等（ハード）	住宅・都市・建築学・政策（ソフト）	世界の動きほか
1902（明治 35）年	日英同盟調印			
1903（明治 36）年	4　小学校令改正　国定教科書導入			12　（仏）フランクリン街のアパート（A. ペレー設計、初のRC 造集合住宅） （英）レッチワース（R. アンウィン・B. パーカー設計、初の田園都市）着工
1904（明治 37）年	2　日露戦争起きる			
1905（明治 38）年	9　日露講和条約 9　日比谷焼打ち事件			
1907（明治 40）年	10　箕面有馬電気軌道株式会社（専務取締役小林一三）			
1910（明治 43）年	6　大逆事件、幸徳秋水ら逮捕 8　日韓併合、朝鮮総督府設置	3　箕面有馬電気軌道（梅田—宝塚間）開業 6　箕面有あ馬電気軌道、大阪池田室町で宅地分譲		
1911（明治 44）年	1　大逆事件で 12 人の死刑執行 2　関税自主権確立			（中）辛亥革命（清朝滅亡、中華民国）
1912（明治 45）年	7　明治天皇没	7　大阪天王寺、通天閣を中心とする新世界ルナパーク開業		
1913（大正 2）年		4　京王電気軌道（笹塚—調布間）開業（東京郊外電車の延長はじまる）		
1914（大正 3）年		3　東京中央停車場（辰野金吾設計）竣工		7　第 1 次世界大戦勃発
1915（大正 4）年	8　無尽業法交付（無尽講・頼母子講を免許制に）			
1916（大正 5）年	9　工場法施行（児童労働の制約等） 河上肇「貧乏物語」連載開始	長崎・軍艦島、30 号館竣工（初の RC 造集合住宅）		
1917（大正 6）年		10　都市研究会発足（会長後藤新平）		3　（露）ロシア 2 月革命 11　（露）ロシア 10 月革命
1918（大正 7）年	7　米騒動、富山県魚津町ではじまり全国に飛び火 8　シベリア出兵	長崎・軍艦島、日給住宅（RC9 階 4 棟）		11　第 1 次世界大戦終結 魯迅『狂人日記』
1919（大正 8）年			4　都市計画法・市街地建築物法公布	3　（朝）三・一独立運動、5（中）五・四運動 6　（仏）ベルサイユ講和条約 （独）グロピウスら、バウハウス設立
1920（大正 9）年	5　日本初のメーデー上野公園で開催 10　第 1 回国勢調査実施（内地人口：約 5,600 万人、外地人口：約 2,100 万人）		9　市街地建築物法施行令公布（用途地域の規制内容規定） 11　東京警視庁、建築課設置（市街地建築物法担当） 12　後藤新平、東京市長に	1　国際連盟発足
1922（大正 11）年	3　全国水平社創立大会 柳宗悦『朝鮮とその芸術』		4　借地借家調停法公布 今和次郎『日本の民家』	コルビュジエ『300 万人のための都市』

西暦（和暦）	日本の動き	住宅・住宅地・建築関係事業等（ハード）	住宅・都市・建築学・政策（ソフト）	世界の動きほか
フェーズ２　関東大震災→震災復興→世界恐慌→戦時体制→中国への侵攻→欧米との戦争へ				
1923（大正 12）年	9　関東大震災、死者不明者約 14 万人 9　関東大震災被災地に戒厳令、朝鮮人虐殺 12　東京帝大セツルメント創立	2　丸の内ビル（三菱地所、フラー社設計） 8　田園都市株式会社、玉川台（田園調布）宅地分譲開始		
1924（大正 13）年		6　本所区柳島に東京帝大セツルメント開設（今和次郎設計） 堤康次郎による大泉学園、小平学園開発 12　同潤会新山下普通住宅	5　財団法人同潤会設立（都市型集合住宅の供給へ）	
1925（大正 14）年	4　治安維持法公布 5　改正衆議院議員選挙法公布（男子 25 歳以上、普通選挙実現） 10　第 2 回国勢調査	2　同潤会赤羽普通住宅 2　同潤会赤羽普通住宅 3　同潤会十条、砂町普通住宅		
1927（昭和 2）年	3　金融恐慌はじまる	1　同潤会代官山アパート竣工		（独）ヴァイセンホーフ・ジートルンク完成 （墺）ウィーン、カール・マルクス・ホフ（K. エーン設計）
1928（昭和 3）年	2　初の普通選挙実施 6　張作霖爆死事件 6　改正治安維持法（死刑・無期刑を追加）			10　（ソ）第 1 次 5 カ年計画開始 （瑞）CIAM（近代建築国際会議）第 1 回会議
1929（昭和 4）年	小津安二郎『大学はでたけれど』 小林多喜二『蟹工船』 徳永直『太陽のない街』	4　初の本格的ターミナルデパート、阪急百貨店、大阪に開店		10　（米）ニューヨーク株式市場大暴落（世界恐慌） C. ペリー「近隣住区理論」発表 （米）ラドバーン（H. ライト、C. スタイン設計）入居
1930（昭和5）年	3　帝都復興祭挙行 10　第 3 回国勢調査（内地人口約 6,400 万、外地人口約 2,600 万） 国産第一号の洗濯機「ソーラー」発売（芝浦製作所、のちの東芝）	4　日本初の地下商店街、上野駅地下鉄道に完成 6　同潤会大塚女子アパートメント開館		
1931（昭和 6）年	4　重要産業統制法 9　関東軍、柳条溝の満鉄線路爆破（満州事変はじまる） 東北・北海道地方冷害（娘の身売り相次ぐ）		6　木賃宿を簡易旅館に名称改訂	（米）エムパイアステートビル完成
1932（昭和 7）年	1　上海事変 3　満州国建国（宣統帝溥儀、執政に就任） 5　五・一五事件、青年将校ら犬養首相を射殺（政党内閣制に終止符）	5　同潤会、勤人向け分譲住宅設計図案を懸賞募集、善福寺住宅に案を盛り込む 12　日本橋白木屋火災（初の高層建築火災、死者 14 人）	10　東京市、5 郡隣接 82 町村合併、15 区政から 35 区政へ、人口 497 万余で世界第 2 位	
1933（昭和 8）年	3　日本、国際連盟から脱退 5　滝川事件（京都帝大法学部教授ら 38 人辞表） 8　東京の盆踊りで「東京音頭」大流行、全国に広まる		3　都市計画法改正（すべての市に適用） 3　東京、皇居前に美観地区指定	1　（独）ヒットラー、首相に就任（ナチス政権誕生） CIAM、アテネ憲章

西暦（和暦）	日本の動き	住宅・住宅地・建築関係事業等（ハード）	住宅・都市・建築学・政策（ソフト）	世界の動きほか
1934（昭和9）年	12　凶作地に対する政府米臨時公布法 12　東北振興調査会官制公布 東北冷害・西日本旱害・関西風水害のため大凶作	8　同潤会江戸川アパート竣工 12　大阪で美観地区指定（建物の最低高さを定める）		
1935（昭和10）年	2　貴族議員で美濃部達吉「天皇機関説」問題化		2　市街地建築物法改正（建築線制度における接道長の規定）	（米）グリーンベルト・タウン計画
1936（昭和11）年	2　二・二六事件、青年将校1,400人余、内務大臣、蔵相等殺害 5　阿部定事件	11　国会議事堂落成式	5　重要産業統制法改正（施行期間5年延長） 9　特殊建築物規則公布（学校、百貨店、共同住宅等の防火規定）	1　日本、ロンドン軍縮会議から脱退 11　日独防共協定調印
1937（昭和12）年	7　盧溝橋で日中両軍衝突（日中戦争はじまる） 8　国民精神総動員実施要綱閣議決定 12　日本軍、南京占領、大虐殺事件を起こす	12　東京・逓信病院（山田守設計）完成	5　商工省に統制局設置	11　（伊）日独防共協定に参加
1938（昭和13）年	1　厚生省設置 4　国家総動員法公布		3　市街地建築物法改正（空地地区、道路幅員4mなど）	3　ドイツ、オーストリアを併合
1939（昭和14）年	1　警防団令 4　米穀配給統制法 7　国民徴用令 7　東京の長者番付1位に屑鉄業者 8　東京市、隣組回覧板10万枚配布 12　総動員物資使用収用令	1　東京地下鉄、新橋—渋谷間全通（銀座線完成） 1　東京緑地計画決定（区部周辺の環状緑地帯）	1　市街地建築物法改正によるモルタル簡易防火壁を認可 2　商工省、鉄製不早品回収開始（ポスト、ベンチ、広告塔など15品目指定） 8　国民徴用令による初の出頭要求書、建築技術者に発送 10　価格統制令・地代家賃令（9・18ストップ令）	9　ドイツ軍、ポーランド侵攻（第2次世界大戦はじまる）
1940（昭和15）年	5　国民優生法公布（1948年に優生保護法に改められる） 9　内務省、部落会・町内会・隣保班・市町村常会整備要綱を府県に通牒 10　大政翼賛会発会式 11　紀元2600年祝賀行事	1　東京、田園調布に住居専用地区指定	8　農地転用許可制度 11　宅地建物等価格統制令 11　大日本産業報国会創立	9　日独伊三国同盟調印 9　日仏印軍事細目協定成立、日本軍仏領インドシナに進駐
1941（昭和16）年	4　生活必需物資統制令 7　全国の隣組、一斉に常会を開く 10　東条英機内閣成立 12　真珠湾空襲 12　戦争の名称を大東亜戦争と閣議決定	前川國男自邸	5　住宅営団設立 8　金属類回収令	5　ベトナム独立同盟（ベトコン）結成 6　独ソ戦開始
1942（昭和17）年	2　食糧管理法公布（7月より一部施行） 3　東京に初の空襲警報発令 6　内閣、金属回収令による強制譲渡命令を発動 6　ミッドウェー海戦	2　住宅営団研究部規格課、パネル組立住宅試験実施	3　永代借地権の整理に関する件公布（土地所有権に転換） 5　内務省、1戸1カ所の簡易待避所をつくるように奨励	

西暦（和暦）	日本の動き	住宅・住宅地・建築関係事業等（ハード）	住宅・都市・建築学・政策（ソフト）	世界の動きほか
1943（昭和18）年	2 日本軍ガダルカナル島で敗退 9 鳥取地震（死者約1,000人） 10 徴兵延期停止により出陣する学徒壮行大会		3 東京・大阪に防空空地指定 6 内務省、防空退避施設整備強制通牒 11 東京都、帝都重要地疎開計画発表（防火地帯造成・重要工場付近の建物疎開・駅前広場造成） 12 主要12都市の疎開実施要綱閣議決定	9 （伊）無条件降伏
1944（昭和19）年	1 横浜事件 6 国民学校初等科児童の集団疎開閣議決定 10 レイテ沖海戦（連合艦隊主力喪失） 11 マリアナ基地のB29、東京を初爆撃 12 東南海地震（死者約1,000人）	1 内務省、東京・名古屋に改正防空法による初の建物疎開令	2 全国11都市に建築規制区域告示（新築増築一切禁止等）	6 （仏）連合軍ノルマンディ上陸 8 （仏）連合軍パリ入場
フェーズ3 敗戦→占領→戦災復興→冷戦体制→国際体制への復帰→高度経済成長				
1945（昭和20）年	1 東海地方大地震（死者約2,000人） 3 東京大空襲（一晩の死者約72,000人） 4 米軍、沖縄本島上陸 8 米軍、広島・長崎に原爆投下（死者計約30万人） 8 日本無条件降伏、第2次世界大戦終結 8 マッカーサー、厚木に到着 9 街頭に闇市氾濫 11 財閥解体 12 衆議院議員選挙法改正（婦人参政権） 12 労働組合法公布	軍艦島65号棟（一日報国寮）建設（RC造地上10階地下1階） 組立住宅プレモス（前川國男設計）生産	6 東京都の人口前年比約3割（220万人） 11 戦災復興院官制公布（初代総裁小林一三） 12 政府、戦災地復興計画基本方針決定（過大都市抑制・地方振興等）	2 ヤルタ階段 4 （ソ）戦車隊ベルリンに突入 5 （独）無条件降伏 7 ポツダム会談 8 （ソ）対日宣戦布告 10 国際連合成立
1946（昭和21）年	4 琉球米軍政府下に民政府創設 8 経済安定本部令公布 9 生活保護法公布 11 日本国憲法公布 12 傾斜生産方式閣議決定（石炭・鉄鋼増産） 12 南海道大地震（死者約1,300人）	8 代々木練兵場跡にワシントンハイツ着工	4 東京、戦災復興都市計画決定（区画整理等） 4 住宅緊急措置令改定（余裕住宅開放） 5 復興院、復興住宅建設基準設定 12 住宅営団閉鎖機関に指定	7 （米）ビキニ環礁で原爆実験 7 （中）全面的内戦始まる （英）ニュータウン法 （英）スティブネージ・ニュータウン建設開始
1947（昭和22）年	1 マッカーサー、ゼネスト中止令 5 日本国憲法施行 10 国勢調査実施（総人口約7,800万人）	10 戦後初の公営RC団地、東京都営高輪アパート着工	4 町内会・部落会・隣組廃止 3 東京都36区を22区に整理統合（8月練馬区新設により23区へ） 12 内務省廃止、建設院設置法公布 西山夘三「これからのすまい」 浜口隆一「ヒューマニズムの建築」	

西暦（和暦）	日本の動き	住宅・住宅地・建築関係事業等（ハード）	住宅・都市・建築学・政策（ソフト）	世界の動きほか
1948（昭和23）年	6 文部省、1府県に1大学設置方針発表 12 GHQ、経済安定9原則発表	4 都営高輪アパート入居公開抽選会（37戸に対し、約8,200世帯応募）	7 建設省設置法公布（建設院廃止） 7 消防法公布（建築確認に消防の同意）	7 （韓）大韓民国樹立 9 （朝）朝鮮民主主義人民共和国
1949（昭和24）年	3 ドッジライン（超均衡財政） 3 経済白書「経済自立への課題」 4 単一為替レート実施（1ドル：360円） 7 下山事件・三鷹事件 8 松川事件 11 湯川秀樹博士ノーベル物理学賞	11 東大池辺研究室、15坪の立体最小限住宅発表	9 住宅対策審議会設置、住宅金融公庫設置を答申	4 北大西洋条約（NATO）調印 10 （中）中華人民共和国成立宣言 10 （東独）東ドイツ成立
1950（昭和25）年	7 レッドパージはじまる 8 警察予備隊公布令 10 国勢調査実施（住宅調査加わる、総人口約8,300万人）		5 住宅金融公庫法公布 5 建築基準法公布 5 建築士法公布	6 朝鮮戦争はじまる
1951（昭和26）年	4 マッカーサー、離日	12 東京都住宅協会、11階建ての宮益坂分譲アパート着工	6 公営住宅法公布	9 （米）サンフランシスコで、対日講和会議
1952（昭和27）年	4 琉球中央政府発足	1 増沢詢自邸、最小限住宅発表		
1953（昭和28年）	2 NHK、東京地区でテレビ本格方法開始 4 沖縄米民政府、土地収用令公布（武装兵による軍用土地強制収用続発） 8 日本テレビ、民法初の本放送開始 11 初のスーパーマーケット、青山紀伊国屋開店 わが国初の噴流式洗濯機の発売（三洋電機）。小型化、価格の引き下げにより普及のきっかけとなる			7 朝鮮休戦協定
1954（昭和29）年	3 第五福竜丸、ビキニの米水爆実験で被爆 6 防衛庁設置法・自衛隊法公布		5 住宅金融公庫法改正（分譲住宅、宅地造成等への融資）	5 （ベトナム）ディエンビンフーの戦い、仏軍がベトミン軍に降伏
1955（昭和30）年	8 広島で、第1回原水爆禁止世界大会開催 10 国勢調査（総人口約8,900万人） 11 自由党、日本民主党が保守合同し、自由民主党結成	4 純洋風高級賃貸アパート、代官山東急アパート（久米建築事務所設計）竣工	7 日本住宅公団法公布	4 アジア・アフリカ会議（バンドン会議）
1956（昭和31）年	7 経済白書「日本経済の成長と近代化」（「もはや戦後ではない」が流行） 12 国連に加入	1 日本初の民間個人向け分譲集合住宅、四谷コーポラス完成 3 大阪、香里団地着手（東洋最大のNT） 5 日本住宅公団初の分譲団地、千葉稲毛団地で入居開始 8 日本住宅公団、大阪市関目第一団地で、初の様式トイレ採用		

西暦（和暦）	日本の動き	住宅・住宅地・建築関係事業等（ハード）	住宅・都市・建築学・政策（ソフト）	世界の動きほか
1958（昭和33）年	8　日清食品、チキンラーメン発売 12　東京タワー完成	3大阪府企業局、千里ニュータウン着工 4　スカイハウス（菊竹清訓設計）完成 6　日本住宅公団、青戸団地内に初の保育所開設	『週刊朝日』「新しきダンチ族」記事	1　欧州経済共同市場（ECC）発足
1959（昭和34）年	1　国民健康保険法施行（国民皆保険） 4　皇太子結婚 12　炭鉱離職者臨時措置法公布 12　国民生活白書「戦後国民生活の構造変化」（住宅事情はまだ戦後）	8　米軍幹部住宅となっていた横浜山下公園南側返還 10　大和ハウス、ミゼットハウス発売	1　メートル法実施（坪表示は1966年まで）	1　キューバ革命
1960（昭和35）年	1　日米新安全保障条約調印（第1次反安保闘争激化） 7　経済白書「日本経済の成長力と競争力」 10　浅沼稲次郎社会党委員長、刺殺さる 10　国勢調査（総人口約9,300万人） 12　第2次池田隼人内閣成立、国民所得倍増計画を閣議決定		4　メタボリズムグループ結成（菊竹清訓、川添登、大高正人、槇文彦、黒川紀章） 5　世界デザイン会議（東京産経ホール） 7　東海道幹線自動車国道（東名高速道路）建設公布 8　新住宅建設5カ年計画（1世帯1住宅が目標）	11　（米）民主党ケネディ、大統領に当選 12　国連総会で植民地独立宣言を採択
1961（昭和36）年	6　農業基本法公布	1　東大丹下健三研究室「東京計画1960」発表 4　民間住宅ローン制度化される。勧銀住宅プラン、東海、三菱、北海道拓殖銀行なども進出		4　（ソ）有人人工衛星打上げ成功
1962（昭和37）年	2　東京都、人口1,000万人突破 7　経済白書「景気循環の変貌」（転換期論争）	9　千里ニュータウン入居開始	4　区分所有法（マンション法）公布	10　キューバ危機
1963（昭和38）年	7　経済白書「先進国への道」 12　力道山ヤクザに刺殺される	初の総合展示場、名古屋に（期間限定。中部経済新聞社）	7　新住宅市街地開発法公布（ニュータウン法） 7　建築基準法改正（容積地区制度導入）	8　（米）人種差別撤廃要求のワシントン行進（20万人参加） 11　（南越）南ベトナムで軍事クーデーター、米政府、新政府承認 11　（米）ケネディ大統領射殺される
フェイズ4　東京オリンピック→高度経済成長の継続→ニュータウン→人口1億人突破→社会矛盾の激化				
1964（昭和39）年	4　一般海外渡航自由化 7　経済白書「開放体制下の日本経済」 8　新潟地震（アパート転倒、石油タンク炎上） 10　東海道新幹線開業（東京一新大阪間4時間） 10　東京オリンピック開催	8　千里ニュータウン、公団住宅第1号、津雲台団地入居開始		8　トンキン湾事件（米駆逐艦が北ベトナムから攻撃されたと発表、米軍報復開始）
1965（昭和40）年	7　名神高速道路全面開通 10　国勢調査（総人口約9,800万人） 11　日本初の原子力発電所、東海村に完成	3　犬山に明治村開村 6　公団、神代団地第三住宅（調布市）で初のバランス釜風呂設置	12　東京多摩NT、大阪泉北NTの新住宅市街地開発事業計画決定	2　米軍、北爆開始

西暦（和暦）	日本の動き	住宅・住宅地・建築関係事業等（ハード）	住宅・都市・建築学・政策（ソフト）	世界の動きほか
1966（昭和41）年	3　法務省住民登録集計による総人口、1億人突破 6　ザ・ビートルズ、日本武道館公演 7　新東京国際空港を成田市三里塚に閣議決定	10　東京海上火災ビル（前川國男設計）東京都に確認申請（丸ノ内美観論争の発端）	6　民法改正（不動産に関し、地下、空中に地上権を設定する制度を創設） 7　第1期住宅建設5カ年計画閣議決定（1世帯1住戸を目標に5年間で公的住宅270万戸、民間住宅400万戸）	5　（中）文化大革命始まる
1967（昭和42）年	4　東京都知事に社会・共産両党推薦の美濃部達吉当選 8　公害対策基本法公布	1　塔の家（東孝光）完成 プレハブ住宅、年間52,000戸と本格普及期に		
1968（昭和43）年	1　東大医学部学生自治会、無期限スト（東大闘争はじまる） 2　成田空港阻止集会、警官隊と乱闘 10　川端康成、ノーベル文学賞受賞 12　3億円事件	1　坂出人工土地（大高正人設計）入居開始 3「住宅産業」という言葉が流布（通産省内田元亨の論文が契機） 4　初の本格的超高層、霞が関ビル（三井不動産、山下寿郎設計）完成 6　公団分譲住宅申込、千葉市花見川住宅で初めて募集戸数に満たず（高・遠・狭の前ぶれ 10　初のコーポラティブハウス、千駄ヶ谷コ・オペラティブハウス（山下和正等設計）建設		4　（米）キング牧師暗殺 6　（名）ケネディ大統領暗殺 8　ソ連、ポーランド、東独、ハンガリー、、ブルガリア5カ国軍、チェコに侵入
1969（昭和44）年	1　東大安田講堂に機動隊突入 6　新宿駅西口地下広場で反戦フォークソング集会 11　農林省、八郎潟干拓など全国17箇所の干拓事業打切り		5　東名高速道路全面開通（東京ー小牧間）	7　（米）アポロ11号、月面着陸
フェイズ5　日本万国博→沖縄返還→ニクソンショック→石油ショック→バブルエコノミー→バブルの崩壊→東西冷戦の終わり				
1970（昭和46）年	3　日本万国博覧会 4　よど号ハイジャック事件 10　国勢調査（総人口約1億370万人、沖縄約95万人）	1　公団住宅50万戸を突破 9　桜台コートビレッジ（内井昭蔵設計）完成 11　初の超高層マンション、三田綱町パークマンション（三井不動産）上棟披露	4　住宅金融公庫、分譲マンションへの融資開始 8　銀座、新宿、池袋、浅草の繁華街で休日の車両の通行禁止（歩行者天国） 10　宇井純、東大で公開自主講座「公害原論」	
1971（昭和46）年	6　沖縄返還協定調印 7　環境庁設置 7　日本マクドナルド第1号店銀座三越内に開店	3　多摩NT入居開始（諏訪・永山地区）	第2期住宅建設5カ年計画策定（1人1室の規模をもつ住宅950万戸建設）	8　（米）ニクソン米大統領、ドル防衛策を発表（ニクソンショック）
1972（昭和46）年	2　冬季オリンピック札幌大会開催 2　円の対ドル相場307円70銭と初めて基準レート突破 5　沖縄県発足 6　田中通産省「日本列島改造論」発表	3　新幹線、新大阪ー岡山間開業） 3　中銀カプセルタワービル（黒川紀章設計）完成		3　ローマクラブ報告書『成長の限界）
1973（昭和48）年	2　政府、円の変動相場制移行を発表	12　住宅公団、親子ペア住宅建設		10　OPEC加盟6カ国、原油価格21％引き上げ決定（第1次石油ショック）

西暦（和暦）	日本の動き	住宅・住宅地・建築関係事業等（ハード）	住宅・都市・建築学・政策（ソフト）	世界の動きほか
1974（昭和49）年	8　平塚市の団地でピアノ殺人事件（母子3人刺殺）		7　優良住宅部品認定（BL）制度発足	8　（米）ウォーターゲート事件に関連してニクソン大統領辞任
1975（昭和50）年	7　沖縄海洋博覧会 10　国勢調査（総人口約1億1,200万人）	3　新幹線岡山ー博多間開業（東京ー博多間全通）		4　ベトナム戦争終結
1976（昭和51）年	2　ロッキード事件発覚	2　住吉の長屋（安藤忠雄設計）完成 3　茨城県水戸六番池団地（藤本昌也・現代計画研究所設計）完成		（蘭）道路交通法改正「ボンエルフ」
1977（昭和52）年		8　コーポラティブハウス、都住創第一号、松屋町住宅完成	5　住宅性能保証制度実施（築10年以内の欠陥無料修理）	3　第1回アラブ・アフリカ首脳会議
1978（昭和53）年	10　日中平和友好条約調印	5　全電化の23階建て超高層マンション、サンシティ（三井不動産）に完成		
1979（昭和54）年	1　国立大学、共通一次試験初めて実施 7　ソニー、ウォークマン発売		3　EC委員会事務局、対日戦力基本文書の中で日本を「ウサギ小屋に住む仕事中毒の国」と表現	1　米中国交回復（米、台湾と断交） 3　（米）スリマイル島原発事故
1980（昭和55）年	10　国勢調査（総人口：約1億1,700万人）	6　東陶機器、温水洗浄便座ウォシュレットG発売 11　川崎市内高級住宅で、2浪中の子供が両親を金属バットで撲殺		8　ポーランドで独立自主管理労働組合「連帯」が結成 12　ジョン・レノンがニューヨークで射殺される
1981（昭和56）年	3　神戸ポートアイランド博覧会		2　線引き見直し、全国で2万haを市街化に編入	
1982（昭和57）年	4　ホテル・ニュージャパン火災（死者32人） 6　東北新幹線（大宮ー盛岡間）開業 11　上越新幹線（大宮ー新潟間）開業	10　東京中野区で大学生、子供の声がうるさいと隣家の5人を刺殺 11　山万、新交通システムを佐倉市ユーカリが丘に開業	4　農地の宅地並み課税強化（ただし長期営農持続農地制度で徴収猶予可能）	4　アルゼンチン、フォークランド紛争勃発
1983（昭和58）年	1　中曽根首相「日本列島不沈空母」発言 4　東京ディズニーランド開園 7　任天堂、ファミコン発売	3　中国自動車道全面開通（大阪・吹田ー山口・下関） 5　都銀「親子二代ローン」導入 5　住都公団、単身者用ワンルームマンションを新宿で募集	4　建設省、HOPE（地域住宅）計画発足	9　ソ連、大韓航空機撃墜（269人死亡）
1984（昭和59）年	1　東証ダウ株価、初の1万円台 6　平均寿命男女とも世界一となる（女性79.8歳、男性74.2歳）	3　土地信託方式契約第1号 12　建設省、昭和30年代建設の狭小賃貸住宅団地約17万戸の全面建替え決定	4　世田谷区にてワンルームマンション規制の建築協定発効 6　建設省、特定街区制度改定（街区間の容積移転）	
1985（昭和60）年	3　つくば万博開催 5　男女雇用機会均等法成立 10　国勢調査（総人口：約1億2,000万人） 11　円高進み、1ドル200円に	3　新幹線（上野＝大宮間）開通 10　関越トンネル開通により、関越自動車道（練馬ー長岡間）全面開通	4　国土庁、血公示価格発表、都心業務商用地高騰、土地バブル本格化	9　先進5か国（G5）蔵相・中央銀行総裁会議により為替レート安定化に関する合意（プラザ合意）

西暦（和暦）	日本の動き	住宅・住宅地・建築関係事業等（ハード）	住宅・都市・建築学・政策（ソフト）	世界の動きほか
1986（昭和61）年	10　国鉄分割民営化法案可決 11　三原山大噴火	5　森ビル、アークヒルズ（入江三宅設計事務所）竣工 10　新宿戸山再開発会社（中曽根民活代位1号）、西戸山タワーホウムズの分譲募集		4　（ソ）チェルノブイリ原発事故 12　（米）三井不動産、NYのエクソンビルを買収
1987（昭和62）年	4　国鉄分割民営化 4　経済審議会経済構造調整部会報告（新前川リポート。宅地並課税推進、土地高度利用のため規制緩和、低未利用地活用、土地信託）	1　公団住宅、光が丘パークタウンの応募率6.137倍の最高記録	6　建築基準法改正（一種住専に12m高さ制限、斜線制限緩和、木造建物高さ制限緩和、準防火地域の木材3階建て可能に。 10　緊急土地対策要項を閣議決定	6　（米）住友不動産、NY五番街のビルを買収 10　（米）NY株式市場で株価暴落（ブラックマンデー）
1988（昭和63）年	7　リクルート事件 8　経済白書「内需型成長の持続と国際社会への貢献」	3　青函トンネル開通 4　瀬戸大橋開通	4　住宅金融公庫法改正（親子ローン認可）	4　ソ連、アフガニスタンから撤退開始
1989（昭和64）年	1　昭和天皇逝去	9　横浜ベイブリッジ開通	6　特定農地貸付農地法特例法（市民農園特例）	6　天安門事件
（平成元年）	2　吉野ヶ里遺跡発見 4　消費税（3%）導入	10　幕張メッセ（大型コンベンションセンター）完成		10　（米）三菱地所、ロックフェラー・グループ社買収 11　（独）ベルリンの壁崩壊
1990（平成2）年	10　株価、戦後最大の大暴落（バブル崩壊始まる）		2　国土庁、土地政策審議会設置 4　大蔵省「不動産融資総量規制」」実施	7　（独）東西ドイツ再統一
1991（平成3）年	5　育児休業法公布 6　長崎県雲仙普賢岳で大規模火砕流発生	3　新東京都庁舎（丹下健三設計）完成	9　東京と大阪の地価、住宅地・商業地で下落（バブル崩壊）	1　湾岸戦争勃発 12　ソビエト連邦解体
フェイズ6　阪神・淡路大震災→地下鉄サリン事件→金融大手破綻→介護保健制度開始→新潟中越地震→リーマンショック				
1992（平成4）年	3　東海道新幹線「のぞみ」登場 6　外国人登録法改正（永住者の指紋押捺制度廃止）	7　山形新幹線開業	6　生活大国5カ年計画、閣議決定（年収5倍程度で大都市の勤労者世帯に住宅取得を可能にする）	2　国連安保理、カンボジアへPKO派遣決議 2　EU（欧州連合）成立
1993（平成5）年	1　釧路沖地震 7　北海道南西沖地震（奥尻島津波被害） 8　細川連立内閣成立	8　レインボーブリッジ開通	8　真鶴町、まちづくり条例制定（美の基準）	
1994（平成6）年	6　村山内閣成立 6　戦後初の1ドル、100円突破 7　青森市、三内丸山遺跡発見	関西国際空港（レンゾ・ピアノ設計）開港	9　ハートビル法公布	4　（南ア）マンデラ大統領選出
1995（平成7）年	1　阪神・淡路大震災（兵庫県南部地震） 3　地下鉄サリン事件 4　1ドル、79円75銭の円高を記録 5　地方分権推進法成立	7　九州自動車道全面開通（青森‐鹿児島間高速道路全通）	3　兵庫県、神戸市、復興都市計画決定 9　住宅専門金融会社主要8社の回収不能債権、6兆円超と判明	9　（米）三菱地所、ロックフェラー・センター経営から撤退
1996（平成8）年	8　薬害エイズ問題で帝京大学副学長、厚生省元課長逮捕	大型店舗郊外出店で、地方都市の商店街空洞化進む	6　住専処理法等金融6法成立	

西暦（和暦）	日本の動き	住宅・住宅地・建築関係事業等（ハード）	住宅・都市・建築学・政策（ソフト）	世界の動きほか
1997（平成9）年	3　九州農政局、諫早湾干拓事業で堤防締め切り強行 4　消費税、3%から5%へ増税 11　北海道拓殖銀行など金融大手破綻 12　京都議定書採択	3　秋田新幹線開業 10　長野新幹線（東京-長野間）開業 11　白陸自動車道全線開通 12　東京湾横断道路（アクアライン）開通		7　香港、中国へ返還 11（韓）IMFによる救済
1998（平成10）年	2　冬季オリンピック長野大会 3　特定非営利活動促進法（NPO法）成立 11　文部省、ゆとり教育を盛り込んだ新学習指導要領案公表	3　公団初の定期借地権方式による宅地募集（民建付）開始（八千代ゆりの木台、杉戸高野台、常盤ニュータウン北守屋） 4　明石海峡大橋（世界最長のつり橋）	6　建築基準法改正施行（建築確認業務民間開放、連担建築物設計制度創設等） 6　特定目的会社の証券発行による特定資産の流動化に関する法律交付	2　金大中、韓国の大統領に就任
1999（平成11）年	9　茨城県東海村の民間ウラン加工施設で臨界事故	6　山陽新完成、小倉-博多間の福岡トンネルでコンクリート壁剥落	6　都市基盤整備公団法（住宅・都市整備公団を改組、住宅供給事業から撤退） 7　市町村の合併に関する特例法 7　民間資金等の活用による公共施設整備促進法公布（PFI促進法）	3　NATO軍、ユーゴスラビア空爆 10　世界人口60億人突破（国連予想）
2000（平成12）年	4　介護保健制度開始 8　三宅島大噴火、全島民避難		5　交通バリアフリー法公布 6　住宅の品質確保の促進に関する法律公布（品確法）	5　ロシア大統領にプーチン就任
2001（平成13）年	4　小泉内閣発足	8　千里ニュータウンの分譲マンションの建替における老朽化要件をめぐり、最高裁、権利者の4/5での建替を支持	4　高齢者の住居の安定確保に関する法律（高齢者居住法）公布 7　国交省、住宅ローン減税制度創設 11　政府、住宅金融公庫、都市基盤整備公団の5年以内廃止決定	9　（米）同時多発テロ、ワールド・トレード・センター崩壊 10　米軍、アフガニスタンに侵攻
2002（平成14）年	4　金融機関のペイオフ開始	6　大手町・丸の内・有楽町地区に特例容積率適用地域都市計画決定（容積率移転）	6　マンション建て替えの円滑化等に関する法律	
2003（平成15）年	5　個人情報保護法公布 8　住民基本台帳ネットワーク稼働	7　公団東雲キャナルコート1・2街区完成	6　都市再生機構（UR）法公布	3　米軍、イラクに侵攻
2004（平成16）年	10　新潟県中越地震		5　建築基準法改正（「既存不適格」建物の段階的整備） 8　建築環境・省エネルギー機構、建築物総合環境性能評価システム（CASBEE）制度創設 12　計画緑三法（景観および関連法）施行	
2005（平成17）年	11　姉歯問題発覚（耐震偽装） 12　厚労省、日本が人口減少社会に転じたことを示唆	6　アトラス江戸川（同潤会江戸川アパートの建替事業、NEXT ARCHITECT設計）	6　景観法全面施行 6　国立マンション問題で最高裁、住民側の上告棄却、敗訴確定 10　改正耐震改修促進法成立	8　（米）ハリケーン「カトリーナ」南部直撃、死者1,100人超す
2006（平成18）年	1　ライブドアの堀江社長ら逮捕		6　住生活基本法公布	2　世界人口65億を突破したと、米国勢調査局発表

西暦（和暦）	日本の動き	住宅・住宅地・建築関係事業等（ハード）	住宅・都市・建築学・政策（ソフト）	世界の動きほか
2007（平成19）年	3　夕張市、財政再建団体に移行 3　能登半島沖地震 7　中越沖地震		3　京都市で新景観条例公布 5　住宅瑕疵担保責任履行確報法成立	
2008（平成20）年	1　中国製冷凍餃子による食中毒問題 7　北海道洞爺湖サミット開催		11　長期優良住宅（200年住宅）法公布	9　リーマン・ブラザーズの経営破綻から金融危機（リーマン・ショック）
2009（平成21）年	8　裁判員制度による裁判開始 9　民主党・鳩山内閣誕生「コンクリートから人へ」	11　政府の行政刷新会議による「事業仕分け」の開始	9　既存不適格建築物の増築基準を緩和	1　（米）オバマ大統領就任
フェイズ7　東日本大震災・福島原発事故→アベのミックス→マイナス金利→デフレ経済				
2010（平成22）年	1　日本航空が経営破綻	12　東北新幹線（東京 - 新青森）全線開業	5　公共建築物等木材促進法が成立	1　ハイチ地震（M7.0）
2011（平成23）年	3　東日本大震災（東北地方太平洋沖地震） 3　福島第1原子力発電所事故	3　九州新幹線（博多駅 - 鹿児島中央駅間）全線開業		12　朝鮮民主主義人民共和国、総書記・金正日死去
2012（平成24）年	1　復興庁発足（初代大臣、平野達男） 5　原発、一時稼働ゼロに 12　衆議院選挙で自民党が圧勝。第2次安倍政権発足（「アベノミクス）	5　東京スカイツリー開業 10　東京駅丸の内駅舎（保存・復原）完成 12　笹子トンネル天井板落下事故	11　新国立競技場コンペでザハ・ハディド案に	
2013（平成25）年	4　日銀が「異次元緩和」を開始 9　2020年東京五輪が決定 12　特定秘密保護法の成立		4　改正省エネ法の施行（外皮基準の導入） 11　国家戦略特別区域法の成立（岩盤規制の排除）	2　韓国、パク・クネ、同国初の女性大統領に。
2014（平成26）年	4　消費税5%から8%へ引き上げ	12　リニア中央新幹線が着工	11　空き家対策特別措置法の成立	
2015（平成27）年	5　東芝の巨額不正会計が表面化 12　中国人観光客の「爆買い」が流行語に	3　東洋ゴム免震偽装事件 7　新国立競技場問題、ザハ・ハディット案の白紙撤回 10　杭工事偽装問題	7　建築物省エネ法が成立（一定規模以上の非住宅を対象に基準の見直し）	12　パリ協定（気候変動）（日本の削減目標、2030年までに、2013年比、温室効果ガス排出量26%削減。
2016（平成28）年	2　日銀がマイナス金利政策を導入 4　熊本地震	3　北海道新幹線の開業（新青森 - 新函館北斗）		6　英国、国民投票で欧州連合（EU）離脱を決定
2017（平成29）年		8　豊洲市場の地下水問題で市場移転の延期	6　住宅宿泊法（民泊新法）が成立	1　（米）トランプ大統領就任
2018（平成30）年	11　日産自動車のカルロス・ゴーン会長が逮捕される。 11　2025年大阪万博の開催決定	10　豊洲新市場が開業	12　改正建築士法（建築士受験資格の見直し）	9　（インドネシア）スラウェシ島地震（M7.5）
2019（平成31）年	4　特定技能制度始まる（外国人労働者の受け入れ拡大） 4　天皇退位 5　新天皇（徳仁）即位（平成から令和へ）	12 新国立競技場、竣工式（整備費1569億円）		6　香港民主化デモ本格化

参考図書：中井 検裕（監修）、住宅生産振興財団（編集）『住まいのまちなみを創る』建築資料研究社 、2010
『近代史総合年表』（第2版）、岩波書店、1984
内藤廣・日経アーキテクチュア『検証　平成建築史』2019

出典・参考文献

■1章

007　図1　太田博太郎ほか監修『桂離宮』(名宝日本の美術21)、小学館、1982
図2　隈研吾建築・都市設計事務所、(写真) Snow Peak
008　写1　彰国社写真部
009　図1　不動産パンフレットより作図
011　図1、写1、写2　鈴木成文『五一C白書』(住まい学大系101)、住まいの図書館出版局、2006
012-013　写1、写2、写3　平山忠治
図1、図2、図3、写4、写5　増沢建築設計事務所
014　図1　マンションパンフレットより作図／写1、写2　マンションパンフレットより
015　写1、写2　大橋富夫
016　写2　彰国社写真部
018　図1　「セキスイハイム　45th記念コラム」をもとに作図
020　図1　旭化成ホームズ株式会社
022　写1、写2　彰国社写真部
023　写1　隈太一
024　写1　株式会社リビタ／図1　株式会社リビタの資料をもとに作図
025　写1、写2　松本路子／図1　コレクティブハウスかんかん森
027　写1　風の村 八街
028　写1、写3　コミュニティネット
029　図1　江古田三丁目地区まちづくり協議会HPの資料をもとに作成
030　図1　パンフレットをもとに作成／写2、写3　シェア金沢

＜参考文献＞

・鈴木博之『都市へ』(日本の近代10)、中央公論新社、1992
・鈴木博之・中川武ほか『建築20世紀 PART1』(新建築臨時増刊)、1991
・コレクティブハウス かんかん森 居住者組合森の風 編『これが、コレクティブハウスだ！　コレクティブハウス かんかん森の12年』ドメス出版、2014

■2章

038　写3　東京工業大学藤田研究室「開拓地に建てるブロック造農家住宅」(『住宅』)、日本住宅協会、1952年12月
049　図1　大月敏雄・伊藤毅・伊藤裕久・金行信輔・小林英之・菊地成朋・横山ゆりか・金子裕子・金井透・一岡綾子・稲垣栄三「路地をとりまく住戸郡の住戸まわり空間の変容と管理に関する考察－汐入研究8-」(『日本建築学会大会学術講演梗概集：建築計画』日本建築学会、1994)

■3章

069　図1、図2　工学院大学図書館所蔵
070　図1、写1、写2　新庄市雪の里情報館所蔵
071　写3　『大きな声　建築家坂倉準三の生涯』1975
075　図1　岩手県住田町
077　写1、写2、写3、写4　半田雅俊
079-080　写1、写2、写3、写4　写5　彰国社写真部
081　写1　大橋富夫／082　写1　村井修
088　写1、写2　山田新治郎／図1　『山田守建築作品集』東海大学出版会、1967
094-095　写1、写2、写3、写4、図1　佐藤浩司
096　写1、写2、写3　藍谷鋼一郎

■鼎談

100　写1　「幕末・明治の東京」東京都写真美術館、1991
102　図1　東京市社会局『東京市内の細民に関する調査』1921

103　写2　『住居』住居社、1935年1月
105　図2　内田祥三「大都市に於ける住宅の補給策」『建築雑誌』建築学会、1922年5月

■4章

125　写1、写2　東京都水道局
128　写1、写2、写3　TOTO
129-130　写1　毎日新聞社／写2、写3、写4、写5、図1　パナソニック
132　写1、写2、写3、写4、写5、写6、表1　日立グローバルライフソリューションズ
134　図1、図2　工学院大学図書館所蔵
135　写2　LIXIL
136　写1、写2、図1　東芝未来科学館
138　図1　今和次郎『住居論』(今和次郎集第4巻)、1971／図2、図3　彰国社編『自然エネルギー利用のための　パッシブ建築設計手法事典　新訂版』2000
139　図1、図2、図3　彰国社編『自然エネルギー利用のための　パッシブ建築設計手法事典　新訂版』2000

<参考文献>

・知久昭夫『これだけは知っておきたい住宅設備の知識』鹿島出版会、1999
・日本建築学会編『設計のための建築環境学』彰国社、2011
・原口秀昭『建築の「設備」教室』彰国社、2010
・来馬輝順他『知識ゼロから学ぶ建築設備のしくみ』ナツメ社、2015
・小泉和子『台所道具いまむかし』平凡社、1994
・清水慶一『あこがれの家電時代』河出書房新社、2007
・キッチン・バス工業会ホームページ http://www.kitchen-bath.jp/
・バスクリンホームページ https://www.bathclin.co.jp/
・湯の国ホームページ http://www.yunokuni.com/
・ナスラック株式会社ホームページ http://www.nasluck.co.jp/
・徒然なるままに、洗濯の歴史 http://jumgon.exblog.jp/15408913/
・大西正幸『生活家電入門』技法堂出版、2010
・(社)日本電機工業会ホームページ https://www.jema-net.or.jp/
・探検コム・製氷と冷蔵 http://www.tanken.com/reizo.html
・家電検索・冷蔵庫の歴史 https://www.kaden-kensaku.com/blog/refrigerator-history/
・資源エネルギー庁「省エネ性能カタログ2014年冬版」

■5章

151　写3　長谷川健太
153　写1　毎日新聞社
156　写1　getty images (http://www.gettyimages.co.jp/license/567068879)
166　写1　カルチュア・コンビニエンス・クラブ株式会社
167　写1、写2　笠原一人／写3　西岡潔
168　写1　写真：畠山直哉、提供：国際交流基金／写3　国際交流基金
171　写1　大西正紀／写2　藤村龍至
173　写1、写2、写3　日本建築学会子ども教育事業部会
179　写1　彰国社／図1　吉村靖孝『超合法建築図鑑』彰国社、2006

■おわりに

185　写1　饗庭伸
187　図1、写2　大月敏雄
188　図2、図3　千葉学建築計画事務所
192　図4　日本女子大学大学院篠原研究室　企画・編集『miscellanea　赤羽台団地1960-2007』2007
197　写4　宮原真美子

あとがき

私が、本著を編集、執筆するきっかけになったのは、2014年から2年間、日本建築学会の会誌『建築雑誌』の編集長をやったことであった。初回の編集委員会で、「住むことから考える」を2年間の通奏低音的テーマとすることが決まった。編集長であった私の出身が住居学科であり、日ごろから住宅関連の設計の仕事をしていたことが他の編集委員にもこのテーマを想起させたのかもしれないが、それ以上に「住むこと」が変化にさらされているという実感と、「住む」ことから考えることで、すべての人が当事者として現在の社会が見えてくるという思いを参加者が共通のものとしたからであったと思う。多分野の編集委員が集まった編集委員会は、なかなかに刺激的なものであり、「住む」ことをめぐる多様な議論が展開された。その多面的な視点が本著の基盤となっている。

この事典が生まれたもうひとつの理由は、その会誌を読んでいてくれた彰国社の鈴木洋美さんがこの視点をもとに事典をつくりませんか、と声をかけてくれたことであった。そのときの編集委員の何人かに声をかけて、この事典をつくることになった。しかし、実際には単月の特集号を編集することと、事典はつくることは簡単には同じ土俵にのらず、予想外に時間がかかってしまった。時間がかかった言い訳になるが、執筆の項目によって、なかなかひとつの型に収まらず、「住む」ことを事典とすることの難しさが実感された。結果としては、強引にひとつの型にはめず、それぞれの章で、中心となった執筆者の視点が色濃くでた構成となっている。できるだけ、住まいにかかわる状況を多面的にとらえようとして、このような構成としたが、現状を網羅的にとらえるというよりは、未来に通じる事例や視点を積極的を取り上げげたものとなったと思う。

作業の遅延に次ぐ、遅延でもあきらめずに、私たち執筆者、編者を叱咤激励し続け、積極的に編集にも加わってくださった鈴木洋美さんの熱意が、この事典を完成に至らせた。改めて心から感謝いたします。

2020年3月3日

篠原聡子

著者プロフィール

【編者】

篠原聡子（しのはら・さとこ） 1958年生まれ
専門領域：建築と住居の間、人が「住まい」をつくるプロセスを追う。
現在、空間研究所主宰、日本女子大学家政学部住居学科教授
主な作品は、ヌーベル赤羽台3、4号棟（2010・グッドデザイン賞）、SHAREyaraicho（2012・住まいの環境デザインアワード環境デザイン最優秀賞、2014・日本建築学会賞）など。
著書に、『住まいの境界を読む』、『シェアハウス図鑑』など。
※担当箇所　1章：テーマ解説、01～05のkeyword解説、column（p.031-33、p.060-062）、鼎談、対談

黒石いずみ（くろいし・いずみ） 1953年生まれ
専門領域：日本近代都市、建築文化とデザインの歴史。
現在、青山学院大学総合文化政策学部教授
ペンシルベニア大学大学院建築学専攻博士課程修了（Ph. D.）
著書に、『「建築外」の思考　今和次郎論』、『東北の震災復興と今和次郎』など。訳書に、ジョセフ・リクワート『アダムの家　建築の原型とその展開』など。
※担当箇所　3章すべて、column（p.145-146、p.181-182）、4章：02-事例❷～❸、対談

大月敏雄（おおつき・としお） 1967年生まれ
専門領域：住宅計画から都市計画、住宅政策の間を行き来。
現在、東京大学大学院工学系研究科建築学専攻教授
1996年　東京大学大学院博士課程修了、博士（工学）
主著に、『町を住みこなす』、『住宅地のマネジメント』。
※担当箇所　2章すべて、鼎談、column（p.097-098）

槻橋修（つきはし・おさむ） 1968年生まれ
現在、神戸大学大学院工学研究科建築学専攻准教授
1998年　東京大学大学院工学系研究科建築学専攻博士課程単位取得後退学
東京大学生産技術研究所助手、ティーハウス建築設計事務所を設立（2002）、東北工業大学工学部建築学科講師を経て現在に至る。
※担当箇所　鼎談

【執筆者】（編者を除く。執筆順）
竹内光子（たけうち・みつこ） 1981年生まれ
専門領域：建築の計画・設計。コミュニティ・集合住宅の研究。
現在、空間研究所を経て設計事務所を設立、日本女子大学学術研究員
2006年　日本女子大学大学院修士課程修了
作品は、encher kinuta（2017・空間研究所）、伊予西条プロジェクト住宅設計コンペティション当選案（2017）など。著書に、『多縁社会』（共著）。
※担当箇所　1章の事例すべて

大岡龍三（おおおか・りゅうぞう） 1965年生まれ
専門領域：都市エネルギー工学
現在、東京大学生産技術研究所教授
1991年 京都大学大学院工学研究科建築学専攻修士課程修了
福井大学を経て現在に至る。博士（工学）
著書に、『図説テキスト 建築環境工学』（共著）。
※担当箇所 4章（ただし、01-事例❺、02-事例❷〜❺、03-事例❶〜❷を除く）

南後由和（なんご・よしかず） 1979年生まれ
専門領域：社会学、都市・建築論
現在、明治大学情報コミュニケーション学部准教授
2008年 東京大学大学院学際情報学府博士課程単位取得退学
主な著書 『ひとり空間の都市論』（ちくま新書）、『商業空間は何の夢を見たか』など。
※担当箇所 5章：テーマ解説、01-keyword解説、02-keyword解説、02-事例❶、❹〜❺、❽

山崎泰寛（やまさき・やすひろ） 1975年生まれ
専門領域：近代建築史、建築メディア論
現在、滋賀県立大学環境科学部准教授
2013年 京都工芸繊維大学大学院工芸科学研究科博士後期課程修了。博士（学術）
主な著書に 『リアル・アノニマスデザイン：ネットワーク時代の建築・デザイン・メディア』（共編著）など。
※担当箇所 5章：テーマ解説、01-事例❶、02-事例❷、❻〜❼、03-keyword解説、03-事例❶〜❸、04-keyword解説、04-事例❸〜❺

寺出朋子（てらで・ともこ） 1993年生まれ
専門領域：都市論、メディア論
2018年 早稲田大学大学院教育学研究科社会科教育専攻修士課程修了
※担当箇所 01-事例❷、❹、02-事例❶

星野雄（ほしの・たけし） 1982年生まれ
専門領域：マーケティング／コミュニケーション戦略
現在、大手広告代理店 プランニングディレクター
2007年 東京工業大学大学院 情報環境学専攻修了
主な著書：『多縁社会』（共著）。
※担当箇所 01-事例❸、❺

野崎敬乃（のざき・ゆきの） 1993年生まれ
2018年 東京大学大学院学際情報学府修士課程修了
※担当箇所 02-事例❶、❸、04-事例❶〜❷

索　引

●そ

●た

●ち

●つ

●て

●と

●な

●に

●の

●は

●ひ

●ふ

「住む」ための事典

2020 年 4 月10日　第1版 発 行

編 者	篠 原 聡 子・黒 石 いずみ 大 月 敏 雄・槻 橋 修
発行者	下 出 雅 徳
発行所	株式会社 **彰 国 社**

162-0067 東京都新宿区富久町8-21
電話 03-3359-3231（大代表）
振替口座 00160-2-173401

Printed in Japan

印刷：三美印刷　製本：ブロケード

ISBN 978-4-395-32068-4　C3552　https://www.shokokusha.co.jp